U0572625

本書出版得到國家古籍整理出版專項經費資助

中國佛教典籍選刊

大宋僧史略校注

〔宋〕贊寧 撰
富世平 校注

中華書局

圖書在版編目(CIP)數據

大宋僧史略校注/(宋)贊寧撰;富世平校注.—北京:
中華書局,2015.3(2025.4 重印)
(中國佛教典籍選刊)
ISBN 978-7-101-10486-8

Ⅰ.大…　Ⅱ.①贊…②富…　Ⅲ.僧侶-列傳-中國-
北宋　Ⅳ.B949.92

中國版本圖書館 CIP 數據核字(2014)第 235299 號

封面題簽:富廷維
責任編輯:鄒　旭
封面設計:周　玉
責任印製:韓馨雨

中國佛教典籍選刊
大宋僧史略校注
〔宋〕贊　寧 撰
富世平 校注
*
中 華 書 局 出 版 發 行
(北京市豐臺區太平橋西里 38 號　100073)
http://www.zhbc.com.cn
E-mail:zhbc@zhbc.com.cn
河北博文科技印務有限公司印刷
*
850×1168 毫米 1/32 · 9 印張 · 2 插頁 · 167 千字
2015 年 3 月第 1 版　2025 年 4 月第 3 次印刷
印數:3901-4400 册　定價:39.00 元

ISBN 978-7-101-10486-8

中國佛教典籍選刊編輯緣起

佛教是世界三大宗教之一，約自東漢明帝時開始傳入中國，但在當時並没有産生多大影響。到魏晋南北朝時期，佛教和玄學結合起來，有了廣泛而深入的傳播。隋唐時期，中國佛教走上了獨立發展的道路，形成了衆多的宗派，在社會、政治、文化等許多方面特别是哲學思想領域産生了深刻的影響。這時佛教已經中國化，完全具備了中國自己的特點。而且，隨着印度佛教的衰落，中國成了當時世界佛教的中心。宋以後，隨着理學的興起，佛教被宣布爲異端而逐漸走向衰微。但是，佛教的部分理論同時也被理學所吸收，構成了理學思想體系中的有機組成部分。直到近代，佛教的思想影響還在某些著名思想家的身上時有表現。總之，研究中國歷史和哲學史，特别是魏晋南北朝隋唐時期的哲學史，佛教是一項重要内容。佛學作爲一種宗教哲學，在人類的理論思維的歷史上留下了豐富的經驗教訓。因此，應當重視佛學的研究。

佛教典籍有其獨特的術語概念以及細密繁瑣的思辨邏輯，研讀時要克服一些特殊的困難，不少人視爲畏途。解放以後，由於國家出版社基本上没有開展佛教典籍的整理出版工作，因此，對於系統地開展佛學研究來説，急需解決基本資料缺乏的問題。目前對佛學有較深研究的專家、學者，不少人年事已高，如果不抓緊組織他們整理和注釋佛教典籍，將來再開展這項工作就會遇到更多困難，也不利於中青年研究工作者的成長。爲此，我們在廣泛徵求各方面意見的基礎上，初步擬訂了中國佛教典籍選刊的整理出版計劃。其中，有重要的佛教史籍，有中國佛教幾個主要宗派（天台宗、三論宗、唯識宗、華嚴宗、禪宗）的代表性著作，也有少數與中國佛學淵源關係較深的佛教譯籍。所有項目都要選擇較好的版本作爲底本，經過校勘和標點，整理出一個便於研讀的定本。對於其中的佛教哲學著作，還要在此基礎上，充分吸取現有研究成果，寫出深入淺出、簡明扼要的注釋來。

由於整理注釋中國佛教典籍困難較多，我們又缺乏經驗，因此，懇切希望能够得到各方面的大力支持和協助，使這項工作得以順利完成。

中華書局編輯部

一九八二年六月

目録

前言

大宋僧史略，三卷，宋贊寧撰，是一部主要記録中土佛教事迹及其典制流變的重要佛教史籍。

一

大宋僧史略的著者贊寧，是有宋一代佛教史學領域極有建樹的高僧。宋王禹偁小畜集卷二〇左街僧録通惠大師文集序，對其生平有較爲全面的叙述，今以之爲本，參酌他書，簡要介紹如次：

贊寧俗姓高氏，其先渤海人，隋末徙居吴興郡之德清縣（今屬浙江）。贊寧生於後梁貞明五年（九一九），後唐天成（九二六—九二九）中出家，清泰（九三四—九三六）初，入天台山，受具足戒，習四分律。後聲望日隆，文學益茂，和吴越國很多王公貴族以文義切磋，和浙中很多士大夫以詩什唱和，大爲流輩所推服。

贊寧多毗尼著述，時謂之「律虎」。曾任吴越國監壇，又爲兩浙僧統，歷數十年，像法修明，緇徒整戢。太平興國三年（九七八），贊寧隨忠懿王錢俶歸宋，宋太宗素聞其名，召對滋福殿，延問彌日，别賜紫方袍，尋改師號曰「通惠」，「除翰林，與學士陶穀同列」〔一〕。四年（九七九），奉詔迎取真身舍利塔入朝。贊寧與故相盧多遜、參知政事李穆等人交往密切，盧、李諸人，事之恭謹。八年（九八三），詔修大宋高僧傳〔二〕，聽歸杭州舊寺，成三十卷。進御之日，璽書褒美。居無何，徵歸京師，住天壽寺。淳化元年（九九〇）〔三〕，參知政事蘇易簡奉詔撰三教聖賢事迹，奏贊寧與太一宫道士韓德純分領其事，贊寧著鷲嶺聖賢録，又集聖賢事迹凡一百卷，制署左街講經首座。二年（九九一），「敕翰林贊寧充史館編修」〔四〕。至道元年（九九五），知西京教門事〔五〕。宋真宗咸平元年（九九八），詔充右街僧録。二年（九九九），重修大宋僧史略。咸平四年（一〇〇一）卒，年八十三〔六〕。

贊寧學識廣博，兼通内外。其思想圓融無礙，具有以佛統攝儒道的特點。贊寧交遊廣泛，和當時很多士大夫都有往來〔七〕。

贊寧述作宏富，凡内典集一百五十二卷，外學集四十九卷〔八〕。其中最爲著名的，當屬宋高僧傳和大宋僧史略。

二

大宋僧史略撰著的具體年代，並没有確切的記載。贊寧在此書的序言中説：

以太平興國初，疊奉詔旨，高僧傳外，别修僧史。及進育王塔，乘馹到闕，敕居東寺，披覽多暇，遂樹立門題，搜求事類，始乎佛生，教法流衍，至于三寶住持，諸務事始，一皆隱括，約成三卷，號僧史略焉，蓋取裴子野宋略爲目。

此書的編撰，當始自於太平興國初年「進育王塔」，「敕居東寺」之後。宋高僧傳卷二三遺身篇曰：「我聖上踐祚之四載，兩浙進阿育王盛釋迦佛舍利塔。初於滋福殿供養，後迎入内道場，屢現奇瑞。」釋氏稽古略卷四據皇朝事苑亦曰，太平興國三年，「沙門贊寧隨吴越王入朝，帝賜號通慧大師，敕住左街天壽寺，命修僧史。明年，詔寧乘驛，進明州阿育王山釋迦文佛真身舍利，入禁中供養，得舍利一顆，因之以開寶寺西北隅地造浮圖十一級，下作天宫以葬之」。則「命修僧史」，在太平興國三年（九七八），贊寧開始撰著大宋僧史略，在太平興國四年（九七九）。撰成的時間，諸説不同，蘇晋仁先生推測爲太平興國七年（九八二）〔九〕，是最爲合理的〔一〇〕。咸平二年（九九九），贊寧對之「重更修理」，我們現在見到的大宋僧史略，就是其咸平二年重新修訂之後的本子。

贊寧在列舉卷上條目之後，説：「所立僅六十門，止删取集傳，并録所聞，以明佛法東傳以來百事之始。」然現在所見諸本，皆僅五十九門。對此，後人亦有各種不同的解釋。或認爲六十門當是五十九門之誤〔一一〕；或認爲六十門不誤，然「總論」條亦不應在門目之內，所缺二門者，可能是今本門目所收附見條目中的某二條〔一二〕；或認爲卷首贊寧自序亦是一門，總爲六十門〔一三〕。三種説法，都屬推測。惟五十九雖與六十緊密相連，然五十九門誤爲六十門者，於情於理皆不可通；自序若爲一門，則「所立僅六十門」之説，恐不會在所列卷上條目之後，且以自序爲一門，亦不合常規。故三説之中，第二説庶幾近之〔一四〕。但因没有版本依據，祇能見仁見智，故對此問題，目前宜存而不論。值得慶幸的是，無論五十九門還是六十門，今所見大宋僧史略爲完本，則無争議。

大宋僧史略旨在「明佛法東傳以來百事之始」，具體所論，既有「佛降生年代」、「僧入震旦」、「經像東傳」等佛教傳入中國方面的重要事迹，也有「譯經」、「東夏出家」、「立壇得戒」等佛教在中國發展方面的問題；既有「行香唱導」、「讚唄之由」等佛教儀軌之衍變，也有「立僧正」、「僧統」等佛教僧官制度之變遷；既有「賜夏臘」、「菩薩僧」等世俗王權對佛教的管理與影響，也有「城闍天王」、「上元放燈」等佛教對傳統世俗社會的影響。「佛法事理，來歷紀綱」〔二五〕，取此書而盡知矣。

三

大宋僧史略的版本，現在可知最早的爲日本真福寺藏本。嚴紹璗先生編著日藏漢籍善本書録中册「子部」「釋家類」著録曰：「大宋僧史略三卷，（宋）釋贊寧撰，宋紹興十四年（一一四四年）序刊本，名古屋真福寺藏本，原大須觀音等舊藏。按：每半葉十二行，行二十五字。附録：日本南北朝北朝崇光天皇文和二年（一三五三年）東福寺第二十八世住持大道一以編纂普門院經論章疏語録儒書等目録，其中『律部』著録僧史略一卷，此係一二四一年（中國宋理宗淳祐元年，日本四條天皇延應三年）日本高僧聖一國師圓爾辯圓從中國攜帶歸國。後光明天皇慶安四年（一六五一年）京都堤六左衛門刊印宋釋贊寧奉敕所編撰大宋僧史略三卷並附紹興朝旨改正僧道班列文字一集。其後，此本有靈元天皇延寶八年（一六八一年）淺野久兵衛重印本。」真福寺藏本，無緣得見。曰「宋紹興十四年（一一四四年）序刊本」者，即法道撰重開僧史略序本。此序中云「兵火之中，得斯藏本」，「命工鏤板，附藏流通」，是今所見各本之祖本。今按，「延寶八年」，實爲一六八〇年。「淺野久兵衛重印本」，今有善通寺藏本，三卷，每半葉十行，行二十字。卷首有法道紹興十四年撰重開僧史略序，卷尾附有紹興朝旨改正僧道班列文字一集。續修四庫全書「子部」「宗教類」收大宋僧史略，亦據此本影印。此本是真福寺本外較早的本子，但文字錯訛較多。

日本明治十六年（一八八三）福田行誡校、頒典教社刊大宋僧史略（簡稱頒典教社本），每半葉十二行，行二十五字，與真福寺藏本同。在卷首法道紹興十四年撰重開僧史略序前，有福田行誡撰僧史略序，卷後附有紹興朝旨改正僧道班列文字一集。福田行誡序中有云：「然而本書但有慶長舊版一本而已，流行亦甚寡矣。頒典教社諸士竊慨歎之，將改刻弘於世，囑予以校訂。」慶長年號，時在一五九六年至一六一五年。則此本所據舊本比淺野久兵衛刊本所據之慶安四年京都堤六左衛門刊大宋僧史略更早。此本品質較好，部分頁眉之上，還有福田行誡的校正文字。大正新修大藏經卷五四所收大宋僧史略（簡稱大正藏本），卷首亦有福田行誡僧史略序，其所據之底本「續藏本」，當亦以頒典教社本爲底本。

又，日本松本文三郎氏藏本（簡稱松本本），此本首葉鈐有「松本文庫」印記，書尾標有「天寧寺什物」，説明松本所藏，來自於天寧寺舊藏，但不知具體的刊印時間。此本每半葉十一行，行二十字。和前述兩種不同，卷首直接以贊寧僧史略序始，没有法道重開僧史略序，但卷尾亦附有紹興朝旨改正僧道班列文字一集。此書有一九三三年日本貴重圖書影本刊行會影印本行世。

此外，還有金陵刻經處刻本。此本没有法道重開僧史略序，也没有紹興朝旨改正僧道班列文字一集，是「純粹」的大宋僧史略。没有具體的刻印時間，也没有説明所據之底本，但在刊刻中，亦有校正。一九七七年，臺灣新文豐出版公司以此本爲底本，合相宗史傳略録、求法高僧傳爲一書，影印行世。

上述諸本的區别，主要表現在序言和附録文字的取捨方面，正文文字的差異，多爲翻刻抄録過程中的訛誤所致。其中大正藏本流傳最廣，影響最大。本次整理，即以大正藏本爲底本，校之以淺野久兵衛刊本（簡稱淺野本）、頌典教社本、松本本、金陵刻經處本（簡稱金陵本）等。大正藏本中少量校記，及頌典教社本福田行誡的校正文字，均録入相應校注中。底本中的明顯訛誤，逕直改正，在校注中予以説明。底本中疑爲訛誤者，不逕改，但在校注中予以説明。各校本中可資參考的異文，在校記中説明。但爲避繁瑣，明顯的訛誤文字，不作説明。另外，「曰」字，頌典教社本、松本本多作「云」，特在此説明，校注中亦不一一出校。校注以考見引文出處、徵引他書以資相證、解釋佛教術語爲主，一般性的詞語不注。

限於學力，訛誤之處定當不少，懇請方家不吝指正。

富世平

二〇一三年十二月二十八日

【注釋】

〔一〕見佛祖統紀卷四三。

〔二〕據贊寧進高僧傳表：「自太平興國七年伏奉敕旨，俾修高僧傳與新譯經同入藏者。臣等遐求事迹，博採碑文，今已撰集成三十卷。」則奉敕在七年，八年當爲歸杭州舊寺開始編撰的時間。

〔三〕此據佛祖統紀卷四三。

〔四〕見佛祖統紀卷四三。

〔五〕此據王禹偁左街僧録通惠大師文集序之説。佛祖統紀卷四三曰，至道二年，「敕史館編修贊寧知西京教門事」。

〔六〕諸説不同，這裏從陳垣先生之説，見釋氏疑年録卷六，中華書局，一九六四年。

〔七〕詳參金建鋒釋贊寧與士大夫交遊考論，見江西教育學院學報（社會科學）二〇一〇年第一期。

〔八〕此從陳垣先生之説，以「内典集」、「外學集」爲其内、外諸書之總名，見中國佛教史籍概論卷二。十國春秋、佛祖歷代通載等認爲「内典集」、「外學集」亦爲其撰著之具體書名。

〔九〕見蘇晋仁佛教文化與歷史第一七四頁，中央民族大學出版社，一九九八年。

〔一〇〕大宋僧史略的成書時間，主要有兩種説法：一以蘇晋仁先生之説爲代表；一以日人牧田諦亮贊寧與其時代中之説爲代表，認爲「贊寧著僧史略大概在高僧傳完成時期太平興國七年以後」。按：太平興國七年，亦非高僧傳完成的時間，而爲命修高僧傳的時間。

〔一一〕如蘇晋仁佛教文化與歷史即持此觀點。

〔一二〕陳士强大藏經總目提要文史藏二：「今本分爲五十九門，其中最後一門不是佛教事類，而是總論，疑它本非一門（也可稱『條』）之目，而是附於全書各門之末的結語，故實爲五十八門（其中十門有附見條）。所闕二門很可能是今本門目所收附見條中的某二條。」（上海古籍出版社，二〇〇八年）

〔一三〕見金建鋒釋贊寧著述考，古籍整理研究學刊，二〇一〇年第三期。

〔一四〕按：昭和法寳總目録卷一載大正新修大藏經勘同目録（此即大正藏各書所據底本之著録）著録大宋僧史略六十門，今所見諸本卷上二一門「傳禪觀法」後所附「别立禪居」，爲獨立一門。可爲此説佐證。

〔一五〕法道重開僧史略序。

參考文獻

說明：（一）按書名首字筆畫數排列。
（二）校注中所引内典，凡未列入此「參考文獻」者，皆據大正藏、卍續藏本。

入唐求法巡禮行記校注，（日）圓仁撰，（日）小野勝年校注，白化文、李鼎霞、許德楠修訂校注，周一良審閱，花山文藝出版社，一九九二年。
大唐西域求法高僧傳校注，唐義浄撰，王邦維校注，中華書局，二〇〇〇年。
大唐西域記校注，唐玄奘、辯機撰，季羡林等校注，中華書局，一九八五年。
大慈恩寺三藏法師傳，唐慧立、彦悰著，孫毓棠、謝方點校，中華書局，二〇〇〇年。
大藏經總目提要文史藏，陳士强著，上海古籍出版社，二〇〇八年。
小畜集，宋王禹偁撰，上海商務印書館四部叢刊初編本，一九一九年。

五代史補，宋陶岳撰，文淵閣四庫全書本，臺灣商務印書館影印，一九八六年。
太平御覽，宋李昉等編，中華書局，一九六〇年。
比丘尼傳校注，梁寶唱撰，王孺童校注，中華書局，二〇〇六年。
中國佛教史籍概論，陳垣撰，上海書店出版社，二〇〇五年。
六一詩話，宋歐陽修撰，中華書局歐陽修全集本，二〇〇一年。
六朝事迹編類，宋張敦頤撰，張忱石點校，中華書局，二〇一一年。
文苑英華，宋李昉等編，中華書局，一九六六年。
文獻通考，元馬端臨撰，中華書局，二〇一一年。
世説新語箋疏，余嘉錫箋疏，中華書局，二〇〇七年。
古今注，晉崔豹撰，上海商務印書館叢書集成初編本，一九三七年。
北史，唐李延壽撰，中華書局點校本，一九七四年。
史記，漢司馬遷撰，中華書局點校本，一九五九年。
册府元龜，宋王欽若等編，中華書局，一九六〇年。
出三藏記集，梁僧祐撰，蘇晋仁、蕭鍊子點校，中華書局，一九九五年。
老子校釋，朱謙之校釋，中華書局，一九八四年。

列女傳今注今譯，張敬注譯，臺灣商務印書館，一九九四年。
列子集釋，楊伯峻撰，中華書局，一九七九年。
西湖遊覽志，明田汝成撰，上海古籍出版社，一九八〇年。
西湖遊覽志餘，明田汝成撰，上海古籍出版社，一九八〇年。
西溪叢語，宋姚寬撰，孔凡禮點校，中華書局，一九九三年。
全唐文，清董誥等編，中華書局，一九八三年。
全唐詩補編，陳尚君編，中華書局，一九九二年。
酉陽雜俎，唐段成式撰，方南生點校，中華書局，一九八一年。
佛教文化與歷史，蘇晉仁撰，中央民族大學出版社，一九九八年。
宋史，元脱脱等撰，中華書局點校本，一九七七年。
宋高僧傳，宋贊寧撰，范祥雍點校，中華書局，一九八七年。
宋書，梁沈約撰，中華書局點校本，一九七四年。
宋會要輯稿，清徐松輯，中華書局，一九五七年。
東觀奏記，唐裴庭裕撰，田廷柱點校，中華書局，一九九四年。
事物紀原，宋高承撰，明李果訂，金圓、許沛藻點校，中華書局，一九八九年。

周易，中華書局十三經注疏本，一九八〇年。
周紹良先生欣開九秩慶壽文集，中華書局，一九九七年。
周禮，中華書局十三經注疏本，一九八〇年。
法苑珠林校注，唐道世編，周叔迦、蘇晋仁校注，中華書局，二〇〇三年。
法顯傳校注，東晋法顯撰，章巽校注，中華書局，二〇〇八年。
孟子，中華書局十三經注疏本，一九八〇年。
建康實録，唐許嵩撰，張忱石點校，中華書局，一九八六年。
春秋左傳注，楊伯峻注，中華書局，一九九〇年。
南海寄歸内法傳校注，唐義浄撰，王邦維校注，中華書局，一九九五年。
南齊書，梁蕭子顯撰，中華書局點校本，一九七二年。
咸淳臨安志，宋潛説友撰，文淵閣四庫全書本，臺灣商務印書館影印，一九八六年。
侯鯖録，宋趙令畤撰，孔凡禮點校，中華書局，二〇〇二年。
後漢書，劉宋范曄撰，中華書局點校本，一九六五年。
洛陽伽藍記校釋，北魏楊衒之撰，周祖謨校釋，中華書局，二〇一〇年。
洛陽搢紳舊聞記，宋張齊賢撰，中華書局，一九八五年。

癸巳類稿，清俞正燮撰，遼寧教育出版社新世紀萬有文庫本，二〇〇一年。
晉書，唐房玄齡等撰，中華書局點校本，一九七四年。
高僧傳，梁慧皎撰，湯用彤校注，中華書局，一九九二年。
唐大詔令集，宋宋敏求編，中華書局，二〇〇八年。
唐才子傳校箋第一册，傅璇琮主編，中華書局，一九八七年。
唐會要，宋王溥撰，中華書局，一九五五年。
陳垣學術論文集第一集，中華書局，一九八〇年。
通典，唐杜佑撰，王文錦等點校，中華書局，一九八八年。
國語集解，徐元誥撰，王樹民、沈長雲點校，中華書局，二〇〇二年。
崇正辯，宋胡寅撰，容肇祖點校，中華書局，一九九三年。
梁書，唐姚思廉等撰，中華書局點校本，一九七三年。
隋唐五代墓誌匯編（陝西卷），陳長安主編，天津古籍出版社，二〇〇九年。
隋唐佛教史稿，湯用彤著，北京大學出版社，二〇一〇年。
隋書，唐魏徵等撰，中華書局點校本，一九七三年。
雲麓漫鈔，宋趙彦衛著，傅根清點校，中華書局，一九九六年。

敦煌資料考屑，陳祚龍撰，臺灣商務印書館，一九七九年。
詩經，中華書局十三經注疏本，一九八〇年。
資治通鑑，宋司馬光撰，中華書局點校本，一九五六年。
新五代史，宋歐陽修撰，中華書局點校本，一九七四年。
新唐書，宋歐陽修等撰，中華書局點校本，一九七五年。
説文解字，漢許慎撰，中華書局，一九六三年。
廣韻校本，周祖謨校，中華書局，一九六〇年。
漢書，漢班固撰，中華書局點校本，一九六二年。
漢魏兩晋南北朝佛教史，湯用彤撰，北京大學出版社，二〇一一年。
論語，中華書局十三經注疏本，一九八〇年。
藏外佛教文獻第七輯，方廣錩編，宗教文化出版社，二〇〇〇年。
舊五代史，宋薛居正等撰，中華書局點校本，一九七六年。
舊唐書，後晋劉昫等撰，中華書局點校本，一九七五年。
魏晋南北朝隋唐史資料第一八輯，武漢大學出版社，二〇〇一年。
禮記，中華書局十三經注疏本，一九八〇年。

顔氏家訓集解，北齊顔之推撰，王利器集解，中華書局，一九九三年。
釋氏疑年録，陳垣撰，中華書局，一九六四年。
釋名，漢劉熙撰，中華書局叢書集成初編本，一九八五年。

僧史略序

贊寧，姓高氏，其先渤海人。出家杭之祥符，習南山律〔一〕，著述毗尼〔二〕，時謂「律虎」，賜號「明義宗文」。太平興國三年，太宗聞其名，召對滋福殿，延問彌日，更賜「通慧」，敕住右街天壽寺，命修僧史。又詔修大宋高僧傳〔三〕三十卷，及三教聖賢事迹一百卷。又著内典集一百五十卷，外學集四十九卷。内翰王禹偁〔四〕作文集序〔五〕，極其贊美。至道中示寂。崇寧四年，加謚「圓明」。如僧傳排韻〔六〕第二十四引釋門〔七〕正統第三、佛祖通載第十八、稽古略第三。惟夫作者以博達之資，列事物興廢者凡五十九條，以示諸新學，可謂千載趙璧〔八〕矣。從事佛乘者，誰得不仰餘光乎？然而本書但有慶長〔九〕舊板一本而已，流行亦甚寡矣。頒典教社諸士竊慨歎之，將改刻弘于世，囑予以校訂。予也拙陋，豈能得盡之乎哉！苟有不可者，則待後鑑。適爲寒鄉乏書者，揭作者略傳，併爲此之序。

時明治〔一〇〕十六年四月佛生日沙門行誡〔一一〕識于三緣山山房〔一二〕。

【校注】

〔一〕南山律：唐道宣所撰述的律部典籍。按：唐釋道宣一生大部分時間居終南山，故世稱南山律師、南山大師。

〔二〕毗尼：梵文音譯，又譯爲毗奈耶，是戒律的總名。

〔三〕按：「大宋高僧傳」，底本作「大宋高傳」，據頌典教社本補。

〔四〕偁：底本誤爲「偁」。下同。

〔五〕按：文集序，即左街僧録通惠大師文集序，見王禹偁小畜集卷二〇。參見本書附録。

〔六〕僧傳排韻：日僧堯恕編，凡一〇八卷。是書依韻會百八韻之順序，整理排列中國撰述的僧傳等所列之僧名，並記略傳及其出典。相當於我國各種僧傳之索引。

〔七〕門：底本誤爲「聞」。釋門正統，南宋宗鑑仿史記體例，以天台宗爲正統而編撰的一部佛教史書。

〔八〕趙璧：趙國之和氏璧。喻極其珍貴，爲無價之寶也。

〔九〕慶長：日本年號，時在一五九六年至一六一五年之間。

〔一〇〕明治：日本年號，底本誤爲「治治」。明治十六年，即一八八三年。

〔一一〕行誡：即福田行誡，是日本明治時期著名高僧。

〔一二〕按：頌典教社本此後有「門下乞士循誘欽書」題記。

重開僧史略序

佛書所載，地獄、鬼、畜、北俱盧州、長壽天、佛前佛後生、便盲聾瘖啞、世智辯聰不信毀謗佛法僧者，名八難處〔一〕，又曰八無暇。蓋生其處者，障難深重，無暇修心，不知正法。長劫驅驅，輪迴不息故也。是知世聰俗慧，不達佛書，則理昧正真，事同盲聵。矜伐衒耀，自爲己能。沮善詆僧，佛所不救。生遭貶謫，死入阿鼻〔二〕。違逆皇天，招延世亂，皆此輩也。致亂皆因蠹善，具載佛書。本朝王内翰禹偁。生平著述，排詆釋氏，雖唐韓退之、吾宋歐永叔，佛書所謂天魔波旬〔三〕、闡提〔四〕外道，無以加也。間遇英傑之僧，亦心重之。余嘗讀王公禹偁。文集，有贈僧録通慧寧〔五〕公詩曰：「詔修僧史浙江濱，萬卷書中老一身。赴闕尚騎支遁馬〔六〕，援毫應待仲尼麟〔七〕。溟濛雪彩松窗曉，狼籍苔花竹院春。還許幽齋暫相訪，便令陶令滿衣塵。」其意竊比陶彭澤謁遠法師故事〔八〕而自高之也。歐陽文忠公亦録王内翰、寧僧録元夜觀燈嘲謔之言，有秦、鄭「不愛」、「未坑」之語〔九〕。王又述寧之墓誌，則有心慕誠服之意。敘寧有文集一百七十卷，見行於世。王之毀僧破佛，蜂蠆梟獍，吠堯彈鳳，天下皆知矣。獨於通慧，友愛相師，賦詩述銘以褒美之，何也？蓋通慧學行才識，兼類相求，自相友愛耳。且世諦文章，未知其高下。其於學佛明心，博通大教，王必不及也。

且夫釋氏橫闊勝大之言，包羅法界，洞徹鄰虛，斷惑出纏，冥真會聖。永抛輪轉，長揖愛河。出萬劫之迷津，脱四魔〔一〇〕之見網。歷劫災而不壞，與虛空而並存。與夫世文，寔霄壤矣。佛之利見〔一一〕也，應大機則重重華藏〔一二〕、剎剎分形，接小凡則丈六化身〔一三〕、三千界〔一四〕主。所以宣尼推爲至聖〔一五〕，老氏尊之竺乾〔一六〕。吾師號佛，覺一切民也。溥天慈父，覆育群倫，超出世間之大聖人也。孔、老二聖，豈妄推之？蓋見善不及〔一七〕，守雌保弱，不敢爲天下先之志也〔一八〕。本朝駙馬都尉李度〔一九〕題寺詠佛詩曰：「仲尼推至聖，老氏稱古皇。天上及天下，應更無比量。」勒碑于相國寺之東廡別院。

蓋佛者，流光於混元之前，列影向太虛之始。慈雲法雨，潤澤群生。千聖樂推，萬靈欣奉。宜乎宣尼、伯陽聞風而悦，慕德而歸命焉！唐李商隱贊曰：「吾儒之師，曰魯仲尼。仲尼師聃，龍吾不知〔二〇〕。聃師竺乾，善入無爲。稽首正覺，吾師師師。」〔二一〕懿哉儒言，知佛者也！經不云乎：除摩利支山，不產栴檀木。好語皆生佛法中〔二二〕。佛未出時，世諦幻法，皆無名字。佛之設教，統應群機。撮要而言，不出乎真俗二諦。其真也，詮妙理之格言，究死生之出要；其濟俗也，奬善罰惡，罪福報應。至於治世之書，亦諸佛之遺化也。故經曰：一切世間安民濟物，皆是諸佛〔二三〕。法滅盡後，有婆羅門，採什佛書，安置己典，傳於後世。大千國土，各有典彝。在天竺則四韋陀〔二四〕，此土則五經三史之書也。故曰：一切法者，皆是佛法。豈徒言哉？如今黄冠剽竊佛經，撰成己教。外道經書，半偷佛法，識者盡知矣。

唯寧師内外博通，真俗雙究。觀師所集物類相感志，至於微術小伎，亦盡取之。蓋欲學佛，遍知一切法也。崇寧四年，敕加命號，曰「東京左街僧録史館編修圓明通慧大師」，以旌其學行。師之所著，唯大宋高僧傳三十卷與僧史略三卷奉敕入藏頒行，外餘多湮没。兵火之中，得斯藏本。佛法事理，來歷紀綱，捨此書而弗知也。苟斯文之墜地，顧大法之將沈，由是敢率同袍，興心内護。爰有兩街僧録、鑒義〔二五〕、臨安府前後政僧官禪講，同出長財，命工鏤板，附藏流通。因寫王詩、歐公之録，以示方來，使知世智辯聰之流，有時而信焉。三教之賢聖，理歸一揆，則八無暇之沈淪，尚可救也，故爲序之。

紹興十四年甲子四月己巳，如來誕聖日

傳西天三藏法特賜寶覺圓通法濟大師法道〔二六〕序

【校注】

〔一〕八難處：又稱八無暇、八惡等，是指不得遇佛、不聞正法之八處障難：一、地獄難；二、餓鬼難；三、畜生難。此三者，屬三惡道，因爲業障太重，很難見聞佛法。四、長壽天難。此天以五百劫爲壽，即色界第四禪中之無想天。無想者，以其心想不行，如冰魚蟄蟲，外道修行多生其處，而障於見佛聞法。五、北俱盧洲難。北俱盧洲，又譯爲郁單越等，意譯勝處。生此處者，其人壽千歲，命無中夭，貪著享樂而不受教化。是以聖人不出其中，不得見佛聞法。六、盲聾喑啞難。此等人雖生中國（指古印度摩竭陀國一帶），而業障深重，盲聾喑啞，諸根不具，雖值佛出世，而不能見佛聞法。七、世智辯聰難。謂雖聰利，唯務耽習外道經書，不信出世正法。八、生在佛前佛後難。謂由業重緣薄，生在佛前佛後，不得見佛聞法。

〔二〕阿鼻：即阿鼻地獄，意譯「無間斷」，爲痛苦没有間斷之意。是佛教八大地獄中最下、最苦者。

〔三〕天魔波旬：是釋迦在世時之魔王名。意譯「殺者」、「惡物」等，指斷除人的生命與善根之惡魔。

〔四〕闡提：即一闡提，指永遠不得成佛的根機。

〔五〕寧：底本誤爲「學」。

〔六〕支遁：字道林，本姓關氏，陳留人（今河南開封），一説河東林慮人（今河南安陽）。高僧傳卷四有傳。「支遁馬」者，世説新語言語：「支道林常養數匹馬。或言道人畜馬不韻，支曰：『貧道重其神駿。』」

〔七〕仲尼麟：公羊傳哀公十四年：「十有四年春，西狩獲麟。……麟者，仁獸也。有王者則至，無王者則不至。」史記孔子世家：「魯哀公十四年春，狩大野。叔孫氏車子鉏商獲獸，以爲不祥。仲尼視之，曰：『麟也。』取之。」服虔注曰：「麟非時所常見，故怪之，以爲不祥也。仲尼名之曰『麟』，然後魯人乃取之也。明麟爲仲尼至也。」

〔八〕「陶彭澤謁遠法師故事」者，陶彭澤，即陶淵明，因其曾爲彭澤令，故稱。佛祖統紀卷二六曰：「（淵明）嘗往來廬山，使一門生二兒舁籃輿以行。時遠法師與諸賢結蓮社，以書招淵明。淵明曰：『若許飲，則往。』許之，遂造焉。忽攢眉而去。」

〔九〕按：「王内翰」，當爲「安鴻漸」之誤。歐陽修六一詩話：「吴僧贊寧，國初爲僧録。頗讀儒書，博覽强記，亦自能撰述，而辭辯縱横，人莫能屈。時有安鴻漸者，文詞雋敏，尤好嘲詠。嘗街行，遇贊寧與數僧相隨。鴻漸指而嘲曰：『鄭都官不愛之徒，時時作隊。』贊寧應聲答曰：『秦始皇未坑之輩，往往成群。』時皆善其捷對。鴻漸所道，乃鄭谷詩云『愛僧不愛紫衣僧』也。」

〔一〇〕四魔：指惱害衆生，奪其身命或慧命的四種魔，即煩惱魔（指惱害衆生身心的貪、嗔、癡等煩惱）、蘊魔（蘊者，積聚也。蘊魔指起種種障害而構成衆生身命的色、受、想、行、識等五蘊，又作陰魔、五蘊魔等）、死魔（指能斷衆生命根的死）和天子魔（即他化自在天子魔。欲界第六天的魔王及其眷屬，以其憎嫉無漏法，作種種擾亂，妨害衆生，令無法成就出世間善根）。魔，梵語具云「魔羅」，意譯「能奪命」，又云「殺者」，謂能奪智慧之命，殺害出世善根。

〔二〕利見：易乾：「飛龍在天，利見大人。」孔穎達疏：「若聖人有龍德飛騰而居天位，德備天下，爲萬物所瞻覩，故天下利見此居王位之大人。」這裏指見佛。

〔三〕華藏：即華藏界，又稱蓮華藏莊嚴世界海等，是毗盧遮那佛往昔修菩薩行成就之清淨莊嚴世界。唐澄觀撰大方廣佛華嚴經疏卷一一華藏世界品：「謂蓮華含子之處，目之曰藏。今刹種及刹，爲大蓮華之所含藏，故云華藏。其中一一境界，皆有刹海塵數清淨功德，故曰莊嚴。世界深廣，故名爲海。」其具體相狀，見實叉難陀譯大方廣佛華嚴經華藏世界品。

〔三〕化身：指佛菩薩爲濟度衆生，出現在人間時的形體。丈六化身，謂一丈六尺的佛身。薩婆多毗尼毗婆沙卷九：「佛身丈六，常人半之。」

〔四〕三千界：三千大千世界。以須彌山爲中心，以鐵圍山爲外廓，同一日月所照的四天下爲一「小世界」，一千小世界爲「小千世界」，一千「小千世界」爲一「中千世界」，一千「中千世界」爲一「大千世界」。「大千世界」因有小中大三種「千世界」，故稱「三千大千世界」。

〔一五〕列子卷四仲尼篇：「孔子動容有間，曰：『西方之人，有聖者焉，不治而不亂，不言而自信，不化而自行，蕩蕩乎，民無能名焉。丘疑其爲聖。弗知真爲聖歟？真不聖歟？』」

〔一六〕按：老子西昇經：「老君西昇，開道竺乾，號古先生。」弘明集卷一正誣論：「老子即佛弟子也。故其經云：『聞道竺乾，有古先生，善入泥洹，不始不終，永存緜緜。』竺乾者，天竺也。泥洹者，梵語，晋言『無爲』也。若佛不先老子，何得稱先生？」

〔一七〕見善不及：見論語季氏：「見善如不及，見不善如探湯。」

〔一八〕老子：「知其雄，守其雌。」又：「我有三寶，持而保之。一曰慈，二曰儉，三曰不敢爲天下先。」按：北山録卷一聖人生：「老氏生於定王，仲尼生於魯襄。老氏默識於能仁，仲尼問禮於伯陽。清浄法行經以大迦葉爲老聃，以儒童菩薩爲孔丘。西昇經云：『吾師化遊天竺，善入泥洹。』斯守雌保弱之道也，不敢爲天下先之訓也。老氏之德，全於是乎。詩云：『無競維烈。』老氏有焉。」

〔一九〕度：當爲「勗」字之誤。李勗即李遵勗。宋史卷四六四外戚中：「李遵勗，字公武，崇矩孫，繼昌子也。生數歲，相者曰：『是當以姻戚貴。』少學騎射，馳冰雪間，馬逸墜崖下，衆以爲死，遵勗徐起亡恙也。及長，好爲文詞，舉進士。大中祥符間，召對便殿，尚萬壽長公主。初名勗，帝益『遵』字，升其行爲崇矩子，授左龍武將軍、駙馬都尉，賜第永寧里。」明釋心泰佛法金湯編（明萬曆二十八年釋如惺刻本）卷一三「李遵勗」條：「遵勗，字用和。探索宗要有年，聞慈照所舉因緣，頓明大法，述偈曰：『參禪須是鐵漢，着手心頭便判。直趣無上菩提，一切是非莫管。』照結而印之。仁宗天聖中，遵勗廣傳燈録三十卷，帝賜名天聖廣燈録，御製序。遵勗讚佛詩云：『仲尼推大聖，老氏稱古皇。天上及天下，應更無比量。』傳燈。」按：李度，河南洛陽人，後周顯德中舉進士，工於詩，歷仕殿中丞、虞部員外郎等。宋史卷四四〇文苑二有傳。

〔二〇〕史記老子韓非列傳：「孔子去，謂弟子曰：『鳥吾知其能飛，魚吾知其能游，獸吾知其能走。走者可以爲罔，游者可以爲綸，飛者可以爲矰。至於龍，吾不能知，其乘風雲而上天。吾今日見老子，其猶龍邪！』」

〔二一〕按：志磐撰佛祖統紀卷三五：「李商隱唐時。之讚佛曰：『吾儒之師，曰魯仲尼。仲尼師聃，龍吾不知。史記孔子謂弟子曰：「至於龍，吾不知，其乘風雲而上天。吾今日見老子，其猶龍耶！」聃師竺乾，善入無爲。尹子西升經老子云：「蓋聞竺乾有古皇先生，不生不滅，善入無爲。」又云：「古先生者，即吾之師，嘗化乎竺乾。」又符子云：「老氏之師名釋迦文。」稽首大覺，吾師師師。三師者，言我師仲尼，仲尼師老，師釋也。』」清陸心源唐文續拾（清光緒刻本）卷一據石刻録唐肅宗三教聖象贊：「吾儒之師，曰魯仲尼。仲尼師聃，龍吾不知。聃師竺乾，善入無爲。稽首正覺，吾師師師。」此石碑在少林寺，云李商隱之讚佛者，恐誤。

〔二二〕大智度論卷二：「除摩梨山，無出栴檀。如是除佛，無出實語。」又卷一八：「如除摩梨山，一切無出栴檀木。若餘處或有好語，皆從佛法中得。」

〔二三〕按：此非佛教經文，而是中土佛教世俗化過程中出現的觀念。

〔二四〕韋陀：婆羅門所傳經典之名。大本別爲四分，故曰四韋陀。大唐西域記卷二印度總述：「其婆羅門，學四吠陀論：舊曰毗陀，訛也。一曰壽，謂養生繕性；二曰祠，謂享祭祈禱；三曰平，謂禮儀、占卜、兵法、軍陣；四曰術，謂異能、伎數、禁咒、醫方。」

〔二五〕鑒義：兩街僧官之一，又稱守闕鑒義。

〔二六〕武林西湖高僧事略宋三藏道法師：「師名法道，舊名永道，順昌毛氏。出家宗唯識、百法二論，又受西天總持三藏密咒軌，及傳圓頓戒法於圓照師，咸得其要。政和中，賜椹衣，主左街香積院，賜號寶覺。林靈素以左道罔上，宣和初，詔改僧爲德士，服冠巾。天下從之無敢後，師獨毅然抗詔，黥流道州。後七年還僧。建炎三年，賜圓通法濟號。紹興間賜對，上面命欲爲之去其涅迹，師曰：雖感聖恩，然先皇之墨，不忍除也。上曰：這僧到老倔强，計自便。故事，道場僧左道右。崇、觀以來，遂易舊制，師不能平，詣朝廷，與道士劉若謙論辨，卒獲改正。十七年秋，説偈端坐而化。荼毗，舍利無數，建塔九里松。」

大宋僧史略并序

右街僧録通慧大師贊寧奉敕撰

夫僧本無史，觀〔一〕乎弘明二集，可非記言耶？高、名僧傳，可非記事耶？言事既全，俱爲載筆。原彼東漢，至于我朝，僅一千年，教法污隆，緇徒出没，富哉事迹，繁矣言詮！藴結藏中，從何攸濟？贊寧以太平興國初，疊奉詔旨，高僧傳外，别修僧史〔二〕。及進育王塔，乘馹到闕，敕居東寺，披覽多暇，遂樹立門題，搜求事類，始乎佛生，教法流衍，至于三寶住持，諸務事始，一皆隱括，約成三卷，號僧史略焉，蓋取裴子野宋略〔三〕爲目。所恨删采不周，表明多昧，不可鴻碩寓目，預懼缺然者爾。

【校注】

〔一〕觀：底本作「覺」，據淺野本、頒典教社本改。

〔二〕行誡按：宋僧傳（三十卷）别修僧史者，有三教聖賢事迹一百卷及内典集一百五十卷，蓋指之乎？今逸不能見。贊寧傳可見釋門正統（第三）、佛祖通載（十八）、稽古略（第三）、僧傳排韻（二十四青韻）。明高僧傳欠之者，作者見聞之狹少可知也！

〔三〕按：裴子野，生於南朝宋泰始五年（四六九），卒於梁中大通二年（五三〇），仕於齊、梁兩朝，是南朝著名的史學家、文學家。其所撰宋略二十卷，宋、元時散佚，佚文散見於唐杜佑通典、許嵩建康實録、宋李昉等編文苑英華以及司馬光資治通鑑等書。

大宋僧史略卷上咸平二年重更修理（一）

二十三、傳密藏外學附

所立僅六十門，止删取集傳，并録所聞，以明佛法東傳以來百事之始也。

【校注】

〔一〕修：松本本作「條」。卷中、下同。理：底本誤爲「洛」。

佛降生年代

按佛生日，多説不同：一則應現〔一〕非常，遇緣即化，故有見聞不同也；一則西域來僧，生處有都城村落，傳事有部類宗計，故各説不同也；一則西域朴略，罕能紀録，庶事寬慢，不尚繁細，故流傳不同也。今且據東土傳記及經律所明，而有多説。

案上統傳〔二〕、漢法本内傳〔三〕合阿含經中，皆曰周昭王二十三年七月十五日，現白象瑞，降摩耶夫人胎。明年四月八日，於嵐毗園波羅下，右脅而誕也。

周書異記〔四〕曰：昭王二十四年甲寅歲四月八日，江河泉池忽然汎溢，井皆騰涌，宫殿震動。其夜，五色光氣貫于太微，遍于西方，作青虹色。時王問太史蘇由，由對曰：有大聖出于西方，故現此瑞。王曰：於國無損乎？對曰：一千年後，聲教當被于此〔五〕。

又案五運圖〔六〕云：東周平王四十八年戊午歲佛生。此説則無憑也。又依道安、羅什紀及石柱銘云：周十八主桓王五年乙丑歲佛生〔七〕。此亦非也。又費長房開皇三寶録中，定佛是周莊王佗十年甲午四月八日生，以常星不見爲徵也〔八〕。又法顯曾遊西域，云佛是商王代中生。顯因見師子國三月出佛齒，供養王前，宣曰：佛滅已一千四百九十七載也〔九〕。顯以晉義熙中逆推，知佛是商時生矣。又廬山度律師衆聖點記〔一〇〕云：周貞定王二年甲戌佛生。法寶大師全不取此〔一一〕。又感通傳中，是夏桀之時見佛垂迹也〔一二〕。

次上諸説，帝代不同。一、夏末；二、商末；三、周昭王時；四、平王時；五、桓王時；六、莊王時；七、貞定王時。皆據此方傳記所説。若案經律者，浴佛經云：一切佛皆四月八日生也〔一三〕。瑞應經亦云四月八日生〔一四〕。而薩婆多論中，即云二月八日生〔一五〕。是則内教二説不同也。今謂佛若是夏時生，即今建巳四月八日也。若商時生，即今建辰月八日也。若周時生，即今建卯月八日也。又據南山宣〔一六〕律師問天人曰：此土傳佛生時，或云商代，或周昭王、魯莊公世，如何指的？答曰：皆有所以。弟子是夏桀時生天，具見佛之垂化。然佛有三身，法、報二身，非人天所見，唯化身佛，普被三千，故有百億釋迦，隨機所感，前後不定，不足疑也〔一七〕。

今東京以臘月八日浴佛，言佛生日者。案祇洹圖經，寺中有坡黎師子，形如拳許大，口出妙音。菩薩聞之，皆超地位。每至臘月八日，舍衛城中士女競持香花，來聽法音〔一八〕。詳彼，不言佛生日，疑天竺以臘八爲節日耳。又疑是用多論〔一九〕二月八日，臘月乃周之二月也。東西遼敻，故多差異焉。

又江表以今四月八日爲佛生日者，依瑞應經也〔二〇〕。如用周正，則合是今二月八日。今用建巳月，乃周之六月也。詳此濫用建巳月者，有二意焉：一、聞聲便用，不摭實求時；一、翻經者多用夏正，故斯謬耳。若如南山云，并衆生見聞不同，故時節不等，不宜確執。然則兩方相接，三藏所傳，以周昭時生，理爲長也。

重之曰：前言月八日者，爲東夏耶？爲西域耶？若尋條見本，從水求源，則事無不周，理有攸貫。且天竺歲首，諸説不同。高僧傳中，慧嚴與何承天爭中邊，言西域以建辰爲歲首〔二一〕。傳又云：十二月三十日號大神變月，即此土正月十五日〔二二〕。此指夏正也。而用十六日生魄，爲月初一日焉。今未詳建辰月爲取今三月月生日爲歲首，爲是月半分之準。西土無正二三月名，但取星直月爲月名耳，如毗舍佉〔二三〕月、迦提〔二四〕月是也。

又葱嶺北諸國，或以建未月爲正首，或春際爲夏安居。是知隨方，宗計各別，況佛在西域説經，羅漢居竺乾造論，必不指東震之月。所言四月八日者，西域四月八日也。以事符合周書異記昭王四月八日祥瑞，疑翻譯時隨聲筆受，妄認夏正也。唯爲有七月十五日臘法經〔二五〕是用此方爲文，令人惑之，故兩存也。

【校注】

〔一〕應現：謂佛、菩薩應衆生機緣而現身。

〔二〕上統傳：指釋法上傳。法上俗姓劉氏，朝歌人。魏、齊二代，歷爲統師，故稱「上統」。按：續高僧傳卷八齊大統合水寺釋法上傳：「且而景行既宣，逸響遐被，致有高句麗國大丞相王高德，乃深懷正法，崇重大乘，欲播此釋風，被于海曲。然莫測法教始末緣由、西徂東壤年世帝代，故具録事條，遣僧向鄴，啓所未聞事，叙略云：釋迦文佛入涅槃來，至今幾年？又於天竺幾年方到漢地？初到何帝，年號是何？又齊陳佛法，誰先傳告？從爾至今，歷幾年帝？遠請具注。并問十地、智論等人法所傳。上答略云：佛以姬周昭王二十四年甲寅歲生，十九出家，三十成道。當穆王二十四年癸未之歲，穆王聞西方有化人出，便即西入而竟不還。以此爲驗，四十九年在世。滅度已來至今齊代武平七年丙申，凡經一千四百六十五年。後漢明帝永平十年，經法初來。魏晋相傳，至今流布。上廣答緣緒，文極指訂。今略舉梗概，以示所傳。」

〔三〕漢法本内傳：凡五卷，第一卷明帝得夢求法品、第二卷請法師立寺功德品、第三卷與諸道士比校度脱品、第四卷明帝大臣等稱揚品、第五卷廣通流布品。是書完本後世未傳，其文散見於廣弘明集卷上、集古今佛道論衡卷一、破邪論卷上、法苑珠林卷一八、續集古今佛道論衡等。唐道宣、智昇等認爲是漢魏時代之作品，然隋以前之文獻未見著録。從品目及散見之佚文來看，其内容主要記述後漢明帝永平年間佛教傳入及佛道論衡之事。

〔四〕周書異記：唐前佛教徒爲與道教徒争高下而編撰的著作。學術界多認爲出現於北魏時期：「元魏佛道之争，自太武帝以後當極劇烈。所謂老子開天經，乃上接寇謙之謂浮屠爲四十二天（校注者按：中華書局點校本魏書釋老志校改爲「三十二天」）延真宫主之説。而佛徒假造周書異記及漢法本内傳以駁道説，亦當作於北魏中葉。」（湯用彤漢魏兩晋南北朝佛教史）唐、宋釋門著述中，多有引用。今佚。

〔五〕按：法苑珠林卷一〇〇曆算部第六：「佛是姬周第五主昭王瑕即位二十三年癸丑之歲七月十五日，現白象形，降自兜率，託浄飯宫，摩耶受胎。故後漢法本内傳云：明帝問摩騰法師曰：『佛生日月可知以不？』騰曰：『佛以癸丑之年七月十五日託陰摩耶。』即此年也。昭王二十四年甲寅之歲四月八日，于嵐毗園内波羅樹下，右脅而誕。故普曜經云：普放大光，照三千界。即周書異記云：昭王二十四年甲寅之歲四月八日，江河泉池忽然汎漲，井皆溢出，宫殿人舍山川大地咸悉震動。其夜即有五色光氣，入貫太微，遍於西方，盡作青紅之色。昭王即問太史蘇由曰：『是何祥耶？』蘇由曰：『有大聖人生於西方，故現此瑞。』昭王曰：『於天下何如？』蘇由曰：『即時無他，至一千年外聲教被此。』昭王即遣鐫石記之，埋在南郊天祠前。佛生即當此年。」

〔六〕五運圖：即三寶五運圖。按，佛祖統紀卷四二：「（唐）會昌三年，上欲芟夷釋氏，詔令兩街述有佛以來興廢之際，有何徵應。法寶大師玄暢撰三寶五運圖以上。」湯用彤疑與歷代帝王録爲一書（見其隋唐佛教史稿）。

〔七〕廣弘明集卷八道安二教論：「春秋左傳曰：魯莊公七年歲次甲午四月辛卯夜，恒星不見，星隕如雨。即周莊王十年也。莊王别傳曰：王遂即易筮之，云西域銅色人出世，所以夜明，非中夏之災也。案佛經：如來四月八日入胎，二月八日生，亦二月八日成道。生及成佛，皆放光明。而云出世，即成佛年也。周以十一月爲正，春秋四月，即夏之二月也。依天竺用正與夏同，杜預用晉曆算，辛卯二月五日也。安共董奉忠用魯曆算，即二月七日。用前周曆算，即二月八日也。又依什法師年紀及石柱銘，並與春秋符同。如來，周桓王五年歲次乙丑生，桓王二十三年歲次癸未出家，莊王十年歲在甲午成佛，襄王十五年歲在甲申滅度，至今一千二百五年。」法苑珠林卷二九感通篇聖迹部：「（劫比羅伐窣堵國）城東北塔，即此佛遺身處，無憂王爲建立石柱銘記之，高二丈餘。」

〔八〕費長房歷代三寶紀卷一：「至第十九主莊王佗十年，即魯春秋莊公七年，夏四月辛卯夜，恒星不見，夜中星隕如雨。案，此即是如來誕生王宮時也。先賢諸德，推佛生年互有遐邇。依法顯傳推，佛生時則當殷世武乙二十六年甲午，至今開皇十七年丁巳，便已一千六百八十一年。依沙門法上答高句麗國問，則當前周第五主昭王瑕二十四年甲寅，至今丁巳，則一千四百八十六年。引穆天子别傳爲證，稱瑕子滿嗣位，穆王聞佛生迦維，遂西遊而不返。依像正記，當前周第十七主平王宜臼四十八年戊午，至今丁巳，則一千三百二十三年。依後周沙門釋道安用羅什年紀及石柱銘推，則當前周第十八主桓王林五年乙丑，至今丁巳，則一千二百二十五年。依趙伯林梁大同元年於盧山遇弘度律師得佛滅度後衆聖點記推，則當前周第二十九主貞定王亮二年甲戌，至今丁巳，殆一千六十一年。唯此最近。准三藏教及善見律云：佛何以不度女人，爲敬法故。正法千年，以度女人滅五百年。制修八敬，還滿千年。然後像法亦一千年，末法萬年。五千年來，學三達智，并得四果。六千年去，學不得道。萬年已後，經典文字，自然滅盡，但現剃頭有袈裟耳。正法之世，大乘味淳。至乎像代，味少淡泊。若入末法，則無大乘。奴婢出家，污染淨行。惡王治世，課税僧尼。今則未然。緣此正像交涉未深，三寶載興，大乘盛布，寧得已接於末法者哉！」又卷一一引道安二教論（參注七引廣弘明集）後云：「房謂易筮云銅色人出世，此即是生。安以爲成佛，恐少乖謬耳。」

〔九〕法顯傳：「（師子國）佛齒常以三月中出之。未出十日，王莊校大象，使一辯説人，著王衣服，騎象上，擊鼓唱言：『菩薩從三阿僧祇劫，苦行不惜身命，以國、妻、子及挑眼與人，割肉貿鴿，截頭布施，投身餓虎，不悋髓腦，如是種種苦行，爲衆生故。成佛在世四十五年，説法教化，令不安者安，不度者度。衆生緣盡，乃般泥洹。泥洹已來，一千四百九十七年，世間眼滅，衆生長悲。却後十日，佛齒當出至無畏山精舍。國内道俗欲殖福者，各各平治道路，嚴飾巷陌，辦衆華香供養之具！』如是唱已，王便夾道兩邊，作菩薩五百身已來種種變現，或作須大拏，或作睒變，或作象王，或作鹿、馬。如是形像，皆彩畫莊校，狀若生人。然後佛齒乃出，中道而行，隨路供養。到無畏精舍佛堂上，道俗雲集，燒香然燈，種種法事，晝夜不息。滿九十日乃還城内精舍。」

〔一〇〕衆聖點記：是記載佛陀入滅時間的一種方式，由持善見毗婆娑律之師資相傳。費長房歷代三寶紀卷一一「善見毗婆娑律」條：「武帝世，外國沙門僧伽跋陀羅，齊言僧賢，師資相傳云：佛涅槃後，優波離既結集律藏訖，即於其年七月十五日受自恣竟，以香華供養律藏，便下一點，置律藏前，年年如是。優波離欲涅槃，持付弟子陀寫俱。陀寫俱欲涅槃，付弟子須俱。須俱欲涅槃，付弟子悉伽婆。悉伽婆欲涅槃，付弟子目揵連子帝須。目揵連子帝須欲涅槃，付弟子旃陀跋闍。如是師師相付，至今三藏法師。三藏法師將律藏至廣州，臨上舶反還去，以律藏付弟子僧伽跋陀羅。羅以永明六年，共沙門僧猗於廣州竹林寺譯出此善見毗婆沙。因共安居，以永明七年庚午歲七月半，夜受自恣竟，如前師法，以香華供養律藏訖，即下一點。當其年，計得九百七十五點。點是一年。趙伯休，梁大同元年於廬山值苦行律師弘度，得此佛涅槃後衆聖點記年月，訖齊永明七年。伯休語弘度云：『自永明七年以後，云何不復見點？』弘度答云：『自此已前，皆是得道聖人手自下點。貧道凡夫，止可奉持頂戴而已，不敢輒點。』伯休因此舊點，下推至梁大同九年癸亥歲，合得一千二十八年。房依伯休所推，從大同九年至今開皇十七年丁巳歲，合得一千八十二年。若然，則是如來滅度始出千年，去聖尚邇，深可慶歡！願共勵誠，同宣遺法。」

〔一一〕法寶大師：指釋玄暢。宋高僧傳卷一七唐京兆福壽寺玄暢傳：「釋玄暢，字申之，俗姓陳氏，宣城人也。……撰顯正記一十卷、科六帖名義圖三卷、三寶五運三卷，雖祖述舊聞，標題新目，義出意表，文濟時須。乾符中，懿宗簡自上心，特賜師號曰『法寶』。」「法寶大師全不取此」者，疑即不爲三寶五運圖所採也。

〔一二〕感通傳：即釋道宣撰道宣律師感通録，參注一八。

〔一三〕釋法炬譯佛説灌佛經：「佛告諸天人民：十方諸佛皆用四月八日夜半時生，十方諸佛皆用四月八日夜半時出家入山學道，十方諸佛皆用四月八日夜半時成佛，十方諸佛皆用四月八日夜半時而般涅槃。」

〔一四〕支謙譯佛説太子瑞應本起經卷上：「自夫人懷妊，天爲獻飲食，自然日至，夫人得而享之，不知所從來，不復饗王厨，以爲苦且辛。到四月八日夜明星出時，化從右脅生，墮地即行七步，舉右手住而言：『天上天下，唯我爲尊。三界皆苦，何可樂者？』」

〔一五〕薩婆多毗尼毗婆沙卷二七種得戒法：「佛以二月八日沸星現時，初成等正覺。亦以二月八日沸星出時生。」

〔一六〕宣：底本誤爲「宜」。

〔一七〕釋道宣撰道宣律師感通録：「又問：此土常傳佛是殷時，周昭、魯莊等，互説不同，如何定指？答曰：皆有所以。弟子夏桀時生，具見佛之垂化。且佛有三身，法、報二身，則非人見，並登地已上。唯有化身，普被三千百億天下，故有百億釋迦，隨人所感，前後不定，或在殷末，或在魯莊，俱在大千之中，前後咸傳一化，感見隨機前後，法、報常自湛然，不足疑也。」

〔一八〕中天竺舍衛國祇洹寺圖經卷上：「其院中有頗梨師子，兜率天王手自作之，形如拳大。至時，口出妙音，如命命鳥，音中説八萬波羅蜜，諸菩薩聞法登位地。每至臘月八日，舍衛城中士女，各執香華，來聽法音。」

〔一九〕多論：金陵本作「薩婆多論」，即薩婆多毗尼毗婆沙。參注一五。

〔二〇〕參注一四引支謙譯佛説太子瑞應本起經卷上。

〔二一〕高僧傳卷七慧嚴傳：「釋慧嚴，姓范，豫州人。」「東海何承天以博物著名，乃問嚴：佛國將用何曆？嚴云：天竺夏至之日，方中無影，所謂天中。於五行土德，色尚黄，數尚五，八寸爲一尺，十兩當此土十二兩，建辰之月爲歲首。及討覈分至，推校薄蝕，顧步光影，其法甚詳。宿度年紀，咸有條例。承天無所厝難。後婆利國人來，果同嚴説。」

〔二二〕續高僧傳卷四唐京師大慈恩寺釋玄奘傳：「彼土十二月三十日，當此方正月十五日，世稱大神變月。」

〔二三〕一切經音義卷七三玄應撰立世阿毗曇論音義卷一：「毗舍佉，或云鼻奢佉，此譯云別枝，即是氐宿。」

〔二四〕釋氏要覽卷下：「迦提，梵語具云迦栗提迦，即九月望宿名也。」

〔二五〕按：出三藏記集卷四新集續撰失譯雜經録著録「七月十五日臘法經一卷」，爲「未見經文者」。

僧入震旦

五運圖云：周世聖教靈迹及阿育王造塔置于此土，合有傳記，良以秦始皇焚書，此亦隨爇，故今無處追尋。案始皇時，有沙門釋利房等十八賢者，齎經來化。始皇弗信，遂禁錮之。夜有神人，破獄出之〔一〕。又漢成帝時，劉向挍書於天禄閣，往往見有佛經。及著列仙傳，得一百三十六人，七十四人已見佛經〔二〕。以此詳究，知周、秦之代，已有佛教沙門，止未大興耳。至後漢第二主明帝永平七年，因夢金人，乃令秦景、蔡愔、王遵往天竺迎佛教，於月氏遇迦葉摩騰、竺法蘭二沙門入東夏。今以爲始也〔三〕。于時佛法雖到中原，未流江表，信受未廣，傳行未周。洎孫氏鼎分，封疆阻隔，有康僧會者，本康居國人，赤烏〔四〕年中，始化於南土也〔五〕。

【校注】

〔一〕歷代三寶紀卷一：「嬴昭襄王立五十二年，滅周稱秦，改鎬京爲咸陽，仍即都之。至第四主始皇帝正二十六年，蕩除六國。二十七年，廢罷九州，分天下爲三十六郡。三十四年，所有典籍悉皆焚燒，唯醫方藥術，不在爇限，降此悉灰，緣是周代聖教靈迹及阿育王造舍利塔，傳記湮絶，靡知所承。又始皇時，有諸沙門釋利防等十八賢者，齎經來化。始皇弗從，遂禁利防等。夜有金剛丈六人來，破獄出之，始皇驚怖，稽首謝焉。」又佛祖統紀卷三四：「秦始皇四年，西域沙門室利房等十八人，齎佛經來化，帝以其異俗囚之。夜有丈六金神破户出之，帝驚，稽首稱謝，以厚禮遣出境。」

〔二〕弘明集卷二宗炳明佛論：「劉向列仙，叙七十四人在佛經。」僧祐出三藏記集卷二：「昔劉向校書，已見佛經。」釋法琳破邪論卷下：「至秦始皇三十四年，焚燒典籍，育王諸塔，由此淪亡。佛家經傳，靡知所在。如釋道安、朱士行等經録目云：始皇之時，有外國沙門釋利房等一十八賢者，齎持佛經，來化始皇，始皇弗從，遂囚禁房等。夜有金剛丈六人來，破獄出之。始皇驚怖，稽首謝焉。問曰：雖有此説，年紀莫知，以何爲證？請陳其決也。答曰：前漢成帝時，都水使者光禄大夫劉向傳云：向博觀史籍，備覽經書。每自稱曰：余遍尋典策，往往見有佛經。及著列仙傳，云：吾搜檢藏書，緬尋太史，創撰列仙圖，自黄帝已下六代迄到於今，得仙道者七百餘人。向檢虚實，定得一百四十六人。又云：其七十四人，已見佛經矣。推劉向言藏書者，蓋始皇時人間藏書也。或云：夫子宅内所藏之書。據此而論，豈非秦漢已前，早有佛法流行震旦也？」

〔三〕出魏書釋老志。參下「經像東傳」條注一。

〔四〕烏，底本誤爲「鳥」。

〔五〕高僧傳卷一康僧會傳：「康僧會，其先康居人，世居天竺。其父因商賈，移於交趾。……時吴地初染大法，風化未全。僧會欲使道振江左，興立圖寺，乃杖錫東遊。以吴赤烏十年，初達建鄴。營立茅茨，設像行道。」

經像東傳

原其佛道難思，神蹤本異，不可以常情測，不可以衆例求。唯如東漢僧來，劉向已逢於梵筴；育王塔現，秦朝早有於靈儀。案釋老志曰：釋氏之學，聞於前漢。武帝元狩年中，霍去病獲昆耶王金人，帝以爲大神，列於甘泉宫，燒香禮拜。此佛法流傳之始也。及開西域，遣張騫使大夏還，云：身毒有浮圖之教。哀帝元壽年中，景憲往月支，口授得浮圖經。然時未敦信，道未通行。猶大江之初濫，若巨木之毫末耳。今以漢明帝世，二沙門齎四十二章經及白氎畫像，爲其始焉〔一〕。又如感通傳中，周穆王造靈安寺〔二〕，永州石花捧育王塔等〔三〕，豈非東漢前耶？斯乃思慮不逮，語議弗及者，可置度外。今且據事迹可思可議故，以永平爲始也。

【校注】

〔一〕魏書卷一一四釋老志：「漢武元狩中，遣霍去病討匈奴，至皋蘭，過居延，斬首大獲。昆邪王殺休屠王，將其衆五萬來降。獲其金人，帝以爲大神，列於甘泉宮。金人率長丈餘，不祭祀，但燒香禮拜而已。此則佛道流通之漸也。及開西域，遣張騫使大夏還，傳其旁有身毒國，一名天竺，始聞有浮屠之教。哀帝元壽元年，博士弟子秦景憲受大月氏王使伊存口授浮屠經。中土聞之，未之信了也。後孝明帝夜夢金人，項有日光，飛行殿庭，乃訪群臣，傅毅始以佛對。帝遣郎中蔡愔、博士弟子秦景等使於天竺，寫浮屠遺範。愔仍與沙門攝摩騰、竺法蘭東還洛陽。中國有沙門及跪拜之法，自此始也。愔又得佛經四十二章及釋迦立像。明帝令畫工圖佛像，置清涼臺及顯節陵上，經緘於蘭臺石室。愔之還也，以白馬負經而至，漢因立白馬寺於洛城雍門西。摩騰、法蘭咸卒於此寺。」

〔二〕道宣律師感通録：「秦州麥積崖佛殿下有舍利，山神廢（校注者按：廢，法苑珠林引作「藏」）之。此寺周穆王所造，名曰靈安。經今四十年，常有人出。」

〔三〕道宣律師感通録：「今衡岳南可五六百里，在永州北，有大川，東西五百餘里，南北百餘里。川中昔有人住，數十萬家。今生諸巨樹，大者徑三二丈，下無草木。深林可愛。中有大江，東流入湘江，尋澗見之即得川。南有谷，北入谷，有方池，四方砌石，水深龍居，有犯者輒雷震山谷。左則多山果，橘柚楊梅之屬，列植相次。池南有育王大塔，石花捧之，以石龕覆與地平。塔東崖上具有碑記，篆書可識。登梯抄取，足知立塔之由。」

創造伽藍浴佛行像附

經像來思〔一〕，僧徒戾止〔二〕。次原爰處，必宅淨方。是以法輪轉〔三〕須依地也，故立寺宇焉。騰、蘭二人角力既勝，明帝忻悅，初於鴻臚寺延禮之。鴻臚寺者，本禮四夷遠國之邸舍也。尋令別擇洛陽西雍門外蓋一精舍，以白馬馱經夾〔四〕故，用白馬爲題也〔五〕。寺者，釋名曰：寺，嗣也，治事者相嗣續於其内也〔六〕。本是司名，西僧乍來，權止公司。移入別居，不忘其本，還標寺號。僧寺之名，始於此也。僧伽藍者，譯爲衆園〔七〕，謂衆人所居，在乎園圃，生殖之所，佛弟子則生殖道芽聖果也。故經中有迦蘭陀竹園〔八〕、祇樹給孤獨園〔九〕，皆是西域之寺舍也。若其不思議之迹，即周穆王造顯濟寺〔一〇〕，此難憑準，命曰難思之事也。後魏太武帝始光元年，創立伽藍，爲招提之號〔一一〕。隋煬帝大業中，改天下寺爲道場〔一二〕。至唐，復爲寺也。

案靈裕法師寺誥〔一三〕，凡有十名寺：一曰寺，義準釋名。二曰淨住，穢濁不可同居。三曰法同舍，法食二同界也。四曰出世舍，修出離世俗之所也。五曰精舍，非麁暴者所居。六曰清淨園，三業無染處也。七曰金剛刹，刹土堅固，道人所居。八曰寂滅道場，祇園有蓮華藏世界，以七寶莊嚴，謂之寂滅道場。盧舍那佛説華嚴於此〔一四〕。九曰遠離處，入其中者，去煩惑遠，與寂滅樂近故。十曰親近處。如行安樂行，以此中近法故也。此土十名，依祇洹圖經，釋相各有意致，如彼寺誥也。今義加〔一五〕六種：一名窟，如後魏鑿山爲窟，安置聖像及僧居是也。今洛陽龍門天竺寺有石窟，有如那羅延金剛佛窟等是。二名院，今禪宗〔一六〕住持，多用此名也。三名林，律曰住一林，經中有逝多林也。四曰廟，如善見論中瞿曇廟〔一七〕。五蘭若，無院相者。六普通〔一八〕。今五臺山有多所也。

又案，漢明帝崩，起祇洹於陵上。自此百姓墳塚，或作浮圖者焉。出楊衒之伽藍記中〔一九〕。洛陽自漢永平至晉永嘉，止有四十二寺。及後魏都洛，盛信佛教，崇構相繼，臣下豪民競置寺宇，凡一千餘所。後趙都鄴，造寺八百餘區，今遺址或存焉〔二〇〕。

【校注】

〔一〕思：語氣詞。

〔二〕戾止：到來。止，語氣詞。詩周頌有瞽：「我客戾止，永觀厥成。」

〔三〕法輪轉：比喻講經説法。佛教認爲向衆生灌輸佛法，摧破迷夢，有如輪寶長轉，破邪降敵。大般涅槃經卷一四：「善男子，諸佛世尊凡有所説，皆悉名爲轉法輪也。善男子，譬如聖王所有輪寶，未降伏者能令降伏，已降伏者能令安隱。善男子，諸佛世尊凡所説法亦復如是，無量煩惱未調伏者能令調伏，已調伏者令生善根。」

〔四〕夾：金陵本作「來」。

〔五〕參「經像東傳」條注一。洛陽伽藍記卷四：「白馬寺，漢明帝所立也。佛教入中國之始。寺在西陽門外三里御道南。帝夢金神長丈六，項背日月光明。胡神號曰佛，遣使向西域求之，乃得經像焉。時以白馬負經而來，因以爲名。」又高僧傳卷一攝摩騰傳：「攝摩騰，本中天竺人。……漢永平中，明皇帝夜夢金人飛空而至，乃大集群臣，以占所夢。通人傅毅奉答：『臣聞西域有神，其名曰佛，陛下所夢將必是乎。』帝以爲然。即遣郎中蔡愔、博士弟子秦景等，使往天竺，尋訪佛法。愔等於彼遇見摩騰，乃要還漢地。騰誓志弘通，不憚疲苦，冒涉流沙，至乎雒邑。明帝甚加賞接，於城西門外立精舍以處之。漢地有沙門之始也。但大法初傳，未有歸信，故蘊其深解，無所宣述。後少時，卒於雒陽。有記云：騰譯四十二章經一卷，初緘在蘭臺石室第十四間中。騰所住處，今雒陽城西雍門外白馬寺是也。相傳云：外國國王嘗毁破諸寺，唯招提寺未及毁壞。夜有一白馬，繞塔悲鳴，即以啓王，王即停壞諸寺。因改『招提』以爲『白馬』。故諸寺立名，多取則焉。」以「白馬」名寺之又一説也。高僧傳卷一竺法蘭傳：「竺法蘭，亦中天竺人。自言誦經論數萬章，爲天竺學者之師。時蔡愔既至彼國，蘭與摩騰共契遊化，遂相隨而來。會彼學徒留礙，蘭乃間行而至。既達雒陽，與騰同止。」

〔六〕釋名卷五釋宫室：「寺，嗣也，治事者嗣續於其内也。」

〔七〕一切經音義卷二一慧苑撰新譯大方廣佛花嚴經音義卷上：「僧伽藍，具云僧伽羅摩。言僧者，衆也；伽羅摩者，園也。或云衆所樂住處也。」

〔八〕五分律卷一六：「時瓶沙王作是念：佛止宿處，我當即以此處施佛，立於精舍。佛知其意，暮宿迦蘭陀竹園。……明旦於竹園敷座，自出白：『食具已辦。』佛與大衆隨次而坐，王手自斟酌，歡喜無惓。食已行水，在一面立，白佛言：『今以此竹園，奉上世尊。』」

〔九〕祇樹給孤獨園：釋迦牟尼成道後，憍薩羅國給孤獨長者用黄金購置舍衛城南祇陀太子園地，建築精舍，請釋迦説法。祇陀太子奉獻了園内的樹木，故以二人名字命名。

〔一〇〕顯濟寺：道宣律師感通録作「顯際寺」：「又問：坊州顯際寺山出古像者，何代所立？答云：像是秦穆公所造，像出是周穆王造寺處也。佛去世後，育王第四女又造像塔，於此供養。於時此寺有一三果人住中，秦相由余所奉敬。往者迦葉佛時，亦於此立寺，是彼沙彌顯際造也。仍其本名，以爲寺額。」

〔一一〕志磐撰佛祖統紀卷三八法運通塞志第十七之五：後魏太武「始光元年，敕天下寺改名招提。此翻十方常住。」又續高僧傳卷二隋東都雒濱上林園翻經館南賢豆沙門達摩笈多傳：「寺乃此土公院之名，所謂司也，廷也。又云『招提』者，亦訛略也。世依字解，招謂招引，提謂提攜，並浪語也。此乃西言耳，正音云『招鬬提奢』，此云『四方』，謂處所爲四方衆僧之所依住也。」

〔一二〕隋書卷二八百官志下：「郡縣佛寺，改爲道場，道觀改爲玄壇，各置監、丞。」

〔一三〕續高僧傳卷九隋相州演空寺釋靈裕傳：「釋靈裕，俗姓趙，定州鉅鹿曲陽人也。」著寺誥，「述祇桓圖經，具明諸院，大有準的。」（唐釋道宣撰關中創立戒壇圖經）道宣四分律删繁補闕行事鈔卷下（之三）：「有盛德法師造寺誥十篇，具明造寺方法，祇桓圖樣，隨有所造，必準正教。并護持匡衆僧網綱要等，事繁不具。略引宗科造寺一法，謂處所須避譏涉，當離於尼寺及市傍府側等，佛殿經坊，極令清素，僧院厨倉，趣得充事，如此則後無所壞。」

〔一四〕佛陀跋陀羅譯大方廣佛華嚴經卷一世間淨眼品：「如是我聞：一時，佛在摩竭提國寂滅道場始成正覺。其地金剛具足嚴淨，衆寶雜華以爲莊飾，上妙寶輪圓滿清淨，無量妙色種種莊嚴，猶如大海；寶幢幡蓋光明照耀，妙香華鬘周匝圍遶，七寶羅網彌覆其上，雨無盡寶顯現自在，諸雜寶樹華葉光茂；佛神力故，令此場地廣博嚴淨，光明普照，一切奇特妙寶積聚，無量善根莊嚴道場；其菩提樹高顯殊特，清淨瑠璃以爲其幹，妙寶枝條莊嚴清淨，寶葉垂布猶如重雲，雜色寶華間錯其間，如意摩尼以爲其果，樹光普照十方世界，種種現化施作佛事，不可盡極，普現大乘菩薩道教；佛神力故，常出一切衆妙之音，讚揚如來無量功德，不可思議；師子之座，猶如大海，衆妙寶華而爲嚴飾，流光如雲，周遍普照無數菩薩大海之藏，大音遠震，不可思議。」

〔一五〕加：底本作「如」，據金陵本改。

〔一六〕宗：松本本作「衆」。

〔一七〕善見律毗婆沙卷一四："爾時佛住毗舍離國，於瞿曇廟中，聽諸比丘受持三衣。"

〔一八〕圓仁入唐求法巡禮行記卷二："向西北行廿五里，到黄山八會寺斷中。吃黍飯。時人稱之爲上房普通院。長有飯粥，不論僧俗，來即便僧宿。有飯即與，無飯不與，不妨僧俗赴宿，故曰普通院。"

〔一九〕按：楊衒之洛陽伽藍記卷四白馬寺："明帝崩，起祇洹於陵上。自此以後，百姓冢上或作浮圖焉。寺上經函，至今猶存，常燒香供養之。"

〔二〇〕洛陽伽藍記序："自項日感夢，滿月流光，陽門飾豪眉之象，夜臺圖紺髮之形。邇來奔競，其風遂廣。至於晉室永嘉，唯有寺四十二所。逮皇魏受圖，光宅嵩洛，篤信彌繁，法教愈盛。王侯貴臣，棄象馬如脱屣；庶士豪家，捨資財若遺迹。於是昭提櫛比，寶塔駢羅，争寫天上之姿，競摹山中之影。金刹與靈臺比高，講殿共阿房等壯。豈直木衣綈繡，土被朱紫而已哉！暨永熙多難，皇輿遷鄴，諸寺僧尼亦與時徙。至武定五年，歲在丁卯，余因行役，重覽洛陽。城郭崩毁，宫室傾覆。寺觀灰燼，廟塔丘墟。牆被蒿艾，巷羅荆棘。野獸穴於荒階，山鳥巢於庭樹。遊兒牧豎，躑躅於九逵；農夫耕老，藝黍於雙闕。始知麥秀之感，非獨殷墟；黍離之悲，信哉周室。京城表裏，凡有一千餘寺。今日寥廓，鐘聲罕聞。"

浴佛

浴佛者，唐義浄三藏躬游西域，見印度每日禺中維那鳴鐘，寺庭取銅石等像於盤内，作音樂，磨香或泥，灌水，以氈揩之。舉兩指瀝水於自頂上，謂之吉祥之水，冀求勝利焉〔一〕。疑問：浴佛表何？通曰：像佛生時龍噴香雨浴佛身也。然彼日日灌洗，則非生日之意。五竺多熱，僧既頻浴，佛亦勤灌耳。東夏尚臘八，或二月、四月八日，乃是爲佛生日也。

【校注】

〔一〕南海寄歸内法傳卷四灌沐尊儀：「但西國諸寺，灌沐尊儀，每於禺中之時，授事便鳴揵稚。授事者，梵云羯磨陀那。陀那是授，羯磨是事，意道以衆雜事指授於人。舊云維那者非也。維是周語，意道綱維。那是梵音，略去羯磨陀字也。寺庭張施寶蓋，殿側羅列香瓶。取金銀銅石之像，置以銅金石木盤内，令諸妓女奏其音樂。塗以磨香，灌以香水，取栴檀沉水香木之輩於礎石上，以水磨使成泥，用塗像身，方持水灌。以浄白氈而揩拭之，然後安置殿中，布諸花彩。此乃寺衆之儀，令羯磨陀那作矣。然於房房之内，自浴尊儀，日日皆爲，要心無闕。……至於銅像，無問小大，須細灰甎末揩拭光明，清水灌之，澄華若鏡。大者月半月盡，合衆共爲。小者隨己所能，每須洗沐。斯則所費雖少，而福利尤多。其浴像之水，舉以兩指，瀝自頂上，斯謂吉祥之水，冀求勝利。」

行像

行像者，自佛泥洹，王臣多恨不親覿佛，由是立佛降生相，或作太子巡城像。晋法顯到巴連弗城，見彼用建卯月八日行像，以車結縛五層，高二丈許，狀如塔。彩畫諸天形，衆寶作龕，佛坐，菩薩立侍，可二十車，車各樣嚴飾。婆羅門子請佛，次第入城內宿，通夜供養。國國皆然。王及長者立福德醫藥舍，凡貧病者詣其中，醫師瞻候，病差方去〔一〕。又，嶺北龜茲東荒城寺，每秋分後十日間，一國僧徒皆赴五年大會。西域謂之般遮于瑟。國王庶民，皆捐俗務，受經聽法。莊嚴佛像，載〔二〕以車輦，謂之行像〔三〕。于闐則以四月一日行像，至十四日訖，王及夫人始還宮耳〔四〕。今夏臺、靈武，每年二月八日，僧戴夾苧佛像〔五〕，侍從圍繞，幡蓋、歌樂引導，謂之巡城。以城市行市爲限，百姓賴其消災也。又，此土夏安居畢，僧衆持花執扇，吹貝鳴鐃，引而雙行，謂之出隊迦提也。取迦提月〔六〕名也。釋老志曰：魏世祖於四月八日，輿諸寺像，行於廣衢。帝御門樓臨觀，散花致禮焉〔七〕。又景興尼寺金像出時，詔羽林一百人舉輦，伎樂皆由內給〔八〕。又安居畢，明日總集，旋繞村城，禮諸制底。棚車輿〔九〕像，幡花蔽日，名曰三摩近離。此曰和集。斯乃神州行城〔一〇〕法也〔一一〕。

【校注】

〔一〕法顯傳：「度河南下一由延，到摩竭提國巴連弗邑。巴連弗邑是阿育王所治。城中王宮殿皆使鬼神作，累石起牆闕，雕文刻鏤，非世所造，今故現在。……凡諸中國，唯此國城邑爲大，民人富盛，競行仁義。年年常以建卯月八日行像。作四輪車，縛竹作五層，有承櫨、揠戟，高二疋餘許，其狀如塔。又白氎纏上，然後彩畫，作諸天形像。以金、銀、琉璃莊校其上，懸繒幡蓋。四邊作龕，皆有坐佛，菩薩立侍。可有二十車，車車莊嚴各異。當此日，境内道俗皆集，作倡伎樂，華香供養。婆羅門子來請佛，佛次第入城。入城内再宿。通夜然燈，伎樂供養。國國皆爾。其國長者、居士各於城中立福德醫藥舍，凡國中貧窮、孤獨、殘跛，一切病人，皆詣此舍，種種供給。醫師看病隨宜，飲食及湯藥皆令得安，差者自去。」

〔二〕載：底本作「戴」，據松本本改。

〔三〕大唐西域記卷一屈支國：「荒城北四十餘里，接山阿，隔一河水，有二伽藍，同名昭怙釐，而東西隨稱。佛像莊飾，殆越人工。僧徒清肅，誠爲勤勵。東昭怙釐佛堂中有玉石，面廣二尺餘，色帶黄白，狀如海蛤。其上有佛足履之迹，長尺有八寸，廣餘六寸矣。或有齋日，照燭光明。大城西門外，路左右各有立佛像，高九十餘尺。於此像前，建五年一大會處。每歲秋分數十日間，舉國僧徒，皆來會集。上自君王，下至士庶，捐廢俗務，奉持齋戒，受經聽法，渴日忘疲。諸僧伽藍，莊嚴佛像，瑩以珍寶，飾之錦綺，載諸輦輿，謂之行像。」

〔四〕法顯傳：「其國（校注者按：指于闐）中十四大僧伽藍，不數小者。從四月一日，城裏便掃灑道路，莊嚴巷陌。其城門上張大幃幕，事事嚴飾。王及夫人、采女，皆住其中。瞿摩帝僧是大乘學，王所敬重，最先行像。離城三四里，作四輪像車，高三丈餘，狀如行殿，七寶莊校，懸繒幡蓋。像立車中，二菩薩侍，作諸天侍從，皆金銀彫瑩，懸於虛空。像去門百步，王脱天冠，易著新衣，徒跣持華香，翼從出城迎像。頭面禮足，散華燒香。像入城時，門樓上夫人、采女遥散衆華，紛紛而下。如是莊嚴供具，車車各異。一僧伽藍則一日行像，白月一日爲始，至十四日行像乃訖。行像訖，王及夫人乃還宫耳。」

〔五〕夾苧佛像：夾苧是漆器胎骨的一種製作方法，俗稱「脱胎」。先以泥土做胎模，外面裹以苧(細布)和漆層，待形像定型後，再取出泥胎。夾苧佛像即以夾苧之法製作的佛像。夾苧佛像輕巧，便於行像。

〔六〕迦提月：按一切經音義卷一一：「迦利邸迦月，薑伽反，梵説也，唐言昴星。每年九月十五日，月臨昴宿，故取此星爲九月名。古名迦提，訛略不正也。」

〔七〕魏書卷一一四釋老志：「世祖初即位，亦遵太祖、太宗之業，每引高德沙門，與共談論。於四月八日，輿諸佛像，行於廣衢，帝親御門樓，臨觀散花，以致禮敬。」

〔八〕洛陽伽藍記卷二：「石橋南道有景興尼寺，亦閹官等所共立也。有金像輦，去地三丈，上施寶蓋，四面垂金鈴七寶珠。飛天伎樂，望之雲表。作工甚精，難可揚榷。像出之日，常詔羽林一百人舉此像，絲竹雜伎，皆由旨給。」

〔九〕輿：底本作「興」，據頌典教社本、松本本改。

〔一〇〕城：金陵本作「像」。

〔一一〕南海寄歸内法傳卷二隨意成規：「凡夏罷歲終之時，此日應名隨意，即是隨他於三事之中任意舉發，説罪除愆之義。舊云自恣者，是義翻也。必須於十四日夜，請一經師，昇高座誦佛經。于時俗士雲奔，法徒霧集，燃燈續明，香華供養。明朝總出，旋繞村城，各並虔心，禮諸制底。棚車輿像，鼓樂張天，幡蓋縈羅，飄揚蔽日，名爲三摩近離，譯爲和集。凡大齋日，悉皆如是，即是神州行城法也。」

譯經

昔劉向校書天禄，見有佛經，知于時未事翻傳，必存梵夾。若然，劉向安識梵字而云列仙有七十餘人，已見佛經〔一〕？又以文殊菩薩亦號列仙耶？蓋劉向博識全才，象胥〔二〕之學，自能之矣。覽其梵夾，迴作華言，尋認七十許人見佛經也。若論翻譯，則摩騰初出四十二章經〔三〕，及法蘭同譯十地、佛本生、法海藏、佛本行等經，爲其始也〔四〕。次則安清〔五〕、支讖〔六〕、支謙〔七〕等相繼翻述。漢末魏初，傳譯漸盛，或翻佛爲衆祐，或翻辟支爲古佛。支讖出首楞嚴經〔八〕云：佛在王舍城靈鷲頂山中。存没不同，用舍各異。斯乃譯經之椎輪者焉。

【校注】

〔一〕按：世説新語文學篇注：「劉子政列仙傳曰：『歷觀百家之中，以相檢驗，得仙者百四十六人。其七十四人，已在佛經。故撰得七十，可以多聞博識者遐觀焉。』如此，即漢成、哀之間，已有經矣。」顏氏家訓書證篇：「列仙傳劉向所造，而贊云七十四人出佛經。……皆由後人所羼，非本文也。」俞正燮癸巳類稿卷一四僧徒僞造劉向文考：「弘明集宋宗炳明佛論，一名神不滅論，引劉向列仙傳序云：『七十四人，在於佛經。』又云：『佛爲黄面夫子。』其言欲證佛在劉向前。時劉義慶世説注亦引劉子政列仙傳云：『列觀百家之中，以相檢驗，得仙者百四十六人，其七十四人，已在佛經，故撰得七十，可以爲多聞博識者遐觀焉。』梁僧祐弘明論引漢元之時劉向序列仙云：『七十四人，出在佛經。』一若劉向實有此文也者。顏氏家訓書證篇引劉向列仙傳贊云：『七十四人出佛經。此由後人所羼，非本文也。』顏氏通矣。唐則向書又增，破邪論引列仙傳云：『其七十四人，已見佛經矣。』辨正論内九箴篇引劉向古、舊二録云：『佛經流於中夏百五十年後，老子方説五千文。』又引劉向古録云：『惠王時，已漸佛教。』法苑珠林引劉向列仙傳云：『吾搜檢太史藏書，辨撰列仙圖，黄帝以下迄於今，定檢實録，百四十六人，其七十四人，已見佛經矣。』破邪論又引劉向傳云：『吾遍尋典策，往往見有佛經。』法苑珠林亦引劉向傳云：『博觀史册，往往有佛經。』案所引向言，俱似辨諍；向時尚無人知有佛者，向何用辨？是知作僞者之非賢矣。」南宋志磐佛祖統紀卷三四，謂其所見之傳，亦有此語，然佛經已改爲仙經矣。湯用彤漢魏兩晉南北朝佛教史云：「而現在通行版本，則已無七十四人出於佛經或仙經之語，蓋此書曾歷經道士改竄也。」

〔二〕象胥：本指接待四方使者的官員。周禮秋官象胥：「掌蠻、夷、閩、貉、戎、狄之國使，掌傳王之言而諭説焉，以和親之。」這裏指翻譯。

〔三〕高僧傳卷一攝摩騰傳：「攝摩騰，本中天竺人。……騰譯四十二章經一卷。初緘在蘭臺石室第十四間中。」

〔四〕高僧傳卷一竺法蘭傳：「竺法蘭，亦中天竺人。……少時便善漢言。愔於西域獲經，即爲翻譯十地斷結、佛本生、法海藏、佛本行、四十二章等五部。移都寇亂，四部失本不傳，江左唯四十二章經今見在，可二千餘言。漢地見存諸經，唯此爲始也。」又參「創造伽藍」條注五。

〔五〕高僧傳卷一安清傳：「安清，字世高，安息國王正后之太子也。……以漢桓之初，始到中夏。才悟機敏，一聞能達。至止未久，即通習華言，於是宣譯衆經，改胡爲漢，出安般守意、陰持入、大小十二門及百六十品。」

〔六〕高僧傳卷一支樓迦讖傳：「支樓迦讖，亦直云支讖，本月支人。操行純深，性度開敏，稟持法戒，以精懃著稱。諷誦群經，志存宣法。漢靈帝時遊于雒陽，以光和、中平之間，傳譯梵文，出般若道行、般舟、首楞嚴等三經。又有阿闍世王、寶積等十餘部經，歲久無録。安公校定古今，精尋文體，云：似讖所出。凡此諸經，皆審得本旨，了不加飾，可謂善宣法要，弘道之士也。」

〔七〕高僧傳卷一康僧會傳附支謙傳：「優婆塞支謙，字恭明，一名越，本月支人，來遊漢境。……謙以大教雖行，而經多梵文，未盡翻譯。己妙善方言，乃收集衆本，譯爲漢語。從吴黄武元年至建興中，所出維摩、大般泥洹、法句、瑞應本起等四十九經，曲得聖義，辭旨文雅。又依無量壽、中本起，製菩提連句梵唄三契。并注了本生死經等，皆行於世。」

〔八〕按：出三藏記集卷二：「首楞嚴經，二卷。中平二年十二月八日出。今闕。」

譯律

佛制毗尼，糾繩内衆。如國刑法，畫一成規。未知誰將毗尼翻爲律號。案漢靈帝建寧三年庚戌歲，安世高首出義決律一卷〔一〕，次有比丘諸禁律一卷〔二〕。至曹魏世，天竺三藏曇摩〔三〕迦羅此曰法時。到許洛〔四〕，慨魏境僧無律範，遂於嘉平年中，與曇諦譯四分羯磨及僧祇戒心圖記云。此方戒律之始也〔五〕。

【校注】

〔一〕出三藏記集卷二：「義決律一卷，或云義決律法行經。安公云：此上二經，出長阿含。今闕。」「漢桓帝時，安息國沙門安世高所譯出。」

〔二〕按：比丘諸禁律一卷，諸録皆云後漢失譯經。開元釋教録卷一五録入「小乘律闕本」。

〔三〕摩：頌典教社本作「柯」，可從。

〔四〕許洛：頌典教社本作「雒陽」。

〔五〕高僧傳卷一曇柯迦羅傳：「曇柯迦羅，此云法時，本中天竺人。……以魏嘉平中來至洛陽。于時魏境雖有佛法而道風訛替，亦有衆僧未禀歸戒，正以剪落殊俗耳。設復齋懺，事法祠祀。迦羅既至，大行佛法。時有諸僧共請迦羅譯出戒律，迦羅以律部曲制，文言繁廣，佛教未昌，必不承用，乃譯出僧祇戒心，止備朝夕。更請梵僧立羯磨法受戒。中夏戒律始自于此。……又有安息國沙門曇帝，亦善律學，魏正元之中，來遊洛陽，出曇無德羯磨。」又宋高僧傳卷一六：「除經已譯，問律何傳。起後漢靈帝建寧三年。初翻義決律，次有比丘諸禁律至。即曹魏法時三藏遊于許洛，覩魏土僧無律範，於嘉平中譯羯磨僧祇戒本。此乃此方戒律之始也。」

譯論

晋孝武之世，有罽賓國沙門僧伽跋澄譯雜毗曇婆沙十四卷〔一〕。次則姚秦羅什譯大智度、成實〔二〕，此爲譯論之始。道安録及僧祐出三藏記同，斯楷述也〔三〕。又單名鞞婆沙，是者迦旃延子〔四〕撮其要義，引經訓釋，爲毗曇四十四品〔五〕，斯亦論也。

【校注】

〔一〕高僧傳卷一僧伽跋澄傳：「僧伽跋澄，此云衆現，罽賓人。……闇誦阿毗曇毗婆沙，貫其妙旨。常浪志遊方，觀風弘化。符堅建元十七年，來入關中。先是大乘之典未廣，禪數之學甚盛，既至長安，咸稱法匠焉。符堅祕書郎趙正崇仰大法，嘗聞外國宗習阿毗曇毗婆沙，而跋澄諷誦，乃四事禮供，請譯梵文，遂共名德法師釋道安等集僧宣譯。跋澄口誦經本，外國沙門曇摩難提筆受爲梵文，佛圖羅刹宣譯，秦沙門敏智筆受爲晋本，以僞秦建元十九年譯出，自孟夏至仲秋方訖。」

〔二〕高僧傳卷二鳩摩羅什傳：「鳩摩羅什，此云童壽，天竺人也。」開元釋教録卷四著録鳩摩羅什譯經中云：「大智度論一百卷，或云大智度經論，亦云摩訶般若釋論，或七十卷，或一百一十卷，弘始四年夏於逍遥園出，七年十二月二十七日訖，見二秦録及僧祐録。」又：「成實論二十卷。或二十四，或十六，或十四，弘始十三年九月八日尚書令姚顯請出，至十四年九月十五日訖，曇晷等受，佛滅後九百年訶梨跋摩造，見僧祐録。」

〔三〕按：道安録，即綜理衆經目録，一卷。原本已佚。開元釋教録卷一〇云：「自前諸録，但列經名，至於品類、時代，蓋闕而不紀，後人披覽，莫測根由。安乃總集名題，表其時代，銓品新舊，定其制作。衆經有據，自此而明。在後群録，資而增廣。是知高懷獨悟，足以垂範後昆。」出三藏記集卷二：「大智論百卷，於逍遥園譯出，或分爲七十卷。成實論十六卷。」

〔四〕者：金陵本作「昔」。是者，或爲「尊者」之誤。　迦旃延子：佛十大弟子中，「論議第一」之摩訶迦旃延子。一切經音義卷二七：「摩訶迦旃延，摩訶迦多衍那，此云大剪剔種男。剪剔，婆羅門姓也。」

〔五〕出三藏記集卷一〇釋道安法師鞞婆沙序第十五：十四卷者。「阿難所出十二部經，於九十日中佛意三昧之所傳也。其後别其逕，至小乘法爲四阿含，阿難之功，於斯而已。迦栴延子撮其要行，引經訓釋，爲阿毗曇四十四品，要約婉顯，外國重之。優波離裁之所由爲毗尼，與阿毗曇、四阿含並爲三藏，身毒甚珍，未墜於地也。其後曇摩多羅刹集修行，亦大行於世也。又有三羅漢：一名尸陀槃尼，二名達悉，三名鞞羅尼，撰鞞婆沙，廣引聖證，言輒據古，釋阿毗曇焉。其所引據，皆是大士真人，佛印印者也。達悉迷而近煩，鞞羅要而近略，尸陀最折中焉。……會建元十九年，罽賓沙門僧伽跋澄諷誦此經，四十二處，是尸陀槃尼所撰者也。來至長安，趙郎（校注者按：指趙政）飢虚在往，求令出焉。其國沙門曇無難提筆受爲梵文，弗圖羅刹譯傳，敏智筆受爲此秦言，趙郎正義起盡。自四月出，至八月二十九日乃訖。胡本一萬一千七百五十二首盧，長五字也，凡三十七萬六千六十四言也。秦語爲十六萬五千九百七十五字。經本甚多，其人忘失。唯四十事，是釋阿毗曇十門之本，而分十五事爲小品迴著前，以二十五事爲大品而著後。此大小二品，全無所損。

其後二處是忘失之遺者，今第而次之。」

東夏出家

夫狂蒙寄於伽藍，頓生善念；孟軻鄰其學校，尋染儒風〔一〕。佛法既行，民人皆化，于時豈無抽簪解佩、脱履投形者乎？乃〔二〕漢明帝聽陽城侯劉峻等出家，僧之始也。洛陽婦女阿潘等出家，此尼之始也〔三〕。

【校注】

〔一〕列女傳卷一母儀傳：「鄒孟軻之母也，號孟母，其舍近墓。孟子之少也，嬉遊爲墓間之事，踴躍築埋。孟母曰：『此非吾所以居處子也。』乃去，舍市傍。其嬉戲爲賈人衒賣之事。孟母又曰：『此非吾所以居處子也。』復徙舍學宫之傍，其嬉遊乃設俎豆揖讓進退。孟母曰：『真可以居吾子矣。』遂居之。及孟子長，學六藝，卒成大儒之名。」

〔二〕乃：頌典教社本、淺野本作「及」。

〔三〕按：此説本漢法本内傳。集古今佛道論衡卷甲後漢明帝感夢金人騰蘭入雒道士等請求角試事引漢法本内傳曰：「時有司空陽城侯劉峻與諸官人、士庶等千餘人出家，及四嶽諸山道士吕惠通等六百二十八人出家，陰夫人、王婕妤等與諸宫人婦女等二百三十人出家。

至月末以來，日日供設，種種行施，法衣瓶器並出所司。便立十寺，七寺安僧，在城邑外。三寺安尼，在雒城内。漢興佛法，自此始焉。」釋法琳撰破邪論卷上引漢法本内傳曰：「時司空陽城侯劉善峻、官人、民庶及婦女等發心出家，四岳諸山道士呂惠通等六百二十人出家，五品已上九十三人出家，九品已上鎮遠將軍姜苟兒等一百七十五人出家，京都治下民張子尚等二百七十人出家，明帝後宫陰夫人、王婕妤等一百九十人出家，京都婦女阿潘等一百二十一人出家。十六日，帝共大臣文武數百人與出家者剃髮，日日設供，夜夜燃燈，作種種伎樂。比至三十日，法衣瓶鉢，悉皆施訖，即立十寺，城外七寺，城内三寺，七寺安僧，三寺安尼。漢之佛法，從此興焉。」後世多以朱士行爲漢地出家之首。北山録卷四宗師議曰：「朱士衡（校注者按：即朱士行）爲出家首焉。」第一位出家之比丘尼，阿潘之外，亦有多説。比丘尼傳卷二普賢寺寶賢尼傳：「初晋升平中浄撿尼，是比丘尼之始也。」六朝事迹編類卷一一：「鐵索寺，本東晋尼寺也。尚書仲杲女見釋書有比丘尼，問講師，師曰：『女子削髮出家爲比丘尼。』後因鐵索羅國尼至，遂就此建寺，以鐵索羅爲名，中國尼自此始。」

服章法式

案漢、魏之世，出家者多著赤布僧伽梨〔一〕，蓋以西土無絲織物，又尚木蘭色并乾陀色，故服布而染赤也。然〔二〕則西方服色，亦隨部類不同：薩婆多部，皂色衣也；曇無德部，絳色衣也；彌沙塞部，青色衣也〔三〕。著赤布者，乃曇無德僧先到漢土耳。後梁有慧朗法師，常服青納。誌公預記云：興皇寺當有青衣開士，廣行大乘。至朗，果符其言矣〔四〕。廣明服色，如五部威儀所服經〔五〕中。今江表多服黑色、赤色衣，時有青黄間色，號爲黄褐、石蓮褐也。東京、關輔尚褐色衣，并部、幽州則尚黑色。若服黑色，最爲非法也。何耶？黑是上染大色，五方正色也。問：緇衣者，色何狀貌？答：紫而淺黑，非正色也。考工記中，三入爲纁，五入爲緅，七入爲緇〔六〕。以再染黑爲緅，緅是雀頭色，又再染乃成緇矣。知緇本出絳雀頭紫赤色也。故浄秀尼見聖衆衣色，如桑熟椹，乃淺赤深黑也〔七〕。今秣陵比丘衣色倣西竺緇衣也。又後周忌聞黑衣之讖，悉屏黑色。著黄色衣，起於周也〔八〕。又三衣之外，有曳納播者，形如覆肩衣，出寄歸傳〔九〕。講員自許即曳之，若講通一本，則曳一支。講二三本，又〔一〇〕隨講數曳之，如納播是也〔一一〕。又後魏宫人見僧自恣，偏袒右肩，乃一施肩衣，號曰偏衫〔一二〕。全其兩扇衿袖，失祇支之體，自魏始也。復次脚曳䩞韡，或革屣毳遮短鞾靴等。寄歸傳云：西域有持竹蓋或持傘者〔一三〕。梁高僧慧韶遇有請，則自攜杖笠也〔一四〕。近今僧盛戴竹笠，禪師則葼笠，及持澡罐、漉囊、錫杖、戒刀、斧子、針筒，此皆爲道具也。近有衣白色者，失之大甚。佛記「袈裟變白，不受染色」〔一五〕，此得非是乎？或有識如法衆主奪之而壞其色，真爲護法有力之勝士也。昔唐末豫章有觀音禪師，見南方禪客多搭白納，常以瓿器盛染色，勸令染之。今天下皆謂黄納爲觀音納也〔一六〕。此師早曾聽學，護法爲情，于今稱之。

【校注】

〔一〕翻譯名義集卷七沙門服相篇：「僧伽梨，西域記云僧迦胝，舊訛云僧伽梨，此云合，又云重，謂割之合成。義浄云僧迦胝，唐言重複衣。」

〔二〕也然：底本作「然也」，據金陵本改。

〔三〕舍利弗問經：「摩訶僧祇部，勤學衆經，宣講真義，以處本居中，應著黄衣。曇無屈多迦部，通達理味，開導利益，表發殊勝，應著赤衣。薩婆多部，博通敏達，以導法化，應著皂衣。迦葉維部，精勤勇猛，攝護衆生，應著木蘭衣。彌沙塞部，禪思入微，究暢幽密，應著青衣。」

〔四〕按：慧朗，續高僧傳作「法朗」。續高僧傳卷七陳楊都興皇寺釋法朗傳：「釋法朗，俗姓周氏，徐州沛郡沛人也。……昔梁天監十年六月七日，神僧寶誌記興皇寺云：『此寺當有青衣開士，廣弘大乘。』及朗遊學之時，初服青納。及登元席，乃與符同。」

〔五〕按：出三藏記集卷四著録五部威儀所服經一卷，曰「或云五部僧服經」。失譯且「未見其本，今闕此經」。五部即曇無德、薩婆多、彌沙塞、迦葉維、摩訶僧祇五個傳持律藏的派別，五部威儀所服經的内容，當是五部律藏僧侣衣服的規定。

〔六〕周禮考工記鍾氏：「染羽，以朱湛丹秫，三月而熾之，淳而漬之。三入爲纁，五入爲緅，七入爲緇。」

〔七〕比丘尼傳卷四禪林寺浄秀尼傳：「浄秀，本姓梁，安定烏氏人也。……從外國沙門普練諮受五戒，精勤奉持，不曾違犯。禮拜讀誦，晝夜不休。年十二，便求出家，父母禁之。及手能書，常自寫經。所有資財，唯充功德，不營俗好，不衣錦繡，不著粉黛。如此推遷，至十九，方得聽許，爲青園寺首尼弟子。……見二胡僧，舉手共語，一稱彌呿羅，一稱毗佉羅。所著袈裟，色如熟桑椹。秀即以泥染衣色，令如所見。」

〔八〕廣弘明集卷八辯惑篇周滅佛法集道俗議事：「帝以得志於天下，一無所慮也。然信任讖緯，偏以爲心。自古相傳黑者得也，謂有黑相當得天下，猶如漢末訛言黄衣當王，以黄代赤，承運之像，言黑亦然。所以周太祖挾魏西奔，衣物旗幟並變爲黑，用期訛讖之言，斯亦漢光武之餘命也。……故周祖初重佛法，下禮沙門，並著黄衣，爲禁黑故。」

〔九〕南海寄歸内法傳卷二衣食所須：「梵云立播者，譯爲裹腹衣。其所製儀，略陳形樣，即是去其正背，直取偏袒一邊，不應著袖，唯須一幅，纔穿得手。肩袖不寬，著在左邊，無宜闊大。右邊交帶，勿使風侵。多貯綿絮，事須厚煖。亦有右邊刺合，貫頭紐腋，斯其本制。目驗西方有胡地僧來，多見攜著。」

〔一〇〕又：淺野本、松本本作「亦」。

〔一一〕按：宋高僧傳卷四唐京師安國寺元康傳：「系曰：康師曳納播者何？通曰：梵言立播，華言裹腹衣，亦云抱腹。形制如偏袒，一幅纔穿得手，肩袖不寬。著在左邊，右邊施帶，多貯綿絮。然是禦寒之服，熱國則否，用此亦聖開。流于東土，則變成色帛，而削幅綴于左右袖上，垂之製曳然，旌表我通贍經論。一本則曳一支，多則多曳。未知稽古自何人始乎？今單言播，略立字耳，全非禦寒之意，翻爲我慢之衣。既失元端，而多濫作，别形聖教以俟後賢，此外無施異制以亂大倫。」

〔一二〕釋氏要覽卷上法衣：「偏衫，古僧依律制，只有僧祇支。此名覆膊，亦名掩腋衣。此長覆左膊及掩右掖，蓋覷三衣故，即天竺之儀也。」

〔一三〕南海寄歸内法傳卷一水有二瓶：「所有瓶鉢、隨身衣物，各置一肩。通覆袈裟，擎傘而去。此等並是佛教出家之儀。」

〔一四〕續高僧傳卷六梁蜀郡龍淵寺釋慧韶傳：「釋慧韶，姓陳氏，本潁川太丘之後。……性不乘騎，雖貴勝請講，逢值泥雨，輒自策杖戴笠，履芒屩而赴會焉。」

〔一五〕蕭齊釋曇景譯摩訶摩耶經卷下：「阿難垂淚而便答言：『我於往昔，曾聞世尊説於當來法滅之後事云：……千三百歲已，袈裟變白，不受染色。』」

〔一六〕按：趙令畤侯鯖録卷三：「昔唐末豫章有觀音禪衲，且南方禪客多搭白，常以瓿器盛染色，勸令染之。今天下皆謂黃衲爲觀音衲也。」

立壇得戒

原其漢魏之僧也，雖剃染成形，而戒法未備，于時二衆，唯受三歸。後〔一〕漢永平至魏黃初以來，大僧、沙彌，曾無區別。有曇摩迦羅三藏〔二〕及竺律炎、維祇難〔三〕等，皆傳律義。迦羅以嘉平正元中，與曇帝於洛陽出僧祇戒心，立大僧羯磨法。東土立壇，此其始也。詳其曼荼羅〔四〕，大抵施設不同，或巨摩規地，或以木構層，築泥分級，俱名壇也；除土掃地，則名墠也。墠、埸、壇不同，皆是西域曼荼羅也。若據律宗，則須結仄〔五〕隅分限，從其自然，生於作法，緬想魏朝，固應漢落矣。若此方受戒，則朱士行〔六〕爲其首也。南朝永明中，三吳初造戒壇，此又吳中之始也。唐初，靈感寺南山宣律師按法立壇，感長眉僧即賓頭盧身也。隨喜讚歎〔七〕。立壇應法，勿過此焉。宣撰戒壇經一卷，今行于世〔八〕。余嘗慨南山不明壇第四層覆釜形儀制，故著覆釜形儀，欒者尋之，以輔博知也。今右街副僧録廣化大師真〔九〕紹先募邑社，於東京太平興國寺造石戒壇，一遵南山戒壇經，宏壯嚴麗，冠絶於天下也。

【校注】

〔一〕後：松本本、金陵本作「從」，底本校：「後‖從。」

〔二〕曇摩迦羅：摩，當作「柯」。行誠按：「曇摩」恐「曇柯」之誤。參「譯律」條注五。

〔三〕高僧傳卷一維祇難傳：「維祇難，本天竺人。……以吴黄武三年，與同伴竺律炎來至武昌，齎曇鉢經梵本。曇鉢者，即法句經也。時吴士共請出經，難既未善國語，乃共其伴律炎譯爲漢文。炎亦未善漢言，頗有不盡。志存義本，辭近朴質。」

〔四〕一切經音義卷一〇：「曼荼羅，荼音宅加反，梵語無正翻，義譯云聖衆集會處，即此經一十七會。曼荼羅各各差別，並是修行、供養、念誦者道場也。」

〔五〕仄：金陵本作「方」。

〔六〕高僧傳卷四朱士行傳：「朱士行，潁川人，志業方直，勸沮不能移其操。少懷遠悟，脱落塵俗。出家已後，專務經典。」

〔七〕宋高僧傳卷一四唐京兆西明寺道宣傳：「釋道宣，姓錢氏，丹徒人也，一云長城人。……嘗築一壇，俄有長眉僧談道，知者其實賓頭盧也。復三果梵僧禮壇，讚曰：『自佛滅後，像法住世，興發毗尼，唯師一人也。』」

〔八〕戒壇經：即關中創立戒壇圖經，一卷，道宣撰，收入大正藏卷四五。

〔九〕真：松本本作「貞」，底本校：「真‖貞。」

尼得戒由

愛道〔一〕初緣，豈爲容易。阿潘〔二〕出俗，又實希奇。始徒受於三歸，且未全於二衆。按五運圖云：「自漢永平丁卯洎宋元嘉甲戌，中間相去三百六十七年，尼方具戒。」又薩婆多師資傳〔三〕云：「宋元嘉十一年春，師子國尼鐵索羅等十人，於建康南林寺壇上爲景福寺尼慧果、淨音〔四〕等二衆中受戒法事，十二日度三百餘人。此方尼於二衆受戒，慧果爲始也。」知阿潘等但受三歸。又晉咸康中，尼淨撿〔五〕於一衆邊得戒，此亦未全也。及建武中，江北諸尼乃往僧寺受戒〔六〕，累朝不輟。近以太祖敕不許尼往僧中受戒，自是尼還於一衆得本法而已，戒品終不圓也。今聖英達明斷，護法之士，宜奏乞仍舊行之，免法滅之遄速焉。

【校注】

〔一〕愛道：梵名摩訶波闍波提，佛陀姨母，乳養佛者。由阿難之請，始許出家，是天竺最早之比丘尼。經律異相卷七大愛道出家：「佛還迦維羅衛國，摩訶波闍波提梁言大愛。姓瞿曇彌，求佛出家，哀請至三，佛所不聽。退住門外，著垢弊衣，徒跣而立，歔欷悲泣。阿難問曰：『何故泣？』答曰：『女人不得出家，自悲傷耳。』阿難止而白佛：『我從佛聞：女人精進，可得四果。今大愛道，至心願樂。』佛言：『無使女人入我法律爲沙門也。譬如人家，多女少男，家必衰弱。女人出家，清浄梵行不得久住。又如莠雜禾稼，善穀傷敗。女人入法，亦復如是。』阿難曰：『大愛道多有善意。佛初生時，乃自育養，至于成人。』佛言：『多信善意，於我有恩。我於愛道，亦多有恩。由我得歸依三寶，不疑四諦，立五根信，受持五戒。正使有人設身供養，不及此也。假使女人欲作沙門者，八敬之法不得踰越，盡壽學之，譬如防水，善治堤塘，勿令漏失。其能如是，可入法律。』阿難具報愛道。愛道歡喜，便得出家，爲大比丘尼。」

〔二〕阿潘：參「東夏出家」條注三。

〔三〕薩婆多師資傳：五卷，梁僧祐撰，歷代三寶紀、大唐内典録等皆有著録。出三藏記集卷一二有薩婆多部師資記目録序，詳列其目。隋志、唐志作薩婆多部相承傳。已佚。

〔四〕比丘尼傳卷二景福寺慧果尼傳：「慧果，本姓潘，淮南人也。常行苦節，不衣綿纊，篤好毗尼，戒行清白，道俗欽羡，風譽遠聞。……到元嘉六年，西域沙門求那跋摩至，果問曰：『此土諸尼先受戒者，未有本事。推之愛道，誠有高例，未測厥後，得無異耶？』答：『無異。』又問：『就如律文，戒師得罪，何無異耶？』答曰：『有尼衆處，不二歲學，故言得罪耳。』又問：『乃可此國先未有尼，非閻浮無也？』答曰：『律制：十僧得授具戒。邊地五人，亦得授之。正爲有處，不可不如法耳。』又問：『幾許里爲邊地？』答曰：『千里之外，山海艱隔者是也。』九年，率弟子慧意、慧鎧等五人，從僧伽跋摩重受具戒，敬慎奉持，如愛頂腦。」比丘尼傳卷二普賢寺寶賢尼傳：「初晉升平中，淨撿尼是比丘尼之始也，初受具戒，指從大僧。景福寺慧果、淨音等，以諮求那跋摩。求那跋摩云：『國土無二衆，但從大僧受得具戒。』慧果等後遇外國鐵薩羅尼等至，以元嘉十一年，從僧伽跋摩於南林寺壇重受具戒，非謂先受不得，謂是增長戒善耳。」

〔五〕比丘尼傳卷一晉竹林寺淨撿尼傳：「淨撿，本姓仲，名令儀，彭城人也。……後遇沙門法始，經道通達，晉建興中於宮城西門立寺，撿乃造之。始爲説法，撿因大悟，念及强壯，以求法利。從始借經，遂達旨趣。他日，謂始曰：『經中云：比丘、比丘尼，願見濟度。』始曰：『西域有男女二衆，此土其法未具。』撿曰：『既云比丘、比丘尼，寧有異法？』始曰：『外國人云尼有五百戒，便應是異。當爲問和上。』和上云：『尼戒大同細異，不得其法，必不得授。尼有十戒，得從大僧受，但無和上，尼無所依止耳。』撿即剃落，從和上受十戒。」

〔六〕按：據出三藏記集，薩婆多師資傳卷五有建武中江北尼衆始往僧寺受戒記。

受齋懺法

自佛法東傳，事多草昧，故高僧傳曰：設復齋懺，同於祠祀〔一〕。魏晉之世，僧皆布草而食，起坐威儀、唱導開化，略無規矩。至東晉有僞秦國道安法師，慧解生知，始尋究經律，作赴請、僧跋〔二〕、讚禮、念佛等儀式，凡有三例，一曰行香定座是也〔三〕。宣律師赴請設則篇〔四〕大明軌〔五〕則，圓頂之徒，苟不披覽，破穀〔六〕之誚，而乃自貽，吁哉！近聞有西江商客賽願營齋，先示文疏，數僧無能讀者，被商客驅之，一何可笑！後生聞此，當寅夜攻學，一則不虛受施，一則覆庇群僧，一則揚名於四方也。

【校注】

〔一〕高僧傳卷一曇柯迦羅傳：「曇柯迦羅以魏嘉平中來至洛陽。于時魏境雖有佛法，而道風訛替，亦有衆僧未禀歸戒，正以剪落殊俗耳。設復齋懺，事法祠祀。」

〔二〕義浄撰南海寄歸内法傳卷一受齋軌則：「其行食法，先下薑鹽，薑乃一片兩片，大如指許，鹽則全匕半匕，藉之以葉。其行鹽者，合掌長跪，在上座前，口唱三鉢羅佉哆，譯爲善至，舊云僧跋者，訛也。上座告曰：『平等行食。』意道供具善成，食時復至。准其字義，合當如是。然而佛與大衆受他毒食，佛教令唱三鉢羅佉哆，然後方食，所有毒藥，皆變成美味。」根本説一切有部目得迦卷八：「凡於衆首爲上座者，所有供食置在衆前，先令一人執持飲食，或先行鹽。在上座前，曲身恭敬，唱三鉢羅佉多。未唱已來，不得受食。當知此言有大威力，輒違受食，得惡作罪。」義浄原注曰：「三鉢羅佉多，譯爲正至，或爲時至，或是密語神咒，能除毒故。昔云僧跋者，訛也。佛教遺唱食前，今乃後稱食遍，非直失於本意，上座未免其愆。訛替多時，智者詳用。」又佛説梵摩難國王經：「夫欲施者，皆當平心不問大小。佛於是令阿難臨飯説僧跋。僧跋者，衆僧飯皆悉平等。」

〔三〕高僧傳卷五道安傳：「釋道安，姓衛氏，常山扶柳人也。……安既德爲物宗，學兼三藏，所制僧尼軌範，佛法憲章，條爲三例：一曰行香定座上講經上講之法，二曰常日六時行道飲食唱時法，三曰布薩差使悔過等法。天下寺舍，遂則而從之。」

〔四〕即四分律删繁補闕行事鈔卷下（之三）計請設則篇第二三。

〔五〕軌：底本作「軌」，據金陵本改。

〔六〕破穀：本指破穀倉取穀，爲破戒之行。四分律行事鈔資持記上二釋僧網篇釋「遍至諸家，但行破穀」云：「斥虚食信施，故言破穀。又解，穀即訓善，言壞他浄信。」此「破穀之誚」，當指譏刺其年少無知。出四分律卷四九：「時阿難有六十弟子，皆是年少，欲還捨戒。時阿難至王舍城，摩訶迦葉遥見阿難來，語言：『此衆欲失，汝年少不知足。』阿難言：『大德，我頭白髮已現，云何於迦葉所猶不免年少耶？』迦葉報言：『汝與年少比丘俱不善閉諸根，食不知足，初夜後夜，不能勤修，遍至諸家，但行破穀。汝衆當失，汝年少比丘不知足。』」

禮儀沿革

西域之法，禮有多種，如傳所明。禮拜者，屈己也；旋遶者，戀慕也；偏袒者，亦肉袒也；脱革屣者，不敢安也；和南者，先意問訊也；避路者，尚齒也。諸例常聞，不煩多述。若尼禮於僧，自傳八法。比丘奉上，接足至三，莫不盡恭，如事令長也。近以開坐具便爲禮者，得以論之：昔梵僧到此，皆展舒尼師壇〔一〕，就上作禮。後世避煩，尊者方見開尼師壇，即止之，便通叙暄涼。又展，猶再拜也，尊者還止之。由此只將展尼師壇擬禮，爲禮之數，所謂蔓〔二〕拜也。如此設恭，無乃大簡乎？然隨方爲清淨者，不得不行也。又如比丘相見，曲躬合掌，口云「不審」者何？此三業歸仰也，曲躬合掌，身也；發言「不審」，口也。心若不生崇重，豈能動身、口乎？謂之問訊。其或卑問尊，則不審少病少惱，起居輕利不？上慰下，則不審無病惱，乞食易得，住處無惡伴，水陸無細蟲不？後人省其辭，止云「不審」也，大如歇後語乎。又臨去，辭云「珍重」者何？此則相見既畢，情意已通，囑云「珍重」，猶言善加保重、請加自愛、好將〔三〕息、宜保惜同也。若西域相見，則合掌云「和南」，或云「盤荼味〔四〕」，久不見，乃設禮。若尊嚴師匠，則一見一禮。今出家者以華情學梵事耳，所謂半華半梵，亦是亦非。尋其所起，皆道安之遺法。是則住既與俗不同，律行條然自別也。或云僧上表疏，宜去頓首，以其涉祝宗之九拜者，余觀廬山遠公、太山朗公〔五〕答王臣之作，皆名下稱頓首。遠公講禮，群〔六〕賢采義，豈濫用哉？且頓首者，頭委頓而拜也。今文云頓首而身不躬折，何爲拜乎？又道流相見，交手叩頭而云稽首，亦同也。然秉筆者，避之爲敏矣。

【校注】

〔一〕釋氏要覽卷上法衣："坐具，梵云尼師壇，此云隨坐衣。"

〔二〕行誡按："蔆，音挫，拜失容節，猶詐也。"

〔三〕行誡按："將，恐『消』之誤。"校注者按："將息"指調養、休息，唐詩宋詞習見，不誤。

〔四〕盤荼味：或作槃淡。一切經音義卷七三玄應撰分別功德論音義卷二："婆南，或言和南，皆訛也，正言槃淡，此譯云我禮也。"法苑珠林卷二〇致敬篇會通部："又十誦律，佛語優波離：稱和南者，是口語。若曲身者，是名心浄。若比丘禮時，從座起，偏袒右肩，脱革屣右膝著地，以兩手接上座足禮。述曰：依經云，和南者，梵語也。或云那謨、婆南等，此猶非正。依本正云槃淡，唐言我禮，或云歸禮。歸亦我之本情，禮是敬之宗致也。或云歸命者，義立代於南無也。理事符同，表情得盡。俗人重南無而輕敬禮者，不委唐梵之交譯也。況復加以和南，諸佛迷之，彌復大笑。又南無者，善見論翻爲歸命覺，亦云禮大壽。又和南者，出要律儀翻爲恭敬，善見論翻爲度我。準此而言，恭敬、度我，義通凡聖，豈和南偏在尊師？亦通上聖，念救生也。故經中來至佛所，云南無無所著至真等正覺，是名口業，稱歎如來德也。"

〔五〕太山朗公：指竺僧朗。高僧傳卷五竺僧朗傳："竺僧朗，京兆人也。……以僞秦苻健皇始元年，移卜泰山。」

〔六〕群：底本作「講」，據淺野本、松本本改。

注經

乍翻法語，未貫凡情，既重譯而乃通，更究文而暢理，故箋法作焉。沈隱之義，指掌可知矣。五運圖云：康僧會吴赤烏年中，注法鏡經〔一〕。此注經之始也。又道安重注了本生死經，云「魏初有河南支恭明爲作注解」〔二〕。若然者，南注則康僧會居初，北注則支恭明爲先矣。

【校注】

〔一〕高僧傳卷一康僧會傳：「會於建初寺譯出衆經，所謂阿難念彌、鏡面王、察微王、梵皇經等，又出小品及六度集、雜譬喻等，並妙得經體，文義允正。又傳泥洹唄聲，清靡哀亮，一代模式。又注安般守意、法鏡、道樹等三經，并製經序。」

〔二〕出三藏記集卷一三支謙傳：「支謙，字恭明，一名越，大月支人也。……從黄武元年至建興中，所出維摩詰、大般泥洹、法句、瑞應本起等二十七經，曲得聖義，辭旨文雅。又依無量壽、中本起經，製讚菩薩連句梵唄三契，注了本生死經，皆行於世。」又卷六釋道安了本生死經序：「魏代之初，有高士河南支恭明爲作注解，探玄暢滯，真可謂入室者矣。」

僧講

朱士行〔一〕，潁川人也。志業方正，少懷遠悟，脱落塵俗。出家之後，專務經典，常講道行般若，每歎譯理未盡，乃於魏甘露五年，發迹長安，度流沙，至于闐，得梵書正本九十章。彼國多小乘學者，譖〔二〕於王曰：「漢地沙門，欲以婆羅門書惑亂正法，何不禁之？聾盲漢地，王之咎也。」王乃不聽齎經東去。士行因請燒之爲驗。于時積薪殿前，誓畢而焚，其經無損，王始歸信。士行寄經還國。竺叔蘭、無羅叉譯爲放光般若。叡法師云「士行於洛中講小品，往往不通。遠出流沙，求大品歸，出爲晋音」〔三〕是也。士行曹魏時講道行經，即僧講之始也。

【校注】

〔一〕按：朱士行，見出三藏記集卷一三、高僧傳卷四等。此條内容，亦見上述諸書。

〔二〕譖：頌典教社本作「讃」。行誠按：「讃，恐『譖』之誤。」

〔三〕出三藏記集卷五長安叡法師喻疑：「昔朱士行既襲真式，以大法爲己任，於雒中講小品，亦往往不通。乃出流沙，尋求大品。既至于填，果得真本，即遣弟子十人，送至雒陽，出爲晋音。」

尼講

東晋廢帝太和三年戊辰歲，洛陽東寺尼道馨，俗姓羊，爲沙彌〔一〕時，誦通法華、維摩二部。受大戒後，研窮理味，一方道學，所共師宗。尼之講説，道馨爲始也〔二〕。

【校注】

〔一〕行誠按：「『沙彌』下脱『尼』字歟？」底本校記：「彌十（尼）。」

〔二〕比丘尼傳卷一洛陽城東寺道馨尼傳：「竺道馨，本姓羊，太山人也。志性專謹，與物無忤。沙彌時，常爲衆使，口恒誦經。及年二十，誦法華、維摩等經。具戒後，研求理味，蔬食苦節，彌老彌至。住洛陽東寺，雅能清談，尤善小品，貴在理通，不事辭辯，一州道學，所共師宗。比丘尼講經，馨其始也。」

造疏科經

經教東流，始則朱士行講説，未形於文字。分科注解，其道安法師歟？安師注經，常恐不合佛意，俄夢道人曰「合理」，即賓頭盧也〔一〕。或曰：「注經與造疏全别，何推安公爲首耶？」答：「注是解經，與别行疏義殊號而同實，矧分其科節，不長途散釋，自安之意乎？」次則僧叡造維摩疏，道〔二〕生著維摩、法華、泥洹、小品疏，世皆寶之〔三〕。

【校注】

〔一〕高僧傳卷五道安傳：「初，經出已久，而舊譯時謬，致使深義隱没未通。每至講説，唯叙大意，轉讀而已。安窮覽經典，鉤深致遠，其所注般若道行、密迹、安般諸經，並尋文比句，爲起盡之義，及析疑、甄解，凡二十二卷。序致淵富，妙盡玄旨，條貫既叙，文理會通，經義克明，自安始也。」「安常注諸經，恐不合理，乃誓曰：『若所説不堪遠理，願見瑞相。』乃夢見胡道人，頭白眉毛長，語安云：『君所注經，殊合道理。我不得入泥洹，住在西域。當相助弘通，可時時設食。』後十誦律至，遠公乃知和上所夢，賓頭盧也。」

〔二〕道：底本誤爲「直」。

〔三〕按：出三藏記集卷一五道生法師傳曰：「關中沙門僧肇，始注維摩，世咸翫味。及生更發深旨，顯暢新異，講學之匠，咸共憲章。其所述維摩、法華、泥洹、小品諸經義疏，世皆寶焉。」據此，僧叡或當作僧肇，然僧叡亦有注維摩，故不敢妄斷也。

解律

元魏世法聰律師者，原是曇無德羯磨得戒，而常習僧祇。一日自悟，乃歎曰：「體既四分而受，何得異部明隨？」於是罷講祇律，手披目閲，敷揚四分。有門人道覆旋抄〔一〕，漸成義疏〔二〕。覆公即解四分之始也。至宋元嘉中，慧詢善僧祇、十誦，更製條章〔三〕，即解二律之始也。今五臺山北寺相傳有聰師講律之遺迹焉。

【校注】

〔一〕旋抄：松本本作「旋聽旋抄」。

〔二〕續高僧傳卷二二：「自初開律釋，師號法聰，元魏孝文，北臺揚緒，口以傳授，時所榮之。沙門道覆，即紹聰緒，纘疏六卷，但是長科，至於義舉，未聞于世。」又宋高僧傳卷一四：「四分律者，後秦三藏法師梵僧佛陀耶舍傳誦中華，與羅什法師共爲翻譯。今之講授，自此員來。魏法聰律師始爲演説，聽授道覆，覆授光。」

〔三〕高僧傳卷一一釋慧詢傳：「釋慧詢，姓趙，趙郡人。少而蔬食苦行。經遊長安，受學什公，研精經論，尤善十誦、僧祇，乃更製條章，義貫終古。」

解　論

毗曇慧學，對法命家，雖晚見於翻傳，而敏成於智母。疇初稽考，越措疏文，唯成實一宗，最多法相。北則羅什删略付授嵩法師，故後魏主太和十年，幸徐州白塔寺，詔曰「此寺近有名僧嵩法師，受成實論於什公，後授淵法師，又授登、紀二法師，朕每覽成實」云。道登嘗傳論於禁中〔一〕，此北朝之始也。又僧道，禪經律論，一皆精博，姚興同輦還宫，著成實、三論義疏〔二〕。此又在先矣。南則僧柔講宣，故出三藏記曰：「齊永明七年十月，文宣王招集京師碩學名僧五百人，請定林寺僧柔、謝寺慧次〔三〕於普弘寺講〔四〕。」此南朝之始也。又肇、叡諸師講中、百、十二門等論〔五〕，疏義迭生，相繼無盡也。

【校注】

〔一〕按魏書卷一一四釋老志：「（太和）十九年四月，帝幸徐州白塔寺。顧謂諸王及侍官曰：『此寺近有名僧嵩法師，受成實論於羅什，在此流通。後授淵法師，淵法師授登、紀二法師。朕每玩成實論，可以釋人染情，故至此寺焉。』時沙門道登，雅有義業，爲高祖眷賞，恒侍講論。曾於禁内與帝夜談，同見一鬼。」

〔二〕高僧傳卷七釋僧導傳：「釋僧導，京兆人。十歲出家，從師受業。……迄受具戒，識洽愈深，禪律經論，達自心抱。姚興欽其德業，友而愛焉，入寺相造，迺同輦還宫。及什公譯出經論，並參議詳定。導既素有風神，又值關中盛集，於是謀猷衆典，博採真俗，迺著成實、三論義疏及空有二諦論等。」

〔三〕謝寺慧次：底本作「講寺慧欣」，松本本作「謝寺慧欣」。據文意改，參下注。

〔四〕按：出三藏記集卷一二略成實論記第六：「齊永明七年十月，文宣王招集京師碩學名僧五百餘人，請定林僧柔法師、謝寺慧次法師於普弘寺迭講。」又高僧傳卷八釋慧次傳：「釋慧次，姓尹，冀州人。……迄稟具戒，業操彌深，頻講成實及三論。大明中，出都止于謝寺。迄宋季齊初，歸德稍廣，每講席一鋪，輒道俗奔赴。」

〔五〕按：僧肇，京兆人，高僧傳卷六有傳。著有物不遷論、不真空論、般若無知論及涅槃無名論，合稱肇論，是三論宗的重要典籍。又高僧傳卷六釋僧叡傳：「釋僧叡，魏郡長樂人也。」「著大智論、十二門論、中論等諸序。并著大小品、法華、維摩、思益、自在王、禪經等序，皆傳於世。」

都講

敷宣之士，擊發之由，非旁人而啓端，難在座而孤起。故梁武講經，以枳園寺法彪爲都講。彪公先一問，梁祖方鼓舌端，載索載徵，隨問隨答〔一〕。此都講之大體也。又支遁至會稽，王内史請講維摩，許詢爲都講。許發一問，衆謂支無以答；支答一義，衆謂詢無以難。如是問答，連環不盡〔二〕。是知都講，實難其人。又僧伽跋陀羅就講，弟子法勇傳譯，僧念爲都講〔三〕。又僧導者，京兆人也，爲沙彌時，僧叡見而異之曰：「君於佛法，且欲何爲？」曰：「願爲法師作都講。」叡曰：「君當爲萬人法主，豈對揚小師乎？」〔四〕此則姚秦之世，已有都講也。今之都講，不聞擊問，舉〔五〕唱經文，蓋似像古之都講耳。

【校注】

〔一〕佛祖統紀卷三七法運通塞志：「（天監）三年，帝御重雲殿講經，以枳園寺法彪爲都講。彪先一問，帝方酬答。載索載徵，並通玄妙。」

〔二〕高僧傳卷四支遁傳：「支遁字道林，本姓關氏，陳留人。或云河東林慮人。幼有神理，聰明秀徹。……晚出山陰，講維摩經，遁爲法師，許詢爲都講。遁通一義，衆人咸謂詢無以厝難；詢設一難，亦謂遁不復能通。如此至竟，兩家不竭。」

〔三〕出三藏記集卷一四求那跋陀羅傳：「求那跋陀羅，齊言功德賢，中天竺人也。……譙王欲請講華嚴等經，而跋陀自忖未善宋語，愧歎積旬，即旦夕禮懺，請乞冥應。遂夢有人白服持劍，擎一人首，來至其前曰：『何故憂耶？』跋陀具以事對。答曰：『無所多憂。』即以劍易首，更安新頭。語令迴轉，曰：『得無痛耶？』答曰：『不痛。』豁然便覺，心神喜悅。旦起言義，皆備領宋語，於是就講。弟子法勇傳譯，僧念爲都講。雖因譯人，而玄解往復。」

〔四〕高僧傳卷七釋僧導傳：「釋僧導，京兆人。十歲出家，從師受業，師以觀世音經授之。讀竟諮師：『此經有幾卷？』師欲試之，迺言：『止有此耳。』導曰：『初云爾時無盡意，故知爾前已應有事。』師大悅之，授以法華一部。於是晝夜看尋，粗解文義。貧無油燭，常採薪自照。至年十八，博讀轉多，氣幹雄勇，神機秀發，形止方雅，舉動無忤。僧叡見而奇之，問曰：『君於佛法，且欲何願？』導曰：『且願爲法師作都講。』叡曰：『君方當爲萬人法主，豈肯對揚小師乎？』」

〔五〕舉：松本本「舉」前有一「但」字。

傳禪觀法 別立禪居附

禪法濫觴，自此〔一〕秦世。僧叡法師序關中出禪經〔二〕，其文則明心達理之趣也，然譬若始有其方，未能修合，弗聞療疾，徒曰醫書。矧以大教既敷，群英分講，注之者矜其詞義，科之者逞其區分，執塵搖指，但尚其乘機應變，解紛挫鋭，唯觀其智刃辭鋒，都忘所詮，不求出離。江表遠公慨禪法未敷，於是苦求而得也〔三〕。菩提達磨祖師觀此土之根緣，對一期之繁紊，而宣言曰：不立文字，遣其執文滯逐也〔四〕。箋曰：不遵王化，名曰叛臣；不繼父蹤，呼爲逆子。敢有不循佛説，是謂魔外之徒。所以三世諸佛，法無異説；十方衆聖，授學同文。夫釋迦之經，本也；達磨之言，末也。背本逐末，良可悲哉！愚素習象胥，力根貝葉，遍問西來三藏，仍閲古今求法記文，天竺禪定並稟教乘，所以入正位者繼踵。五天蓋依法務實而行，佛言聖法，不誤後學也。敢諂同志，學佛修禪，庶幾畢離苦津，高登彼岸，無以利口欺人，自瞞於靈府也。經曰：「若欲得道，當依佛語。違而得者，無有是處。」〔五〕可誣也哉！

【校注】

〔一〕此：頒典教社本、松本本作「於」。

〔二〕出三藏記集卷九僧叡關中出禪經序：「禪法者，向道之初門，泥洹之津徑也。此土先出修行、大小十二門、大小安般，雖是其事，既不根悉，又無受法，學者之戒，蓋闕如也。鳩摩羅法師以辛丑之年十二月二十日，自姑臧至長安，予即以其月二十六日從受禪法。既蒙啓授，乃知學有成准，法有成修。首楞嚴經云：『人在山中學道，無師道終不成。』是其事也。尋蒙抄撰衆家禪要，得此三卷。初四十三偈，是鳩摩羅羅陀法師所造。後二十偈，是馬鳴菩薩之所造也。其中五門，是婆須蜜、僧伽羅叉、漚波崛、僧伽斯那、勒比丘、馬鳴、羅陀禪要之中，抄集之所出也。六覺中偈，是馬鳴菩薩修習之以釋六覺也。初觀婬、恚、癡相及其三門，皆僧伽羅叉之所撰也。息門六事，諸論師説也。菩薩習禪法中，後更依持世經，益十二因緣一卷，要解二卷，别時撰出。夫馳心縱想，則情愈滯而惑愈深；繫意念明，則澄鑒朗照而造極彌密。心如水火，擁之聚之，則其用彌全；決之散之，則其勢彌薄。故論云：『質微則勢重，質重則勢微。』如地質重故勢不如水，水性重故力不如火，火不如風，風不如心。心無形故力無上，神通變化，八不思議，心之力也。心力既全，乃能轉昏入明，明雖愈於不明，而明未全也。明全在於忘照，照忘然後無明非明，無明非明，爾乃幾乎息矣。幾乎息矣，慧之功也。故經云：『無禪不智，無智不禪。』然則禪非智不照，照非禪不成。大哉禪智之業，可不務乎！出此經後，至弘始九年閏月五日，重求撿校，懼初受之不審，差之一毫，將有千里之降。詳而定之，輒復多有所正，既正既備，無間然矣。」

〔三〕高僧傳卷六釋慧遠傳：「初經流江東，多有未備，禪法無聞，律藏殘闕。遠慨其道缺，乃令弟子法淨、法領等遠尋衆經。踰越沙雪，曠歲方反。皆獲梵本，得以傳譯。」

〔四〕按：緇門警訓卷三引傳禪觀法，「遣其執文滯逐也」後，還有「直指人心，明其頓了無生也。其機峻，其理圓，故不免漸修之徒，篤加訕謗。傳禪法者，自達磨爲始焉，直下相繼，六代傳衣，横枝而出，不可勝紀，如曹溪寶林傳所明也」數句，並注曰：「道法師箋本於『直指人心』下削本，今依舊本補入。」

〔五〕按：出慈悲道場懺法卷一斷疑。

别立禪居

達磨之道既行，機鋒相遘者唱和，然其所化之衆，唯〔一〕隨寺别院而居，且無異制。道信禪師〔二〕住東林寺，能禪師〔三〕住廣果寺，談禪師〔四〕住白馬寺，皆一例律儀，唯參學者或行杜多〔五〕，糞掃五納衣〔六〕爲異耳。後有百丈山禪師懷海創意經綸〔七〕，别立通堂，布長連牀，勵其坐禪。坐歇，則帶刀〔八〕斜卧，高木爲椸架，凡百道具，悉懸其上，所謂龍牙杙上也。有朝參暮請之禮，隨石磬木魚爲節度。可宗者謂之長老，隨從者謂之侍者，主事者謂之寮司，共作者謂之普請。或有過者，主事示以柱杖，焚其衣鉢，謂之誡罰。凡諸新例，厥號叢林，與律不同，自百丈之始也。箋曰：禮樂征伐自天子出，則王道興〔九〕。爲佛寺僧規，禀如來制，則正法住矣。

【校注】

〔一〕唯：底本校記：「唯＝只。」松本本亦作「只」。

〔二〕道信：中土禪宗四祖，俗姓司馬，續高僧傳卷二〇有傳。

〔三〕能禪師：釋慧能，中土禪宗六祖，曾住韶州廣果寺傳法。見曹溪大師別傳、北山録卷六、宋高僧傳卷八、壇經等。

〔四〕談禪師：俟考。

〔五〕杜多：即頭陀。一切經音義卷三：「杜多，上音度，梵語也。古譯云頭陀，或云斗藪，少欲知足，行十二種行：一、常乞食，二、次第乞，三、一坐食，四、節食，五、中後不飲漿，六、住阿蘭若，七、常坐不卧，八、隨得敷具，九、空地坐，十、樹下坐，十一、唯畜三衣，十二、著糞掃衣。」

〔六〕按：糞掃五納衣者，義浄譯根本説一切有部毗奈耶卷一七一月衣學處第三云：「有五種衣：一、有施主衣，二、無施主衣，三、往還衣，四、死人衣，五、糞掃衣。……云何糞掃衣？此有五種。云何爲五？一、道路棄衣，二、糞掃處衣，三、河邊棄衣，四、蟻所穿衣，五、破碎衣。復有五種：一、火燒衣，二、水所漬衣，三、鼠嚙衣，四、牛嚼衣，五、嬭母棄衣。」

〔七〕宋高僧傳卷一〇唐新吴百丈山懷海傳：「釋懷海，閩人也。少離朽宅，長遊頓門，禀自天然，不由激勸。聞大寂始化南康，操心依附，虚往實歸，果成宗匠。後檀信請居新吴界，有山峻極，可千尺許，號百丈歟。海既居之，禪客無遠不至，堂室隘矣。且曰：『吾行大乘法，豈宜以諸部阿笈摩教爲隨行邪？』或曰：『瑜伽論、瓔珞經是大乘戒律，胡不依隨乎？』海曰：『吾於大小乘中，博約折中，設規務歸於善焉。』乃創意不循律制，別立禪居。初自達磨傳法至六祖已來，得道眼者號長老，同西域道高臘長者呼須菩提也。然多居律寺中，唯別院異耳。又令不論高下，盡入僧堂。堂中設長連牀，施椸架挂搭道具。卧必斜枕牀脣，謂之帶刀睡，爲其坐禪既久，略偃亞而已。朝參夕聚，飲食隨宜，示節儉也。行普請法，示上下均力也。長老居方丈，同維摩之一室也。不立佛殿，唯樹法堂，表法超言象也。其諸制度，與毗尼師一倍相翻，天下禪宗，如風偃草。禪門獨行，由海之始也。

〔八〕刀：金陵本作「弓」。行誡按：「刀或弓字。」底本校記：「刀＝弓。」

〔九〕按：論語季氏：「天下有道，則禮樂征伐自天子出；天下無道，則禮樂征伐自諸侯出。」

此土僧游西域

嗟乎！騫〔一〕、憲〔二〕雖征，只爲開荒而奉命；騰、蘭〔三〕既至，未聞克志以求經。亦猶決一隄塘，内水既出，外水亦入，一出一入，然後知〔四〕平矣。魏洛陽朱士行誓往西天，尋求般若，僧祐以爲東僧西往之始焉〔五〕。然只在葱嶺之北于填而止。晋法顯〔六〕募同志數十人，游于印度，登靈鷲山，此乃到中天之始也。厥後交肩接迹，至有漢寺別居東夏之僧，決隄之喻，居可驗矣。若論傳譯之人，則多善一方，罕聞通解。唯奘三藏究兩土之音訓，瞻諸學之川源，如從佛聞，曲盡意〔七〕。次則義浄躬游彼刹〔八〕，妙達毗尼，改律範之妄迷，注密言之引合，遂得受持有驗，流布無疑矣。原其後漢以來，譯者相續。洎唐元和年中，翻本生心地觀經〔九〕，之後百六十載，寂爾無聞。宋太祖嘗遣百餘僧往西方求法〔一〇〕，大宋太平興國七年，有詔立譯經院于東京太平興國寺之西偏，聚三藏天息災等梵僧數員，及選兩街明義學僧，同譯新經〔一一〕。譯經之務，大宋中興也。

【校注】

〔一〕騫：即張騫，曾兩次出使西域，見漢書卷六一張騫傳。

〔二〕憲：即景憲，或作秦景，或作秦景憲。歷代三寶紀卷二：「哀帝世元壽年中，景憲使於大月支國，受得浮圖經。」

〔三〕騰蘭：攝摩騰與竺法蘭，初傳佛教於中國的人。漢明帝派遣蔡愔等於天竺求法，遇摩騰，永平十年與竺法蘭等至洛陽，譯四十二章經等。漢地有佛法，自此始。二人傳均見高僧傳卷一。參「經像東傳」條注一，「創造伽藍」條注五。

〔四〕知：底本校記：「知＝和。」

〔五〕出三藏記集卷一三朱士行傳：「朱士行，潁川人也。……誓志捐身，遠迎大品，遂以魏甘露五年，發迹雍州，西渡流沙，既至于闐，果寫得正品梵書胡本九十章，六十萬餘言。遣弟子不如檀，晋言法饒，凡十人，送經胡本還洛陽。」

〔六〕法顯：東晋高僧，俗姓龔，平陽武陽人，出三藏記集卷一五、高僧傳卷三等有傳。其求法經歷，詳見法顯傳。

〔七〕曲盡意：金陵本作「曲盡其意」。

〔八〕宋高僧傳卷一唐京兆大薦福寺義浄傳：「釋義浄，字文明，姓張氏，范陽人也。……年十有五，便萌其志，欲遊西域。仰法顯之雅操，慕玄奘之高風，加以勤無棄時，手不釋卷，弱冠登具，愈堅貞志。咸亨二年年三十有七，方遂發足。……浄奮勵孤行，備歷艱險，所至之境，皆洞言音。凡遇酋長，俱加禮重。鷲峰、雞足，咸遂周遊；鹿苑、祇林，並皆瞻矚。諸有聖迹，畢得追尋。經二十五年，歷三十餘國，以天后證聖元年乙未仲夏還至河洛，得梵本經、律、論近四百部，合五十萬頌，金剛座真容一鋪，舍利三百粒。」詳參大唐西域求法高僧傳。

〔九〕本生心地觀經：即大乘本生心地觀經，八卷，唐般若譯。

〔一〇〕佛祖統紀卷四三：「（乾德）四年，詔秦涼既通，可遣僧往西竺求法。時沙門行勤一百五十七人應詔，所歷焉耆、龜兹、迦彌羅等國，並賜詔書，諭令，遣人前導，仍各賜裝錢三萬。」宋史卷四九〇外國傳：「（乾德）四年，僧行勤等一百五十七人詣闕上言，願至西域求佛書，許之。以其所歷甘、沙、伊、肅等州，焉耆、龜兹、于闐、割禄等國，又歷布路沙、加濕彌羅等國，並詔諭其國，令人引導之。」

〔二〕佛祖統紀卷四三：「（太平興國五年）二月，北天竺迦濕彌羅國三藏天息災、烏填曩國三藏施護來，召見賜紫衣，敕二師同閲梵夾。時上盛意翻譯，乃詔中使鄭守均於太平興國寺西建譯經院，爲三堂：中爲譯經，東序爲潤文，西序爲證義。」七年「六月，譯經院成，詔天息災等居之」。

傳密藏外學附

密藏者，陀羅尼法〔一〕也。是法祕密，非二乘境界諸佛菩薩所能游履也。舊譯云持，新譯云性，本其原則微妙法性也，形其言則陀羅尼母也，究其音則聲明也，窮其文則字界緣也。出三藏記云：神咒者，總持、微密持也〔二〕。高僧傳中，帛尸梨密多羅，本西域人，東晉之初，至于建業，王導、周伯仁、庾亮皆欽重之。善持咒術，所向多驗。時江東未有咒法，密出孔雀王咒，咒法之始也〔三〕。北魏則嵩山菩提流支咒井樹等，頗有靈效〔四〕。唐朝則智通法師甚精禁咒焉〔五〕。次有不空三藏〔六〕，於京大興善寺廣譯總持教，多設曼荼羅，神術莫可知也。灌頂壇法，始於不空。代宗永泰年中，敕灌頂道場處選二七人，爲國長誦佛頂咒，及免差科地税云。梁末後唐世，道賢闍梨者一夕夢游五天竺，見佛指示此某國聚落。洎旦，頓解五印言音，毫釐不爽。今傳粉壇法，並宗此師，鳳翔阿闍梨是也。後唐清泰帝尤旌其道，後隨駕入洛而卒〔七〕。今塔在龍門，近東京南。日本大師常爲王公大人演密藏，至今弟子繁衍，傳其業者，號曰「三藏」。或兼講經律論者，則稱「傳顯密藏」也。

【校注】

〔一〕大智度論卷五：「云何陀羅尼？答曰：陀羅尼，秦言能持，或言能遮。能持者，集種種善法，能持令不散不失，譬如完器盛水，水不漏散；能遮者，惡不善根心生，能遮令不生，若欲作惡罪，持令不作。是名陀羅尼。」

〔二〕出三藏記集卷七合微密持經記：「合微密持陀鄰尼總持三本，上本是陀鄰尼，下本是總持、微密持也。」

〔三〕高僧傳卷一帛尸梨密傳：「帛尸梨密多羅，此云吉友，西域人，時人呼爲高座。……晋永嘉中，始到中國。值亂，仍過江止建初寺，丞相王導一見而奇之，以爲『吾之徒也』，由是名顯。太尉庾元規、光禄周伯仁、太常謝幼輿、廷尉桓茂倫，皆一代名士，見之終日累歎，披衿致契。……密善持咒術，所向皆驗。初江東未有咒法，密譯出孔雀王經，明諸神咒。」

〔四〕續高僧傳卷一菩提流支傳：「菩提流支，魏言道希，北天竺人也。遍通三藏，妙入總持，志在弘法，廣流視聽，遂挾道宵征，遠莅葱左。以魏永平之初，來遊東夏。宣武皇帝下敕引勞，供擬殷華，處之永寧大寺。……洞善方言，兼工咒術，則無抗衡矣。嘗坐井口，澡罐内空，弟子未來，無人汲水。流支乃操柳枝，聊搵井中，密加誦咒，纔始數遍，泉水上涌，平及井欄，即以鉢酌，用之盥洗，傍僧具見，莫測其神，咸共嘉歎『大聖人也』，流支曰：『勿妄褒賞，斯乃術法。外國共行，此方不習，謂爲聖耳。』懼惑世網，遂祕不宣。」

〔五〕宋高僧傳卷三唐京師總持寺智通傳：「釋智通，姓趙氏，本陜州安邑人也。隋大業中，出家受具，後隸名總持寺。律行精明，經論該博。自幼挺秀，即有遊方之志，因往洛京翻經館學梵書并語，曉然明解。屬貞觀中，有北天竺僧齎到千臂千眼經梵本，太宗敕搜天下僧中學解者，充翻經館綴文、筆受、證義等。通應其選，與梵僧對，譯成二卷。天皇永徽四年，復於本寺出千囀陀羅尼觀世音菩薩咒一卷、觀自在菩薩隨心咒一卷、清淨觀世音菩薩陀羅尼一卷，共四部五卷。通善其梵字，復究華言，敵對相翻，時皆推伏。又云：行瑜伽祕密教，大有感通。」

〔六〕不空：梵名阿目佉跋折羅，華言不空金剛，北天竺人。詳參宋高僧傳卷一唐京兆大興善寺不空傳。

〔七〕宋高僧傳卷二五後唐鳳翔府道賢傳：「釋道賢，不知何許人也。持諷孔雀王經以爲日計，末則受瑜伽灌頂法，持明之功愈多徵應。嘗夜夢佛攜賢行，步步蹈履濃雲，若乘剛焉。每行不知幾百里，而指之曰：『此摩竭陀國，此古波國，南印度、西印度、迦濕彌羅等國。』且行且記，喜躍不勝。及寤覺，冥解五天梵音，悉曇語言。……隴坻道俗，皆稟承密藏，號阿闍黎也。迨長興末，明宗晏駕，立從厚爲帝。鳳翔清泰不恭其命。……清泰乃擁兵而東，召賢俱行，入洛即帝位歟，改元曰清泰。賢奏曰：『年號不佳。何邪？水清石見。』至三年，敕移并州晋高祖爲天平軍，乃阻兵自固。潛連契丹，長驅入洛。清泰自焚，果『石見』之應矣。晋兵未至，賢先終于洛。今兩京傳大教者，皆法孫之曾玄矣。」

外學

夫學不厭博，有所不知，蓋闕如也。吾宗致遠，以三乘法而運載焉。然或魔障相陵，必須禦侮。禦侮之術，莫若知彼敵情。敵情者，西竺則韋陀，東夏則經籍矣。故祇洹寺中有四韋陀院，外道以爲宗極。又有書院，大千界内所有不同文書，並集其中，佛俱許讀之。爲伏外道，而不許依其見也。此土古德高僧，能攝伏異宗者，率由博學之故。譬如夷狄之人，言語不通，飲食不同，孰能達其志、通其欲？其或微解胡語，立便馴知〔一〕矣。是以習鑿齒，道安以詼諧而伏之〔二〕；宗、雷之輩，慧遠以詩、禮而誘之〔三〕；權無二，復禮以辨惑而柔之〔四〕；陸鴻漸，皎然以詩式而友之〔五〕。此皆不施他術，唯通外學耳。況乎儒道二教，義理玄邈，釋子既精本業，何妨〔六〕鑽極以〔七〕廣見聞？勿滯於一方也。

大宋僧史略卷上

【校注】

〔一〕知：底本校記：「知＝和。」

〔二〕按：高僧傳卷五釋道安傳：「時襄陽習鑿齒鋒辯天逸，籠罩當時。其先聞安高名，早已致書通好，曰：『承應真履正，明白內融，慈訓兼照，道俗齊蔭。自大教東流四百餘年，雖蕃王居士時有奉者。而真丹宿訓，先行上世，道運時遷，俗未僉悟。自頃道業之隆，咸無以匹。所謂月光將出，靈鉢應降。法師任當洪範，化洽幽深，此方諸僧，咸有思慕。若慶雲東徂，摩尼迴曜，一躡七寶之座，暫現明哲之燈。雨甘露於豐草，植栴檀於江湄。則如來之教，復崇於今日；玄波溢漾，重盪於一代矣。』文多不悉載。及聞安至止，即往修造。既坐，稱言：『四海習鑿齒。』安曰：『彌天釋道安。』時人以爲名答。齒後餉梨十枚，正值衆食，便手自剖分，梨盡人遍，無參差者。」

〔三〕按：高僧傳卷六釋慧遠傳：「釋慧遠，本姓賈氏，雁門樓煩人也。弱而好書，珪璋秀發。年十三，隨舅令狐氏遊學許洛，故少爲諸生，博綜六經，尤善莊老。性度弘博，風鑒朗拔。雖宿儒英達，莫不服其深致。……遠內通佛理，外善群書，夫預學徒，莫不依擬。時遠講喪服經，雷次宗、宗炳等，並執卷承旨。」廬山記卷三十八賢傳：「雷次宗，字仲倫，豫章南昌人。博學，尤明詩、禮。不就徵辟，入廬山立館東林僧房之東，與遠公同社。」「宗炳，字少文，南陽涅陽人。祖承，宜都太守。父繇之，湘鄉令。炳博學，善琴書圖畫，尤精玄言。

宋武帝之在荆州也，召爲主簿，不起。問其故，答曰：『棲丘飲谷，三十餘年矣。』入廬山築室，與遠公同社。」

〔四〕按：宋高僧傳卷一七唐京兆大興善寺復禮傳：「釋復禮，京兆人也，俗姓皇甫氏。少出家，住興善寺。性虚静，寡嗜欲。遊心内典，兼博玄儒，尤工賦詠，善於著述，俗流名士，皆仰慕之。三藏地婆訶羅、實叉難陀等譯大莊嚴、華嚴等經，皆敕召禮，令同翻譯。綴文裁義，實屬斯人。天皇永隆二年辛巳，因太子文學權無二述釋典稽疑十條，用以問禮，請令釋滯。遂爲答之，撰成三卷，名曰十門辯惑論。」

〔五〕按：宋高僧傳卷二九唐湖州杼山皎然傳：「釋皎然，字晝，姓謝氏，長城人，康樂侯十世孫也。……會前御史中丞李洪自河北負譴，再移爲湖守，初相見未交一言，恍若神合。素知公精於佛理，因請益焉。先問宗源，次及心印，公笑而後答。他日言及詩式，具陳以宿昔之志。公曰不然。固命門人檢出草本，一覽而歎曰：『早年曾見沈約品藻、慧休翰林、庾信詩箴，三子所論，殊不及此。奈何學小乘褊見，以宿志爲辭邪？』……晝以陸鴻漸爲莫逆之交。」

〔六〕妨：底本作「好」，從底本校記、松本本、金陵本改。

〔七〕行誠按：「『以』字或『不』字歟？」

大宋僧史略卷中（咸平二年重更修理）

右街僧録通慧大師贊寧奉敕撰

道俗立制

佛法流行，隨時制斷。合毗尼之繩糾，則案毗尼；堪别法之處量，須循别法。故佛訶比丘云：巧避我制，造種種過。故許同時立方毗尼。涅槃後立未來教，以爲律範所不圍，篇科所不載，則比附而求之也。以是篇聚之外，别有僧制焉。今時比丘或住一林、居一院，皆和衆立條，約束行止，俾不罹於愆失也。晉〔一〕道安法師傷戒律之未全，痛威儀之多缺，故彌縫其闕，埭堰其流，立三例以命章，使一時而生信：一、行香定座上講，二、六時禮懺，三、布薩等法。過踰此法者，則别立遮防〔二〕。安弟子法遇講化於荆州，時有學徒飲酒，遇罰而不遣。安在襄陽聞之，封小箠以寄遇。遇詳師意，集衆諭之，令直日打遇二十撲，封箠却還〔三〕。故習鑿齒與謝安書云：安能肅衆〔四〕。上之三例，天下翕然奉行也。又支遁立衆僧集儀度〔五〕，慧遠立法社節度〔六〕，至于宣律師立鳴鐘軌度、分五衆物儀、章服儀、歸敬儀〔七〕，此並附時傍教，相次而出。鑿空開荒，則道安爲僧制之始也。後魏世宗宣武帝即位，下詔曰：「緇素既分，法律亦異。道教彰於互顯，禁勸各有所宜。其僧犯殺人以上罪，依俗格斷，餘犯悉付昭玄，以内律僧制判之。」〔八〕景明年中，帝新〔九〕撰之。時魏與梁通和，要貴多遣人隨使交易，唯崔暹字季倫。寄求佛經，梁祖繕寫，并幡花讚唄送至館。暹嘗命沙門明藏著佛論而已署名，其好佛法爲若此也〔一〇〕。先是僧尼猥濫，暹奏設科條篇，沙門法上爲昭玄都以撿約之〔一一〕。又南齊文宣王著僧制一卷〔一二〕。又粱祖造光宅寺，詔法雲爲寺主，創立僧制，用爲後範〔一三〕。觀其北魏、南朝俗施僧制，而皆婉約，且不淫傷，由輕法之網羅，有惡人之穿穴，脱漏而墮，不至誅刑之上，其可得乎？爲僧者苟未修行，但能避刑憲，亦逍遥之上士也。

【校注】

〔一〕晉：松本本作「昔」。

〔二〕參卷上「受齋懺法」條注三。

〔三〕高僧傳卷五釋法遇傳：「釋法遇，不知何許人。弱年好學，篤志墳素，而任性誇誕，謂傍若無人。後與安公相值，忽然信伏，遂投簪許道，事安爲師。……止江陵長沙寺，講説衆經，受業者四百餘人。時一僧飲酒，廢夕燒香，遇止罰而不遣。安公遥聞之，以竹筒盛一荆子，手自緘封，題以寄遇。遇開封見杖，即曰：『此由飲酒僧也。我訓領不勤，遠貽憂賜。』即命維那鳴槌集衆，以杖筒置香橙上，行香畢，遇乃起出衆前，向筒致敬，於是伏地，命維那行杖三下，内杖筒中，垂淚自責。時境内道俗，莫不歎息。」

〔四〕高僧傳卷五釋道安傳：「習鑿齒與謝安書云：『來此見釋道安，故是遠勝，非常道士。師徒數百，齋講不倦。無變化伎術可以惑常人之耳目，無重威大勢可以整群小之參差，而師徒肅肅，自相尊敬，洋洋濟濟，乃是吾由來所未見。其人理懷簡衷，多所博涉。内外群書，略皆遍覩。陰陽算數，亦皆能通。佛經妙義，故所游刃。作義乃似法蘭、法道，恨足下不同日而見。其亦每言，思得一叙。』其爲時賢所重，類皆然也。」

〔五〕按：支遁，字道林，高僧傳卷四有傳。衆僧集儀度，當爲般若臺衆僧集議節度之略。出三藏記集卷一二著録有支道林般若臺衆僧集議節度序。

〔六〕按：出三藏記集卷一二著録有慧遠法社節度序。

〔七〕按：宣律師，即道宣，丹徒人，一云長城人，宋高僧傳卷一四有傳。鳴鐘軌度，又稱鳴鐘揵度，大唐内典録未見著録。四分律删繁補闕行事鈔卷一集僧通局篇、僧網大綱篇等，有及鳴鐘之規則法度者；分五衆物儀，當即釋門亡物輕重儀，現存量處輕重儀，二卷，並注曰：「謂亡五衆物也。」湯用彤隋唐佛教史稿認爲當即釋門亡物輕重儀之一部；章服儀，即釋門章服儀，一卷，現存；歸敬儀，即釋門歸敬儀，一卷，現存，分爲上、下二卷。

〔八〕魏書卷一一四釋老志：「世宗即位，永平元年秋，詔曰：『緇素既殊，法律亦異。故道教彰於互顯，禁勸各有所宜。自今已後，衆僧犯殺人已上罪者，仍依俗斷，餘犯悉付昭玄，以内律僧制治之。』」

〔九〕新：松本本作「親」。

〔一〇〕北史卷三二崔挺傳附崔暹傳：「魏、梁通和，要貴皆遣人隨聘使交易，暹唯寄求佛經。梁武帝聞之，繕寫，以幡花寶蓋贊唄送至館焉。然好大言，調戲無節。嘗密令沙門明藏著佛性論而署己名，傳諸江表。」

〔一一〕續高僧傳卷八齊大統合水寺釋法上傳：「自上未任已前，儀服通混，一知綱統，制樣別行。使夫道俗兩異，上有功焉。制寺立淨，亦始於此。故釋門東敞，能扇清風，莫與先矣。初天保之中，國置十統，有司聞奏，事須甄異，文宣乃手注狀云：『上法師可爲大統，餘爲通統。』」北史卷三二崔挺傳附崔暹傳：「先是僧尼猥濫，暹奏設科條篇，沙門法上爲昭玄都以檢約之。」

〔一二〕僧制：一卷，收入齊太宰竟陵文宣王法集録，見出三藏記集卷一二。

〔一三〕續高僧傳卷五梁楊都光宅寺沙門釋法雲傳：「釋法雲，姓周氏，宜興陽羨人。……尋又下詔，禮爲家僧，資給優厚，敕爲光宅寺主，創立僧制，雅爲後則。」

行香唱導

香也者，解穢流芬，令人樂聞也。原其周人尚臭〔一〕，冥合西域重香。佛出姬朝，遠同符契矣。經中長者請佛，宿夜登樓，手秉香鑪，以達信心。明日食時，佛即來至〔二〕。故知香爲信心之使也。大遺教經曰：比丘欲食，先燒香唄讚之〔三〕。又經中蛇呼比丘自說宿緣，令爲懺悔，并將仙提來取我行香〔四〕。此方教法既行，經律散漫，故安法師三例中，第一是行香定座上講，斯乃中夏行香之始也〔五〕。後魏及江表皆重散香〔六〕，且無沿革。至唐高宗朝，薛元超〔七〕、李義府奉敕爲太子齋行香，因禮奘三藏〔八〕。又中宗設無遮齋，詔五品以上行香〔九〕。或用然香薰手，或將香粖遍行，謂之行香。後不空三藏奏爲高祖、太宗七聖忌辰設齋行香，敕旨宜依〔一〇〕，尋因多故，不齋，但行香而已。文宗朝，中書崔蠡上疏云：「國忌設齋，百官行香，事無經據，伏請停廢。」敕曰：「崔蠡所奏，遂遣討尋本末，禮文令式，曾不該明。其兩京天下州府，國忌於寺觀行香，今後並宜停罷。」〔一一〕嘗試論之：崔蠡言無經據者，蛇之行香，豈無經也？安公引教設儀，豈無據也？敕云「討尋本末，禮文令式，曾不該明」者，三代之禮，何嘗言飯釋子而行香耶？且令式唯是歷代沿革之法律，如代宗後之條格，豈標在隋末唐初之令式乎？矧以禮出儒家，詎可將釋書爲據？事因釋氏，無宜用儒典爲憑。就體證之，方云合理。儒流不許，還引儒書，何異獄訟之人召親黨而作證！若欲除廢，其無辭乎！夫孝子事祖考，唯善是從，徇葬不益於生生，固宜寢也。行香是薦於冥漠，知無不爲。觀文宗薄於祖宗，宜其寄坐矣。或曰：何必行香爲？通曰：如周之尚臭，燔柴血膋〔一二〕薌蕭，言天歆其臭也。天豈食血膋薌蕭之氣邪？由人尚其臭，故以臭而事天也。若然者，佛教重香，寧可奪乎？況百官行香，代君也。百官事祖宗，亦臣子也。苟欲廢之，如忠孝何？宣宗即位，再興斯道。大中五年，敕京城及外州府，國忌行香，並須清潔，不得攜酒肉入寺烹炮，既失嚴恪之心，頗乖追薦之道云〔一三〕。自此至于哀帝，行香如舊。朱梁廢唐，七廟方止。開平三年大明節，百官入寺，行香祝壽〔一四〕。後還薦祖宗行香，于今不絶。晋天福五年，竇貞固奏：國忌宰臣跪爐，百官列座。今欲宰臣跪爐，百官立班。行香後飯僧百人，永爲常式〔一五〕。宋太宗淳化三年，虞部員外郎李宗訥奏：國忌行香，請宰臣已下行香後〔一六〕禁酒食，表其精潔。敕下，御史臺依行〔一七〕。

唱導者，始則西域上座凡赴請，咒願曰「二足常安，四足亦安，一切時中皆吉祥」等，以悦可檀越之心也。舍利弗多辯才，曾作上座，讚導頗佳，白衣大歡喜，此爲表白之椎輪也。梁高僧傳論云：「夫唱導所貴，其事四焉：一、聲也，二、辯也，三、才也，四、博也。非聲則無以警衆，非辯則無以適時，非才則言無可采，非博則語無依據。」〔一八〕此其大體也。據寄歸傳中云：焚香胡跪，歎佛相好〔一九〕。合是導師胡跪爾。或直聲告，或詰曲聲也。又西域凡覲國王，必有讚德之儀〔二〇〕，法流東夏，其任尤重。如見大官謁王者，須一明練者通暄涼，序情意，讚風化，此亦唱導之事也。齊竟陵王有導文〔二一〕，梁僧祐著齊主讚歎緣記及諸色咒願文〔二二〕，陳、隋世高僧真觀深善斯道，有導〔二三〕文集焉〔二四〕。從唐至今，此法盛行于代也。

【校注】

〔一〕禮記郊特牲：「周人尚臭。灌用鬯臭，鬱合鬯，臭陰達於淵泉。灌以圭璋，用玉氣也。既灌，然後迎牲，致陰氣也。」

〔二〕賢愚經卷六富那奇緣品：「時富那奇教化其兄，令爲世尊立一小堂，覆堂村木純以栴檀。其堂已成，教化其兄請佛。羨那答曰：『請佛之宜，以何等物能屈世尊？』時富那奇俱與其兄辦足供養，各持香爐，共登高樓，遥向祇洹，燒香歸命佛及聖僧：『唯願明日，臨顧鄙國，開悟愚朦盲冥衆生。』作願已訖，香煙如意，乘虚往至世尊頂上，相結合聚作一煙蓋。後遥以水，洗世尊足，水亦從虚，猶如釵股，如意徑到世尊足上。爾時阿難覩見是事，怪而問佛：『誰放煙水？』佛告阿難：『是富那奇羅漢比丘，於放鉢國勸兄羨那請佛及僧，故放煙水，以爲信請。』因敕阿難：『往至僧中，行籌告語神足比丘，明日悉來，往應羨那請，因現變化，以遊彼國。』阿難奉命，合僧行籌，有神足者，明當受請。時諸比丘，各各受籌。明日晨旦，僧作食人，名奇虔直奇，此言續生。其人已得阿那含道，恒日供給一切衆僧，結跏趺坐，身放光明，四出照曜，引作食具，瓢杓健支、百斛大釜而隨其後，乘虚飛行，趣向其國。」

〔三〕按：大遺教經，即佛垂般涅槃略説教誡經，亦名佛遺教經，後秦龜茲國三藏鳩摩羅什譯，一卷，未見此説。法苑珠林卷四二受請篇食法部第六：「如大遺教經云：『比丘欲食時，當爲檀越燒香三唄，讚揚布施，可食美食。』」出三藏記集卷一二著録有比丘欲食當先燒香唄讚緣記，注曰「出大遺教經」。

〔四〕仙提：或作「阿輪提」、「阿先提」，意譯「草籠」。賢愚經卷三七瓶金施品：「佛告阿難：過去久遠無數無量不可思議阿僧祇劫，此閻浮提有一大國，名波羅奈。時有一人，好修家業，意偏愛金，勤力積聚，作役其身，四方治生，所得錢財，盡用買金。因得一瓶，於其舍內，掘地藏之。如是種種，懃身苦體，經積年歲，終不衣食，聚之不休，乃得七瓶，悉取埋之。其人後時遇疾命終，由其愛金，轉身作一毒蛇之身，還其舍內，守此金瓶。經積年歲，其舍摩滅，無人住止。蛇守金瓶，壽命年歲，已復向盡。捨其身已，愛心不息，復受本形，自以其身，纏諸金瓶。如是展轉，經數萬歲。最後受身，厭心復生。自計由來，爲是金故，而受惡形，無有休已，今當用施快福田中，使我世世蒙其福報。思惟計定，往至道邊，竄身草中，匿身而看，設有人來，我當語之。爾時毒蛇見有一人順道而過，蛇便呼之。人聞喚聲，左右顧望，不見有人，但聞其聲，復道而行。蛇復現形，喚言：『咄！人可來近我。』人答蛇言：『汝身毒惡，喚我用爲？我若近汝，儻爲傷害。』蛇答人言：『我苟懷惡，設汝不來，亦能作害。』其人恐懼，往至其所。蛇語人言：『吾今此處，有一瓶金。欲用相託，供養作福。能爲之不？若不爲者，我當害汝。』其人答蛇：『我能爲之。』時蛇將人共至金所，出金與之。又告之曰：『卿持此金，供養衆僧。設食之日，好念持一阿輪提來，取我舁去。』其人擔金至僧伽藍，付僧維那。具以上事，向僧説之，云其毒蛇，欲設供養。剋作食日，僧受其金，爲設美膳。作食日至，其人持一小阿輸提，往至蛇所。蛇見其人，心懷歡喜，慰喻問訊，即盤其身，上阿輸提。於是其人以疊覆上，擔向佛圖。道逢一人，問擔蛇人：『汝從何來，體履佳不？』其人默然不答。彼問再三，問之不出一言。所持毒蛇，即便瞋恚，含毒熾盛，欲殺其人。還自遏折，復自思念：『云何此人，不知時宜。他以好意，問訊進止，鄭重三問，無一言答，何可疾耶？』作是念已，毒心復興，隆猛内發，復欲害之。臨當吐毒，復自思惟：『此人爲我作福，未有恩報。』如是再三，還自奄伏：『此人於我，已有大恩。雖復作罪，事宜忍之。』前到空處，蛇語其人：『下我著地。』窮責極切，囑戒以法。其人於是便自悔責，生謙下心，垂矜一切。蛇重囑及：『莫更爾耶。』其人擔蛇至僧伽藍，著衆僧前。於時衆僧食時已到，作行而立。蛇令彼人次第賦香，自以信心視受香者。如是盡底，熟看不移。衆僧引行，遶塔周匝。其人捉水，洗衆僧手。蛇懷敬意，觀洗手人，無有厭心。衆僧食訖，重爲其蛇廣爲説法。蛇倍歡喜，更增施心，將僧維那到本金所，殘金六瓶，盡用施僧。作福已訖，便取命終。由其福德，生忉利天。佛告阿難：欲知爾時擔蛇人者，豈異人乎？則我身是。時毒蛇者，今舍利弗是。我乃往日擔蛇之時，爲蛇見責，慚愧立誓，生謙下心，等視一切，未曾中退，乃至今日。」

〔五〕參卷上「受齋懺法」條注三。

〔六〕散香：散碎不成丸粒的粉末香。玄應一切經音義卷二：「散香，蘇誕反，説文：『散，雜也。』謂散雜碎香者也。」

〔七〕超：諸本誤爲「起」，據意改。參下注。

〔八〕大慈恩寺三藏法師傳卷八：「顯慶元年春正月景寅，皇太子忠自以非嫡，不敢久處元良，乃慕太伯之規，陳表累讓。大帝從之，封忠爲梁王，賜物一萬段、甲第一區。即以其月册代王弘爲皇太子。戊子，就大慈恩寺爲皇太子設五千僧齋，人施布帛三段，敕遣朝臣行香。時黄門侍郎薛元超、中書侍郎李義府因參法師，遂問曰：『翻經固法門之美，未審更有何事可以光揚？又不知古來翻譯儀式如何？』」

〔九〕舊唐書卷七中宗紀：「壬戌，安福門外設無遮齋，三品已上行香。」

〔一〇〕代宗朝贈司空大辨正廣智三藏和上表制集卷二請太原號令堂安像浄土院抽僧制書：「太原府大唐興國太崇福寺中，高祖神堯皇帝起義處號令堂，請安置普賢菩薩像一鋪。浄土院灌頂道場處，請簡擇二七僧奉爲國長誦佛頂尊勝陀羅尼。右特進試鴻臚卿三藏沙門大廣智不空奏。先奉恩命往五臺山修功德，至太原巡禮上件寺，因得瞻覩高祖、太宗起義聖迹並在此寺，實爲國家皇業所興之源，固不合同諸寺例，伏乞天慈，蠲免一切差科及地税。便迴充。高祖、太宗七聖忌日設齋行香，及修號令堂，安置普賢菩薩。仍於三長齋月每月十齋日，令合寺僧奉爲高祖至肅宗七聖轉仁王護國般若經，庶得無疆之福，永資七聖。無盡法音，上符皇壽。其念誦僧，伏乞精加簡擇，具名録奏。先停俗客，望即發遣。」

〔一二〕崔蠡：字越卿，衛州人。舊唐書卷一一七：（開成）「四年，拜禮部侍郎，轉户部。上疏論國忌日設僧齋，百官行香，事無經據。詔曰：『朕以郊廟之禮，嚴奉祖宗，備物盡誠，庶幾昭格。恭惟忌日之感，所謂終身之憂。而近代以來，歸依釋、老，徵二教以設食，會百辟以行香。將以有助聖靈，冥資福祚。有異皇王之術，頗乖教義之宗。昨得崔蠡奏論，遂遣討尋本末，禮文令式，曾不該明，習俗因循，雅當整革。其兩京、天下州府，以國忌日爲寺觀設齋焚香，從今已後，並宜停罷。』」

〔一三〕行誡按：「膋，音聊，脂膏也。」

〔一三〕見唐會要卷二三。又，佛祖統紀卷四二：「（大中）五年，敕天下州郡國忌行香，不得攜酒肉入寺。」

〔一四〕舊五代史卷五太祖紀五：「（開平三年）十月癸未，大明節，帝御文明殿，設齋僧道，召宰臣、翰林學士預之，諸道節度、刺史及内外諸司使咸有進獻。」

〔一五〕舊五代史卷七九高祖紀：「（天福五年二月）乙巳，御史中丞竇貞固奏：『國忌日，宰臣跪爐焚香，文武百僚列坐。竊惟禮例，有所未安。今欲請宰臣仍舊跪爐，百僚依班序立。』詔可之，仍令行香之後飯僧百人，永爲定制。」

〔一六〕後：疑當作「復」，參下注引文。

〔一七〕李宗訥：字大辨，深州饒陽人，李昉之子。宋史列傳第二四有傳。按：雲麓漫鈔卷三亦曰：「國忌行香，起于後魏，及江左齊梁間，每然香熏手，或以香末散行，謂之行香。遺教經云：『比丘欲食，先燒香唄讚之。』安法師行香定坐而講，所以解穢流芬也，斯乃中夏行香之始。唐高宗時，薛元超、李義府爲太子設齋行香，中宗設無遮齋，詔五品以上行香，不空三藏奏，爲神堯而下七聖忌辰設齋行香，至文宗朝，宰臣崔蠡奏：『國忌設齋行香，事無經據。』遂罷之。宣宗再興釋教，詔京城及外道州府國忌行香，並須精潔，以伸追薦之道。朱梁開平三年大明節，百官始行香祝壽。石晋天福中，竇正固奏：『國忌行香，宰臣跪爐，百官列坐，有失嚴敬。』今後宰臣跪爐，百官立班，仍飯僧百人，永爲定式。至本朝淳化中，虞部員外郎李宗訥請：『國忌，宰臣以下行香，復禁食酒肉，以表精虔。』從之。」

〔一八〕高僧傳卷一三唱導論曰：「夫唱導所貴，其事四焉：謂聲、辯、才、博。非聲則無以警衆，非辯則無以適時，非才則言無可採，非博則語無依據。至若響韻鐘鼓，則四衆驚心，聲之爲用也；辭吐後發，適會無差，辯之爲用也；綺製彫華，文藻橫逸，才之爲用也；商搉經論，採撮書史，博之爲用也。若能善茲四事，而適以人時，如爲出家五衆，則須切語無常，苦陳懺悔；若爲君王長者，則須兼引俗典，綺綜成辭；若爲悠悠凡庶，則須指事造形，直談聞見；若爲山民野處，則須近局言辭，陳斥罪目。凡此變態，與事而興，可謂知時知衆，又能善説。雖然，故以懇切感人，傾誠動物，此其上也。」

〔一九〕按：此説當據南海寄歸内法傳卷一受齋軌則、卷四讚咏之禮等概言之，非引寄歸傳之原文也。

〔二〇〕高僧傳卷二鳩摩羅什傳：「什每爲叡論西方辭體，商略同異云：『天竺國俗，甚重文製。其宫商體韻，以入絃爲善。凡覲國王，必有讚德。見佛之儀，以歌歎爲貴。經中偈頌，皆其式也。但改梵爲秦，失其藻蔚，雖得大意，殊隔文體。有似嚼飯與人，非徒失味，乃令嘔噦也。』」

〔二一〕按：竟陵文宣王蕭子良常招致名僧講經説法，且於永明七年集善聲沙門，造經唄新聲，「開筵廣第，盛集英髦，躬處元座，談叙宗致」。平生所著弘法文字，梁時集爲十六帙，一百十六卷，出三藏記集、廣弘明集等多有著録，出三藏記集卷一二齊太宰竟陵文宣王法集録序：「爾其衆經注義，法塔讚頌，僧制藥記之流，導文願疏之屬。莫不誠在言前，理出辭表，大者鈎深測幽，小者馳辯感俗，森成條章，鬱爲卷帙。可謂開士住心，道場初迹，冠一代之妙化，垂千祀之勝範者也。」

〔二二〕出三藏記集卷一二著録齊主讚歎緣記，注曰「出十誦律」，著録有爲亡人設福咒願文、生子設福咒願文、作新舍咒願文、遠行設福咒願文、取婦設福咒願文，注曰「出僧祇律」。

〔二三〕導：底本作「道」，從校記及淺野本改。

〔二四〕續高僧傳卷三〇隋杭州靈隱山天竺寺釋真觀傳：「釋真觀，字聖達，吴郡錢唐人，俗姓范氏。……沙門洪偃，才邁儒英，鉤深釋傑，面相謂曰：權高多智，耳目有名。我有四絶，爾具八能。謂義、導、書、詩、辯、貌、聲、棋是也。」「著諸導文二十餘卷，詩賦碑集三十餘卷。」

讚唄之由

讚唄原始，案十誦律中，俱胝耳即億耳也。作三契聲以讚佛。其人善唄，易了解〔一〕。阿含中，善和羅作善諷誦，令影勝大王象馬不行〔二〕。此土則康僧會傳泥洹讚唄，支謙製連句梵唄〔三〕。又開士法勝善阿毗曇心，別撰二百五偈以爲要解，號曰「心」。其頌聲也，撰象天樂，若靈籥自發，儀刑群品，觸物有寄。一吟一詠，狀鳥步獸行也；一弄一引，類乎物情也。情與類遷，則聲隨九變而成歌；氣與數合，則五音協律而俱作。附之金石，則百獸率舞；奏之管絃，則人神同感。斯乃窮音聲之妙會也〔四〕。魏子建嘗游魚山而感音，翻其曲折，同合沙門之唄暱焉〔五〕。南齊竟陵王子良將經中偈契消息調音，曲盡其妙，著讚梵唄偈文一卷〔六〕。又帛法橋者，尤善梵唄〔七〕。高僧傳中，其人頗多，此不具録〔八〕。後趙石勒建平年中，有神降于安邑廳事，諷詠經音，七日方絶，僧有摹寫爲梵唄焉〔九〕。或曰：梵唄之聲，此何益也？通曰：一者佛道法樂也，此音韻雖哀不傷，雖樂不淫，折中中和，故爲法樂也；二者諸天鬼神，聞皆歡喜故；三者諸佛常法，十方刹土，何莫由斯樂也〔一〇〕。

【校注】

〔一〕十誦律卷二五：「中夜過至後夜，佛語億耳：『汝比丘唄。』億耳發細聲，誦波羅延薩遮陀舍修妒路竟，佛讚言：『善哉！比丘，汝善讚法。汝能以阿槃地語聲讚誦，了了清淨，盡易解。』」

〔二〕影勝大王：又稱影堅王、顔貌端正王、形牢王等，音譯頻婆娑羅王，是佛陀時代摩竭陀國國王。和憍薩羅國波斯匿王都是佛教最初的護持者，故僧史略或將此兩人誤混。北魏慧覺等譯賢愚經卷一一無惱指鬘品：「時波斯匿王大合兵衆，躬欲往討鴦仇摩羅，路由祇洹，當往攻擊。時祇洹中，有一比丘，形極痤陋，音聲異妙，振聲高唄，音極和暢。軍衆傾耳，無有厭足。象馬豎耳，住不肯行。王怪，顧問御者：『何以乃爾？』御者答言：『由聞唄聲，是使象馬停足立聽。』王言：『畜生尚樂聞法，我曹人類，何不往聽？』即與群衆，暫還祇洹。」

〔三〕高僧傳卷一康僧會傳：「（支謙）又依無量壽、中本起，製菩提連句梵唄三契，并注了本生死經等，皆行於世。……（康僧會）又傳泥洹唄聲，清靡哀亮，一代模式。」二人事迹又參卷上「僧入震旦」條注五，「譯經」條注七，「注經」條注一。

〔四〕出三藏記集卷一〇釋慧遠撰阿毗曇心序：「阿毗曇心者，三藏之要頌，詠歌之微言。管統衆經，領其宗會，故作者以『心』爲名焉。有出家開士，字曰法勝，淵識遠覽，極深研機。龍潛赤澤，獨有其明。其人以爲阿毗曇經源流廣大，難卒尋究。非贍智宏才，莫能畢綜，是以探其幽致，别撰斯部。始自界品，訖于問論，凡二百五十偈，以爲要解，號之曰『心』。其頌聲也，擬象天樂，若雲籥自發。儀形群品，觸物有寄。若乃一吟一詠，狀鳥步獸行也；一弄一引，類乎物情也。情與類遷，則聲隨九變而成歌；氣與數合，則音協律吕而俱作。拊之金石，則百獸率舞；奏之管絃，則人神同感。斯乃窮音聲之妙會，極自然之衆趣，不可勝言者矣。又其爲經，標偈以立本，述本以廣義。先弘内以明外，譬由根而尋條，可謂美發於中，暢於四枝者也。」

〔五〕法苑珠林卷三六唄讚篇第三四讚歎部：「陳思王曹植，字子建，魏武帝第四子也。幼含珪璋，十歲屬文，下筆便成，初不改字。世間術藝，無不畢善。邯鄲淳見而駭服，稱爲天人。植每讀佛經，輒流連嗟翫，以爲至道之宗極也。遂製轉讚七聲昇降曲折之響，世人諷誦，咸憲章焉。嘗遊魚山，忽聞空中梵天之響，清雅哀婉，其聲動心。獨聽良久，而侍御皆聞。植深感神理，彌寤法應，乃摹其聲節，寫爲梵唄，纂文製音，傳爲後式。梵聲顯世，始於此焉。其所傳唄，凡有六契。」

〔六〕按：出三藏記集卷一二著録有齊太宰竟陵文宣王讚梵唄偈文一卷。已佚。

〔七〕高僧傳卷一三帛法橋傳：「帛法橋，中山人。少樂轉讀而乏聲，每以不暢爲慨。於是絶粒懺悔，七日七夕，稽首觀音，以祈現報。同學苦諫，誓而不改。至第七日，覺喉内豁然，即索水洗漱，云：『吾有應矣。』於是作三契經，聲徹里許，遠近驚嗟，悉來觀聽。爾後誦經數十萬言，晝夜諷詠，哀婉通神。至年九十，聲猶不變。以晉穆帝永和中，卒於河北，即石虎末也。」

〔八〕按：高僧傳卷一三正傳中經師有十一人，附見二十三人。

〔九〕高僧傳卷一三經師論曰：「至石勒建平中，有天神降于安邑廳事，諷詠經音，七日乃絶。時有傳者，並皆訛廢。」

〔一〇〕長阿含經卷五闍尼沙經第四：「其有音聲，五種清浄，乃名梵聲。何等五？一者其音正直，二者其音和雅，三者其音清徹，四者其音深滿，五者周遍遠聞。具此五者，乃名梵音。」又，十誦律卷三七：「有比丘名跋提，於唄中第一。是比丘聲好，白佛言：『世尊，願聽我作聲唄。』佛言：『聽汝作聲唄，唄有五利益：身體不疲，不忘所憶，心不疲勞，聲音不壞，語言易解。復有五利：身不疲極，不忘所憶，心不懈惓，聲音不壞，諸天聞唄聲心則歡喜。』」南海寄歸内法傳卷四讚詠之禮：「五天之地，初出家者，亦既誦得五戒十戒，即須先教誦斯二讚。無問大乘小乘，咸同遵此。有六意焉：一、能知佛德之深遠，二、體制文之次第，三、令舌根清浄，四、得胸藏開通，五則處衆不惶，六乃長命無病。」

附録：

高僧傳卷一三經師論曰：「夫篇章之作，蓋欲申暢懷抱，褒述情志；詠歌之作，欲使言味流靡，辭韻相屬。故詩序云：『情動於中而形於言。言之不足，故詠歌之也。』然東國之歌也，則結韻以成詠；西方之贊也，則作偈以和聲。雖復歌讚爲殊，而並以協諧鍾律，符靡宮商，方乃奧妙。故奏歌於金石，則謂之以爲樂；設讚於管絃，則稱之以爲唄。夫聖人制樂，其德四焉：感天地，通神明，安萬民，成性類。如聽唄，亦其利有五：身體不疲，不忘所憶，心不懈倦，音聲不壞，諸天歡喜。是以般遮絃歌於石室，請開甘露之初門；浄居舞頌於雙林，奉報一化之恩德。其間隨時讚詠，亦在處成音。至如億耳細聲於宵夜，提婆颺響於梵宮，或令無相之旨奏於篪笛之上，或使本行之音宣乎琴瑟之下，並皆抑揚通感，佛所稱讚。故咸池、韶武無以匹其工，激楚、梁塵無以較其妙。自大教東流，乃譯文者衆，而傳聲蓋寡。良由梵音重複，漢語單奇，若用梵音以詠漢語，則聲繁而偈迫；若用漢曲以詠梵文，則韻短而辭長。是故金言有譯，梵響無授。始有魏陳思王曹植，深愛聲律，屬意經音，既通般遮之瑞響，又感魚山之神製，於是删治瑞應本起，以爲學者之宗。傳聲則三千有餘，在契則四十有二。其後帛橋、支籥，亦云祖述陳思，而愛好通靈，别感神製，裁變古聲，所存止一十而已。至石勒建平中，有天神降于安邑廳事，諷詠經音，七日乃絶。時有傳者，並皆訛廢。逮宋齊之間，有曇遷、僧辯、太傅、文宣等，並殷勤嗟詠，曲意音律，撰集異同，斟酌科例，存倣舊法，正可三百餘聲。自兹厥後，聲多散落。人人致意，補綴不同。所以師師異法，家家各製。皆由昧乎聲旨，莫以裁正。夫音樂感動，自古而然。是以玄師梵唱，赤雁愛而不移；比丘流響，青鳥悦而忘翥。曇憑動韻，猶令鳥馬蹀蹋；僧辯折調，尚使鴻鶴停飛。量人雖復深淺，籌感抑亦次焉。故夔擊石拊石，則百獸率舞；簫韶九成，則鳳凰來儀。鳥獸且猶致感，況乃人神者哉！但轉讀之爲懿，貴在聲文兩得。若唯聲而不文，則道心無以得生；若唯文而不聲，則俗情無以得入。故經言『以微妙音歌歎佛德』，斯之謂也。而頃世學者，裁得首尾餘聲，便言擅名當世。經文起盡，曾不措懷，或破句以合聲，或分文以足韻，豈唯聲之不足，亦乃文不成詮！聽者唯增怳忽，聞之但益睡眠。使夫八真明珠，未掞而藏曜；百味淳乳，不澆而自薄。哀哉！若能精達經旨，洞曉音律，三位七聲，次而無亂；五言四句，契而莫爽。其間起擲盪舉，平折放殺，游飛却轉，反疊嬌弄。動韻則流靡弗窮，張喉則變態無盡。故能炳發八音，光揚七善。壯而不猛，凝而不滯；弱而不野，剛而不鋭；清而不擾，濁而不蔽。諒足以起暢微言，怡養神性。故聽聲可以娱耳，聆語可以開襟。若然，可謂梵音深妙，令人樂聞者也。然天竺方俗，凡是歌詠法言，皆稱爲唄。至於此土，詠經則稱爲轉讀，歌讚則號爲梵唄。昔諸天讚唄，皆以韻入絃管。五衆既與俗違，故宜以聲曲爲妙。原夫梵唄之起，亦兆自陳思。始著太子頌及睒頌等，因爲之製聲，吐納抑揚，並法神授。今之皇皇顧惟，蓋其風烈也。其後居士支謙，亦傳梵唄三契。皆湮没而不存。世有共議一章，恐或謙之餘則也。唯康僧會所造泥洹梵唄，于今尚傳。即敬謁一契，文出雙卷泥洹，故曰泥洹唄也。爰至晋世，有高座法師初傳覓歷。今之行地印文，即其法也。籥公所造六言，即大慈哀愍一契，于今時有作者。近有西涼州唄，源出關右，而流于晋陽，今之面如滿月是也。凡此諸曲，並製出名師。後人繼作，多所訛漏。或時沙彌小兒，互相傳授。疇昔成規，殆無遺一。惜哉！此既同是聲例，故備之論末。」

法苑珠林卷三六唄讚篇第三四述意部：「夫褒述之志，寄在詠歌之文。詠歌之文，依乎聲響。故詠歌巧則褒述之志申，聲響妙則詠歌之文暢。言詞待聲，相資之理也。尋西方之有唄，猶東國之有讚。讚者，從文以結章；唄者，短偈以流頌。比其事義，名異實同。是故經言『以微妙音聲，歌讚於佛德』，斯之謂也。昔釋尊入定，琴歌震於石室；提婆颺唄，清響激於淨居。覺世至音，固無得而稱矣。至于末代，修習極有明驗。是以陳思精想，感魚山之梵唱；帛橋誓願，通大士之妙音；藥練勤行，受法韻於幽祇；文宣勵誠，發夢響於齋室。並能寫氣天宮，摹聲淨刹，抑揚詞契，吐納節文。斯亦神應之顯徵，學者之明範也。原夫經音爲懿，妙出自然。製用可修，而研響非習。蓋所以炳發道聲，移易俗聽，當使清而不弱，雄而不猛，流而不越，凝而不滯。趣發祇鷲之風，韻結霄漢之氣。遠聽則汪洋以峻雅，近屬則從容以和肅，此其大致也。經稱『深遠雷音』，其在兹乎？若夫稱講聯齋，衆集永久，夜緩晚遲，香銷燭掙，睡蓋覆其六情，懶結纏其四體。於是擇妙響以昇座，選勝聲以啓軸。宫商唄發，動玉振金。反折四飛，哀悦七衆。同迦陵之聲，等神鸞之響，能使寐魂更開，惰情還肅，滿堂驚耳，列席歡心。當爾之時，乃知經聲之爲貴矣。」

僧寺綱糾

夫言寺者，嗣也，治事者相嗣續於其内也〔一〕。既用官司之名，無虧佛事之業，故子續其父，資踰〔二〕於師，此相嗣而接蹤，當克勤而成事也。案西域知事僧總曰羯磨陀那〔三〕，譯爲知事，亦曰悦衆，謂知其事、悦其衆也。稽其佛世，飲光統衆於靈鷲，身子莅事於竹林。及沓婆摩羅年甫十六，已證應真，其後念身不牢固，請爲僧知事，指夜出光，分僧卧具，故佛讚言：「我弟子爲僧知房舍，差次請食，沓婆摩羅子爲第一。」〔四〕如其赴請群集，誰合受第一水果飲食等，佛言：「以其年臘最高者爲之，謂之上座〔五〕。」及佛教東漸，漢魏之間，如綱未設其綱，如舟未下其礦。殆姚秦之世，出家者十室而半〔六〕。羅什入關，贏糧裹足而至者三千。秦主敕還道䂮〔七〕法師爲僧正，慧遠爲悦衆，法欽、慧斌掌僧録，給車輿吏力〔八〕。僧正秩同侍中，餘則差降。此土立僧官，秦䂮爲始也。

【校注】

〔一〕釋名卷五釋宫室：「寺，嗣也，治事者嗣續於其内也。」

〔二〕行誡按：「字書無『踰』字，恐『踵』之誤。或『跲』歟？跲，音夾，代也。」底本校記：「踰＝踵。」

〔三〕義浄撰南海寄歸内法傳卷四灌沐尊儀：「授事者，梵云羯磨陀那。陀那是授，羯磨是事，意道以衆雜事指授於人，舊云維那者非也。維是唐語，意道綱維。那是梵音，略去羯磨陀字。」

〔四〕飲光：即迦葉。身子：舍利弗。北山録卷八住持行：「佛在世，飲光統衆於靈山，身子莅事于竹林。洎沓婆摩羅年十六，得阿羅漢，其後念身不牢固，請知僧務。大聖憫其誠願，命僧差之。既懃于職，於衣食乃孜孜不暇給，先物後己。率籲玄侶，流聞暢乎八方。皇覺懿乃嘉績，讚曰：『我弟子爲僧知房舍卧具，差次請食，沓婆摩羅爲第一也。』」善見律毗婆沙卷一三：「遝婆是比丘名，摩羅是王名。此王子出家故，名遝婆摩羅子。此大德，年七歲出家，鬚髮落地，即成羅漢，得三達智，具六神通。……而白佛言：『今從世尊乞二種願：一者爲諸衆僧分佈房舍，二者差會分佈飲食。』於是世尊答言：『善哉。汝貪嗔既盡，堪爲此事。汝當爲衆僧分佈牀席及諸飲食。』」四分律卷三：「時尊者沓婆摩羅子得阿羅漢，在静處思惟，心自念言：『此身不牢固，我今當以何方便，求牢固法耶？』復作是念：『我今宜可以力供養，分僧卧具，差次受請飯食耶？』時沓婆摩羅子晡時從静處起整衣服，往至世尊所，頭面禮足，在一面坐，白世尊言：『我向在静處，心作是念：是身不牢固，以何方便求牢固法？我今寧可以力供養，分僧卧具，及差次受請飯食耶？』世尊告諸比丘，差沓婆摩羅子分僧卧具及差次受請飯食。……時世尊讚言：『我弟子中，分僧卧具者，沓婆摩羅子最爲第一。』」

〔五〕毗尼母經卷六：「從無臘乃至九臘，是名下座。從十臘至十九臘，是名中座。從二十臘至四十九臘，是名上座。過五十臘已上，國王長者出家人所重，是名耆舊長宿。」

〔六〕晉書卷一一七姚興載記上：「興既托意於佛道，公卿已下莫不欽附，沙門自遠而至者五千餘人。起浮圖於永貴里，立波若臺于中宮，沙門坐禪者恒有千數。州郡化之，事佛者十室而九矣。」

〔七〕行誠按：「䂮，音掠，磨刃也。」

〔八〕北山録卷八住持行：「中夏姚秦世，棄俗者十室而半。羅什入關，學徒贏糧不遠千里而至者三千。因立道䂮爲僧正，慧遠爲悦衆，法欽、慧斌掌僧録，給車輿吏人。僧正秩同侍中，餘别有差。震旦有僧官，自秦始也。」高僧傳卷六僧䂮傳：「釋僧䂮，姓傅氏，北地泥陽人。……自童壽入關，遠僧復集。僧尼既多，或有愆漏。興曰：『凡未學僧，未階苦忍，安得無過？過而不翦，過遂多矣。宜立僧主，以清大望。』因下書曰：『大法東遷，於今爲盛。僧尼已多，應須綱領，宣授遠規，以濟頹緒。僧䂮法師，學優早年，德芳暮齒，可爲國内僧主。僧遷法師，禪慧兼修，即爲悦衆。法欽、慧斌共掌僧録。』給車輿吏力。䂮資侍中秩，傳詔羊車各二人，遷等並有厚給。共事純儉，允愜時望。五衆肅清，六時無怠。至弘始七年，敕加親信伏身白從各三十人。僧正之興，䂮之始也。」

立僧正尼正附

僧曹創立，浄衆日齊。所樹官方，終循佛教。所言僧正者何？正，政也，自正正人，克敷政令，故云也。蓋以比丘無法，如馬無轡勒，牛無貫繩，漸染俗風，將乖雅則，故設有德望者，以法而繩之，令歸于正，故曰僧正也。此僞秦僧䂮爲始也〔一〕。或曰道䂮。東晉遷都，蔑聞此職。至宋世，乃立沙門都，又以尼寶賢爲僧正，文帝、孝武皆崇重之〔二〕。次有號法主者，如釋道猷，生公之弟子也。文帝問慧觀曰：「頓悟義誰習之？」答曰：「道猷。」遂召入。至孝武即位，敕住新安寺，爲鎮寺法主〔三〕。又敕法瑗爲湘宫寺法主〔四〕。詳其各寺同名，疑非統正之任。又昇明中，以法持爲僧正〔五〕。大明中，以道温爲都邑僧正〔六〕。永明中，敕長干寺玄暢同法獻爲僧主，分任南北兩岸。暢後被敕往三吴，使糾繩二衆〔七〕。齊末以法悦爲僧主，住正覺寺〔八〕。梁祖歸心佛教，深入玄樞，慎選德人，以充僧首，則法超爲都邑僧正〔九〕。普通六年，敕法雲爲大僧正，吏力備足〔一〇〕，又慧令亦充此職焉〔一一〕。「大」字異耳。所云僧主者，猶僧官也，蓋偏地小正小統之名也。如闍那崛多，此言志德，北印度人，周朝譙王宇文儉鎮蜀，請以同行，至彼，任益州僧主，住龍淵寺焉〔一二〕。南朝慧基，姓偶，錢塘人，依求那三藏，於蔡州受戒。後化行越土，尋敕爲僧主，掌任十城，東土僧主之始也〔一三〕。東土即吴、會之間也。歷觀諸朝，多是諸侯立僧正也。梁雖大國，亦用此名，但加「大」字以别之。今天下每州置一員，擇德行才能者充之，不然則闕矣。

【校注】

〔一〕參「僧寺綱糾」條注八。

〔二〕比丘尼傳卷二普賢寺寶賢尼傳：「寶賢，本姓陳，陳郡人也。……十九出家，住建安寺。操行精修，博通禪律。宋文皇帝深加禮遇，供以衣食。及孝武，雅相敬待，月給錢一萬。明帝即位，賞接彌崇。以泰始元年，敕爲普賢寺主。二年，又敕爲都邑僧正。甚有威風，明斷如神。善論物理，屈枉必釋。秉性剛直，無所傾撓。」

〔三〕高僧傳卷七釋道猷傳：「釋道猷，吴人。初爲生公弟子，隨師之廬山。師亡後，隱臨川郡山。……宋文問慧觀：『頓悟之義，誰復習之？』答云：『生公弟子道猷。』即敕臨川郡發遣出京。既至，即延入宫内，大集義僧，令猷申述頓悟。時競辯之徒，關責互起。猷既積思參玄，又宗源有本，乘機挫鋭，往必摧鋒。帝乃撫机稱快。及孝武升位，尤相歎重，乃敕住新安，爲鎮寺法主。」

〔四〕高僧傳卷八釋法瑗傳：「釋法瑗，姓辛，隴西人。……及明帝造湘宫新成，大開講肆，妙選英僧，敕請瑗充當法主。」

〔五〕南齊書卷五六倖臣傳楊法持：「宋世道人楊法持，與太祖有舊。元徽末，宣傳密謀。昇明中，以爲僧正。」

〔六〕高僧傳卷七釋道温傳：「釋道温，姓皇甫，安定朝那人。……孝建初，被敕下都，止中興寺。大明中，敕爲都邑僧主。」

〔七〕高僧傳卷一三釋法獻傳：「釋法獻，姓徐，西海延水人。……獻以永明之中，被敕與長干玄暢同爲僧主，分任南北兩岸。暢本秦州人，亦律禁清白，文惠太子奉爲戒師。獻後被敕三吴，使妙簡二衆。暢亦東行，重申受戒之法。」

〔八〕高僧傳卷一三釋法悦傳：「釋法悦者，戒素沙門也。齊末，敕爲僧主，止京師正覺寺。敦修福業，四部所歸。」

〔九〕續高僧傳卷二一梁楊都天竺寺釋法超傳：「釋法超，姓孟氏，晉陵無錫人也。……自稱公殁後，獨步京邑。中歲廢業，頗失鴻緒。後復綴講，衆重殷矣。帝謂律教乃是像運攸憑，覺慧階漸，治身滅罪之要，三聖由之而歸，必不得門，如閉目夜行，常懼蹈諸坑塹。欲使僧尼於五篇七聚導意獎心，以超律學之秀，敕爲都邑僧正，庶其弘扇有徒，儀表斯立。」

〔一〇〕續高僧傳卷五梁楊都光宅寺沙門釋法雲傳：「釋法雲，姓周氏，宜興陽羨人。……及梁氏高臨，甚相欽禮。……令時諸名德各撰成實義疏，雲乃經論合撰，有四十科，爲四十二卷。俄尋究了，又敕於寺三遍敷講。廣請義學，充諸堂宇。敕給傳，詔車牛吏力皆備足焉。至七年，制注大品。……尋又下詔，禮爲家僧，資給優厚，敕爲光宅寺主，創立僧制，雅爲後則。……普通六年，敕爲大僧正。於同泰寺設千僧會，廣集諸寺知事及學行名僧，羯磨拜授，置位羽儀。衆皆見所未聞，得未曾有。」

〔一一〕慧令：靈根寺僧。廣弘明集卷一九御講般若經序：「大僧正慧令，蓋法門之上首，亦總持之神足。」

〔二〕開元釋教録卷七：「沙門闍那崛多，隋云志德，北賢豆揵陀囉國人也。……以周明武成之歲，初届長安，止草堂寺。……思欲通法，無由自展，具情上啓，即蒙别敕，爲造四天王寺，聽在居住。自兹已後，乃翻新經，及接先闕。既非弘泰，羈縻而已。會譙王宇文儉鎮蜀，復請同行。於彼三年，恒任益州僧主，住龍淵寺。」續高僧傳卷二有傳。

〔三〕高僧傳卷八釋慧基傳：「釋慧基，姓偶，吴國錢塘人。幼而神情俊逸，機悟過人。初依隨祇洹慧義法師。至年十五，義嘉其神彩，爲啓宋文帝求度出家。文帝引見，顧問允怙，即敕於祇洹寺爲設會出家。……基既德被三吴，聲馳海内，乃敕爲僧主，掌任十城。蓋東土僧正之始也。」

尼　正

北朝立制，多是附僧。南土新規，别行尼正。宋太始二年，敕尼寶賢爲尼僧正〔一〕，又以法淨爲京邑尼都維那〔二〕，此則承乏之漸。梁、陳、隋、唐，少聞其事。偏霸之國，往往聞有尼統、尼正之名焉。

【校注】

〔一〕參「立僧正」條注二。

〔二〕比丘尼傳卷二普賢寺法淨尼傳：「法淨，江北人也。……淨少出家，住永福寺。戒行清潔，明於事理。沈思精研，深究義奥，與寶賢尼名輩略齊。宋明皇帝異之。泰始元年，敕住普賢寺，宮内接遇，禮兼師友。二年，敕爲京邑都維那。在事公正，確然殊絶。」

僧統

帝王奄宅寰區，必革人視聽。或更其禮樂，或變以官司。互納言作尚書，以太尉〔一〕代司馬。何常之有，以此爲初。秦制關中，立僧正爲宗首。魏尊北土，改僧統領緇徒。雖發新題，亦提舊職。後魏皇始中，趙郡沙門法果戒行精至，開演法籍，太祖徵爲沙門統。言多允愜，供施甚厚。太宗崇信，彌加於前。永興中，前後授輔國、宜城子、忠信侯，又安城公，皆固讓之。俗官加僧，初聞於此。帝幸其居，嫌其門狹，不容輿輦，更廣大之。年八十餘卒，帝三臨其喪，追贈「老壽將軍趙郡胡靈公」。今贈老壽將軍，皆出此時之敕，知前輔國，必是將軍。「胡靈」二字，謚也。初法果年四十〔二〕始出家，有子曰猛，詔令襲果所加爵。沙門統之官，自法果始也〔三〕。復有罽賓沙門師賢，本是王種，東游涼土，又來京下，值罷佛法，權假醫術，而守道不改，於重興日即爲沙門。同輩五人，魏帝親爲下髮，詔賢爲僧統。僧統之官，自師賢始也〔四〕。隋興佛道，變革周風，召僧猛住大興善寺，爲隋國大統。猛姓段，涇陽人也，講般若、十地等〔五〕。隋以「大」字爲殊〔六〕異也。又號「聖沙彌」者，初在洛任國僧都，都即沙門都也。後召入鄴，綏緝有功，轉爲國統〔七〕。一國之僧統也。宋沿唐制，廢統立録。惟宮人出家，敕補尼録、尼統，有至十字師名，比兩國邑號者甚衆。

【校注】

〔一〕尉：底本作「蔚」，從餘諸本改。

〔二〕四十：底本及餘諸本爲「十四」，據意改，參下注。

〔三〕魏書卷一一四釋老志：「法果四十，始爲沙門。有子曰猛，詔令襲果所加爵。」北山録卷五釋賓問：「初，魏太祖、太宗篤於因緣之教。沙門法果戒行精純，開演法籍，太祖詔爲沙門統。太宗彌加崇敬，授以輔國、宜城子、忠信侯、安城公，盡辭焉。帝幸其居，以門狹不容輿輦，詔廣之。八十而卒，帝親臨其喪，贈『老壽將軍』。」

〔四〕魏書卷一一四釋老志：「京師沙門師賢，本罽賓國王種人，少入道，東遊涼城，涼平赴京。罷佛法時，師賢假爲醫術還俗，而守道不改。於修復日，即反沙門，其同輩五人，帝乃親爲下髮。師賢仍爲道人統。……和平初，師賢卒。曇曜代之，更名沙門統。」

〔五〕續高僧傳卷二三隋京師雲花寺釋僧猛傳：「釋僧猛，俗姓段氏，京兆涇陽人。……昔魏文西位，敕猛在右寢殿闡揚般若。貴宰咸仰，味其道訓。周明嗣曆，詔下屈住天宮，永弘十地。又敕於紫極、文昌二殿，更互説法。……隋文作相，佛日將明，以猛年德俱重，玄儒湊集，追訪至京，令崇法宇。於大象二年敕住大興善寺，講揚十地。寺即前陟岵寺也。聲望尤著，殊悦天心。尋授爲隋國大統三藏法師，委以佛法，令其弘護。」

〔六〕殊：底本作「珠」，從淺野本、頌典教社本、松本本改。

〔七〕續高僧傳卷八齊大統合水寺釋法上傳：「釋法上，姓劉氏，朝歌人也。五歲入學，七日通章。六歲隨叔寺中觀戲，情無鼓舞，但禮佛讀經，而聲氣爽拔，衆人奔遶，傾渴觀聽。年登八歲，略覽經誥，薄盡其理。九歲得涅槃經，披而誦之，即生厭世。至于十二，投禪師道藥而出家焉。因遊相土，尋還汲鄉，又往東都，栖遑務道。神氣高爽，照曉詞論，所在推之，咸謂『聖沙彌』也。……故魏齊二代，歷爲統師。昭玄一曹，純掌僧録。令史員置五十許人，所部僧尼二百餘萬，而上綱領將四十年，道俗歡愉，朝庭胥悦。所以四方諸寺，咸禀成風，崇護之基，罕有繼采。……初，天保之中，國置十統。有司聞奏，事須甄異。文宣乃手注狀云：上法師可爲大統，餘爲通統。」

沙門都統

魏主移都，仍從元姓。虜家所服，悉變華章。又於竺梵之門，多事改遷之作。孝文帝一日下詔曰：「門下：近得録公等表，知早定沙門都統。比考德選賢，寤寐勤心，繼佛之任，莫知誰寄。或有道高年尊，理無縈紆；或有器識沖邈，高揖塵務。今以思遠寺主法師僧顯，可敕爲沙門都統〔一〕。」詳究魏文帝敕曇曜爲沙門都統，乃自曜公始也。曜即帝禮爲師，號昭玄沙門都統。欣佛法重興，彫石造像，譯淨土三昧經并付法藏傳等，是此師也〔二〕。齊則以法上爲昭玄統〔三〕，法順爲沙門都〔四〕。然都者，雖總轄之名，凡〔五〕官曹，多以「都」字爲其總攝也。而降統一等也。又烏萇國僧那提黎耶舍，隋言尊稱，先於齊國，亦爲昭玄統也〔六〕。高齊之世，何統與都多耶？答曰：時置十員，一統一都，爲正爲副，故多也。大隋受命，亦用統名。始以曇延爲沙門大昭玄統〔七〕，别加「大」字。次則靈藏法師爲大興善寺主，尋署昭玄都〔八〕。唐穆宗元和元年閏正月，以龍興寺僧惟英充翰林待詔兼兩街僧統〔九〕。英通結中外，假卜筮惑人，故有是命。尋以非宜罷之。自爾朱梁、後唐、晉、漢、周洎今大宋，皆用録而無統矣。偏霸諸道，或有私署，如吴越以令因爲僧統〔一〇〕。後則繼有，避僭差也，尋降稱僧正，其僭僞諸國，皆自號僧録焉。

【校注】

〔一〕廣弘明集卷二四僧行篇北魏孝文帝帝以僧顯爲沙門都統詔：「門下：近得録公等表，知欲早定沙門都統。比考德選賢，寤寐勤心，繼佛之任，莫知誰寄。或有道高年尊，理無縈紆；或有器玄識邈，高挹塵務。今以思遠寺主法師僧顯，仁雅欽韶，澄風澡鏡，深敏潛明，道心清亮，固堪兹任，式和妙衆。近已口白，可敕令爲沙門都統。又副儀貳事，緇素攸同，頃因曜統獨濟，遂廢兹任。今欲毗德贊善，固須其人，皇舅寺法師僧義，行恭神暢，温聰謹正，業懋道優，用膺副翼，可都維那，以光賢徒。」

〔二〕續高僧傳卷一元魏北臺恒安石窟通樂寺沙門釋曇曜傳：「釋曇曜，未詳何許人也。少出家，攝行堅貞，風鑒閑約。以元魏和平年，任北臺昭玄統，綏緝僧衆，妙得其心，住恒安石窟通樂寺，即魏帝之所造也。……至壬辰年，太武云崩，子（校注者按：當爲孫）文成立，即起塔寺，搜訪經典，毀法七載，三寶還興。曜慨前陵廢，欣今重復，故於北臺石窟集諸德僧，對天竺沙門，譯付法藏傳并淨土經，流通後賢，意存無絶。」法苑珠林卷七九邪見部感應緣：「到壬辰歲，太武帝崩，孫文成立，即起浮圖。毀經七年，還興三寶。至和平三年，昭玄都統沙門釋曇曜慨前陵廢，欣今再興，故於北臺石窟寺，集諸僧衆譯經傳，流通後賢之徒，使法藏住持，千載不墜。」

〔三〕法上：參「僧統」條注七。

〔四〕法順：僧傳無。佛祖統紀卷三八：北齊天保「七年，帝以內藏梵經千夾，命三藏那連耶舍於天平寺翻譯，敕大統法上、沙門都法順監譯。帝躬禮梵文，謂群臣曰：『此三寶之鴻基，禮宜偏敬。』」

〔五〕凡：底本作「九」，據松本本改。

〔六〕續高僧傳卷二隋西京大興善寺北天竺沙門那連提黎耶舍傳：「那連提黎耶舍，隋言尊稱，北天竺烏場國人，正音應云『鄔荼』。荼，音持耶反。其王與佛同氏，亦姓釋迦，剎帝利種，隋云土田主也。由劫初之時，先爲分地主，因即號焉，今所謂國王者是也。……天保七年，屆於京鄴，文宣皇帝極見殊禮，偏異恒倫。耶舍時年四十，骨梗雄雅，物議憚之。緣是文宣禮遇隆重，安置天平寺中，請爲翻經三藏。殿内梵本千有餘夾，敕送於寺，處以上房，爲建道場，供窮珍妙。别立厨庫，以表尊崇。又敕昭玄大統沙門法上等二十餘人，監掌翻譯。……耶舍每於宣譯之暇，時陳神咒，冥救顯助，立功多矣。未幾，授昭玄都，俄轉爲統。」

〔七〕續高僧傳卷八隋京師延興寺釋曇延傳：「釋曇延，俗緣王氏，蒲州桑泉人也。」其爲「大昭玄統」者見卷一一釋慧海傳：「釋慧海，姓張氏，河東虞鄉人。……年至十四，遂落髮染衣，爲沙門大昭玄統曇延法師弟子也。」

〔八〕續高僧傳卷二一隋京師大興善寺釋靈藏傳：「釋靈藏，俗姓王氏，雍州新豐人也。……藏與高祖布衣知友，情款綢狎。及龍飛兹始，彌結深衷，禮讓崇敦，光價朝宰。移都南阜，任選形勝而置國寺。藏以朝寄惟重，佛法攸憑，乃擇京都中會路均近遠，於遵善坊天衢之左而置寺焉，今之大興善是也。」又卷二那連提黎耶舍傳云：「凡前後所譯經論，一十五部，八十餘卷，即菩薩見實、月藏、日藏、法勝、毗曇等是也。並沙門僧琛、明芬，給事李道寶等度語筆受，昭玄統沙門曇延、昭玄都沙門靈藏等二十餘僧，監護始末。」

〔九〕按：元和爲憲宗年號。又，佛祖統紀卷四二法運通塞志十七之九：穆宗長慶元年「敕龍興寺沙門惟英充翰林待詔、兩街僧統。」

〔一〇〕令因：吴越王錢鏐幼子。佛祖統紀卷四二法運通塞志十七之九：梁太祖開平四年「吴越王錢鏐幼子令因爲僧，敕賜紫衣無相大師，加同三十臘。」

左右街僧録

左右街自起，置功德使所屬。及置僧録，還用左右街也。僧置録以録之，功德又各轄焉。

自唐有天下，初則佛法萎遲，蓋李教勃興，物無兩大故也。傅奕上疏，條釋氏之愆〔一〕，神堯〔二〕不無其惑。次巡幸東洛，太宗詔令僧尼班于道後〔三〕。高宗御極，議欲令拜君親〔四〕。則天歸心釋門，還令僧班道上〔五〕。中、叡之世，微更發揮。玄宗之朝，一往崇道，僧寺止立三綱而已，昭玄統正革而不沿，僧務官方沈而弗舉，道宣律師被敕爲西明寺上座〔六〕，即其例也。至文宗開成中，始立左右街僧録。尋其人，即端甫法師也。俗姓趙，德宗召入禁中，與儒道論議，賜紫方袍，令侍太子於東朝。順宗重之若兄弟，相與卧起，恩禮特深。憲宗數幸〔七〕其院，待之若賓友。掌内殿法儀，録左街僧事，標表浄衆一十年，即元和中也。由此觀之，僧録之起，自端甫也〔八〕。甫公文宗開成中卒。開成後，則雲端爲僧録也〔九〕。端公奉敕旨，欲芟夷釋氏，先下詔曰：有佛教來，自古迄今，興廢有何徵應？仰兩街僧録與諸三學僧録其事目進上。咸〔一〇〕推法寶大師玄暢序述編次，暢遂撰三寶五運圖〔一一〕，明佛法傳行年代，若費長房開皇三寶録同也。次則宣宗朝，靈晏〔一二〕、辯章〔一三〕爲僧録，同奏請千鉢大教王經入藏。章、晏二公受僧録，見五運圖。大中八年，詔修廢總持寺，敕三教首座辯章專勾當修寺〔一四〕，護軍中尉驃騎王元宥宣章公由首座充左街僧録，次浄光大師僧徹充右街僧録〔一五〕。懿宗咸通十二年十一月十四日延慶節，兩街僧道赴麟德殿講論，右街僧録彦楚賜明徹大師〔一六〕，左街僧録清蘭賜慧照大師〔一七〕。僖宗朝，則有覺暉爲僧録焉〔一八〕。中和巢寇犯闕，時僧録雲皓與道門威儀杜光庭執香鑪案等，隨駕蒼黄穿襪行，至武功，脚皆創疼〔一九〕。及收復京師隨迴，方署録職，莫知于時。僧道引駕儀式，持香案何耶？所言録者，有晉宋録，録其經法傍教傳翻譯人物等事。故魏詔曰「近得録公等表」〔二〇〕，録公乃是僧曹總録，猶言録事也。僞秦始立僧正，則以法欽、慧斌二人掌僧録也。有唐變態，正乃錯諸，録則用矣，蓋禮樂自天子出也。時既所高，物無我競，任使魏統如草，秦正若林，皆歸唐録區宇中矣。譬若尚賢尚齒，屬尚賢之代，齒何用乎？尚白尚青，當尚白之君，青勿先也。

【校注】

〔一〕見舊唐書卷七九傅奕傳。又廣弘明集卷一一太史令朝散大夫臣傅奕上減省寺塔廢僧尼事十有一條。

〔二〕神堯：指唐高祖李淵。唐高宗上元元年，改上尊號神堯皇帝。玄宗天寶十三年，上尊號神堯大聖大光孝皇帝。

〔三〕貞觀十一年，唐太宗頒令道士在僧前詔，見廣弘明集卷二五。

〔四〕見命有司議沙門等致拜君親敕，收於全唐文卷一四。

〔五〕舊唐書卷六則天皇后紀：「（天授二年）夏四月，令釋教在道法之上，僧尼處道士女冠之前。」

〔六〕宋高僧傳卷一四唐京兆西明寺道宣傳：「釋道宣，姓錢氏，丹徒人也。一云長城人。」「及西明寺初就，詔宣充上座。」

〔七〕幸：底本作「辛」，從餘諸本改。

〔八〕宋高僧傳卷六唐京師大安國寺端甫傳：「釋端甫，俗姓趙氏，天水人也。……德宗皇帝聞其名，徵之，一見大悅，常出入禁中，與儒道議論，賜紫方袍。歲時錫施，異於他等，復詔侍皇太子於東朝。順宗皇帝深仰其風，親之若昆弟。相與臥起，恩禮特隆。憲宗皇帝數幸其寺，待之若賓友。常承顧問，注納偏厚。……掌内殿法儀，録左街僧事，以標表淨衆者，凡一十年。……以開成元年六月一日，西向右脅而滅。」按：佛祖統紀卷四一：「元和元年，敕沙門端甫録左街僧事，掌内殿法儀。沙門靈邃録右街僧事。」注曰：「僧録始於姚秦法欽師。」高僧傳卷六釋僧䂮傳：「大法東遷，於今爲盛。僧尼已多，應須綱領，宣授遠規，以濟頹緒。僧䂮法師學優早年，德芳暮齒，可爲國内僧主。僧遷法師禪慧兼修，即爲悅衆。法欽、慧斌，共掌僧録。」贊寧非不知此也，然姚秦之僧録，與唐之左右街僧録名雖同而實大異：其職掌，北山録卷八住持行「法欽慧斌掌僧録」句慧寶注曰：「主簿書，若今僧判也。」不同于唐時所設之僧録（參此條末論。又圓仁入唐求法巡禮行記卷一「開成四年正月十八日」條：「凡此唐國有僧録、僧正、監寺三種色。僧録統領天下諸寺，整理佛法。」）；其地位，在僧正、悦衆之下，亦不同於唐時所設之僧録。故僧史略以端甫爲僧録之始也，簡言之，即此條所論「左右街僧録」之始也。

〔九〕佛祖統紀卷四二：「開成元年正月，左街僧録内供奉三教談論引駕大師悟達法師端甫右脅而滅，荼毗，得舍利三百粒。師表率清衆，十有一年。弟子傳業者千餘人。史館修撰裴休撰碑銘。」「敕沙門雲端充左右街僧録。」

〔一〇〕咸：底本作「成」，據校記及金陵本改。

〔一一〕宋高僧傳卷一七唐京兆福壽寺玄暢傳：「釋玄暢，字申之，俗姓陳氏，宣城人也。……自入京華，漸萌頭角，受京城三學大德，益廣見聞。方事講談，遽鐘堙厄，則會昌廢教矣。時京城法侣，頗甚徬徨。兩街僧録靈宴、辯章同推暢爲首，上表論諫。遂著歷代帝王録，奏而弗聽，由是例從俗服，寧弛道情，龍蛇伏蟄而待時，玉石同焚而莫救。殆夫武皇厭代，宣宗在天，壞户重開，炎崗息熾。暢於大中中，凡遇誕辰，入内談論，即賜紫袈裟，充内外臨壇大德。懿宗欽其宿德，蕃錫屢臻。乃奏修加懺悔一萬五千佛名經，又奏請本生心地觀經一部八卷，皆入藏。暢時充追福院首領，又充總持寺都維那，尋署上座。暢講律六十座，度法者數千人，撰顯正記一十卷、科六帖名義圖三卷、三寶五運三卷。雖祖述舊聞，標題新目，義出意表，文濟時須。」佛祖統紀卷四二法運通塞志十七之九：唐武宗「會昌三年，上欲芟夷釋氏，詔令兩街述有佛以來興廢之際有何徵應，法寶大師玄暢撰三寶五運圖以上。」

〔一二〕彦楚述大唐崇福寺故僧録靈晏墓誌並序云：「右街故賜紫僧録諱靈晏，生聖明之代，紹釋氏之教，姓氏南陽也，祖曜，父鉷，並樂道雲林，高尚其志，吟詠風月，事罔能拘。」「貞元十四年，圓大戒品於崇聖寺靈壇矣。首自憲宗，達於大和，獻壽累朝，每悦天思。其年法門寺佛中指節骨出見，輔翼迎送，人望所推。開成五祀，護軍中尉擢才奏聞，録右街僧務兼紀綱寺宇，條而不紊。洎乎大教暫微，堅志無替，再啓玄理，又録緇徒，重賜紫衣，兩任其首。」「以大中十年歲次丙子庚子之月廿九日寅時自累雙足，奄然而逝。」見隋唐五代墓誌彙編陝西卷，第四册。

〔一三〕辯章：參下「講經論首座」條注二。又，敦煌遺書伯三七二〇寫卷，有右街千福寺三教首座入内講論賜紫大德辯章讚講詞一首，爲大中五年與赴京入奏的沙州僧悟真的酬贈詩，由詩題大略可見其概貌。

〔一四〕參下「講經論首座」條注二。

〔一五〕宋高僧傳卷六唐京兆大安國寺僧徹傳：「釋僧徹，不知何許人也。……初居法乾内寺，師資角立，聲彩風行，凡百官寮，無不奉仰率由。徹内外兼學，辭筆特高，唱予和汝，同氣相求。尋充左右街應制，每屬誕辰，升麟德殿法座講談，敕賜紫袈裟。懿宗皇帝留心釋氏，頗異前朝。遇八齋日，必内中飯僧數盈萬計。帝因法集，躬爲讚唄，徹則升臺朗詠，寵錫繁博，敕造栴檀木講座以賜之。又敕兩街四寺行方等懺法，戒壇度僧各三七日。別宣僧尼大德二十人，入咸泰殿置壇度内。福壽寺尼繕寫大藏經，每藏計五千四百六十一卷，雕造真檀像一千軀，皆委徹檢校焉。以十一月十四日延慶節，麟德殿召京城僧道赴内講論，爾日徹述皇猷，辭辯瀏亮，帝深稱許。而又恢張佛理，旁懾黄冠，可謂折衝異論者，當時號爲『法將』。帝悦，敕賜號曰浄光大師，咸通十一年也，續録兩街僧事。」

〔一六〕彦楚：大中十一年撰有大唐崇福寺故僧録靈晏墓誌並序，署「弟子内供奉講論兼應制引駕大德彦楚述」，見隋唐五代墓誌彙編陝西卷，第四册。敦煌遺書伯三七二〇、伯三八八六、斯四六五四寫卷，有其五言述瓜沙州僧獻款詩一首，署曰「右街崇先寺内講論兼應制大德彦楚」，爲大中五年與赴京入奏的沙州僧悟真的酬贈詩。咸通十四年三月參與護送佛舍利至法門寺，見大唐咸通啓送岐陽真身志文（一九八七年法門寺出土）：「（咸通）十四年三月二十二日，詔供奉官李奉建、高品彭延魯、庫家齊詢敬、承旨萬魯文，與左右街僧録清瀾、彦楚，首座僧澈、惟應，大師重謙、雲顥、慧暉等，同嚴香火，虔請真身。」後「乃詔東頭高品孫克政、齊詢敬，庫家劉處宏，承旨劉繼同，西頭高品彭延魯，内養馮金璋，與左右僧録清瀾、彦楚，首座僧澈、惟應，大師清簡、雲顥、慧暉、可孚、懷敬、從建、文楚、文會，大德會真、志柔等，以十二月十九日自京都護送真身來本寺。」

〔一七〕清蘭：亦參與了迎接佛指舍利從法門寺到長安、又護送回法門寺的盛事，參上注。又，佛祖統紀卷四二：「（咸通十一年）十一月延慶節，敕兩街入麟德殿講論佛法，賜左街僧録清蘭慧照大師，右街僧録彦楚明徹大師。」與僧史略「十二年」不同。

〔一八〕覺暉：據佛祖歷代通載卷一七，覺暉爲僧徹弟子，僧徹爲知玄弟子，「俱有重名，三世爲僧統」。參下「僧主副員」條及注六。

〔一九〕雲皓：疑即雲顥。雲顥，參見下「賜師號」條注六。按：宋高僧傳卷六唐京兆大安國寺僧徹傳：「以廣明中，巢寇犯闕，僖宗幸蜀。其夕徹内宿，明日，倉黄與杜光庭先生扈從入於岷峨。」雲皓亦當是與僧徹一起的扈從者。

〔二〇〕見廣弘明集卷二四北魏孝文帝以僧顯爲沙門都統詔。參「沙門都統」條注一。

僧主副員

姚秦立正也，雖無副正之名，而有貳車〔一〕之意。故用慧遠爲悦衆，欽、斌二公掌録，斯乃階級分曹，同成僧務，而不顯言副正二字。及魏世，更名僧統以爲正員，署沙門都以分副翼，則都維那是也。故孝文帝詔云：「副儀貳事，緇素攸同。頃因曜統獨濟，遂廢斯任。知曇曜前曾立副職。今欲毗德贊善，固須其人。皇舅寺法師僧義，行恭神暢，温聰謹正，業懋道優，用膺副翼，可充都維那，以光賢徒〔二〕。」乃知魏以悦衆爲副，例知姚秦世慧遠爲副也。若爾者，後魏亦用秦制，而僧傳不指，蓋不明練辭義耳。又于時各寺別立三官，寺之都維那莫有相濫乎？答：此有二不濫：一、勅署令於昭玄僧統下〔三〕爲副；二、自帶昭玄下都維那。豈同寺之悦衆耶？南朝宋孝武帝重慧璩，璩曾對帝唱導於齋會中，嚫璩一萬，勅爲京邑都維那〔四〕。此以京邑二字簡異也。江左立正，而有立副者，有不立者。及隋一統，還準北朝，用統爲正，以都爲副。至唐元和、長慶間，始立僧録〔五〕，録左右街僧，亦無貳職。次有三教首座。昭宗乾寧中〔六〕，改首座爲副僧録，得覺暉焉。副録自暉公始也。朱梁、後唐、晉、漢、周，或置或省，出没不定。今大宋太平興國六年，勅立右街副僧録，知右街教門事焉。

【校注】

〔一〕貳車：比喻副職。出禮記少儀：「乘貳車則式，佐車則否。」鄭玄注：「貳車、佐車，皆副車也。朝祀之副曰貳，戎獵之副曰佐。」國語魯語下：「大夫有貳車，備承事也。」韋昭注：「貳，副也。」

〔二〕參「沙門都統」條注一。

〔三〕下：底本作「不」，據淺野本、松本本、金陵本改。

〔四〕高僧傳卷一三釋慧璩傳：「釋慧璩，丹陽人。出家止瓦官寺。讀覽經論，涉獵書史。衆技多閑而尤善唱導。出語成章，動辭製作，臨時採博，罄無不妙詣。宋太祖文皇帝、車騎臧質，並提攜友善，雅相崇愛。譙王鎮荆，要與同行。後逆節還朝，於梁山設會。頃之譙王敗，璩還京。後宋孝武設齋，璩唱導。帝問璩曰：『今日之集，何如梁山？』璩曰：『天道助順，況復爲逆？』帝悦之。明旦，别覼一萬，後敕爲京邑都維那。」

〔五〕按：佛祖統紀卷四一：「元和元年，敕沙門端甫録左街僧事，掌内殿法儀。沙門靈邃録右街僧事。」注曰：「僧録始於姚秦法欽師。」參「左右街僧録」條注八。

〔六〕按：佛祖統紀卷四二：乾寧四年「敕沙門覺暉爲左右街副僧録。副職始此。」釋氏要覽卷上「副僧録」條：「副僧録，即昭宗乾寧中，改首座爲副僧録。即覺暉爲始也。」

講經論首座

首座之名，即上座也。居席之端，處僧之上，故曰〔一〕也。尋唐世，敕辯章檢校修寺，宣宗賞其功，署三教首座〔二〕。元和中，端甫止稱三教談論〔三〕，蓋以帝王誕節，偶屬徵呼，登内殿而讚揚，對異宗而商榷，故標三教之字，未必該通六籍，博綜二篇，通本教之諸科，控群賢而傑出。而脱或〔四〕遍善他宗，原精我教，對王臣而無畏，挫執滯而有功，膺于此名，則無愧色矣。次後經論之學，或置首座。三教首座，則辯章爲始也。朱梁洎周，或除或立，悉謂隨時。今大宋有講經講論首座，乃僧録之外别立耳。

【校注】

〔一〕按：金陵本「曰」後有「首座」二字。

〔二〕按：辯章「檢校修寺」當指其修廢總持寺事。宋高僧傳卷一六唐京兆聖壽寺慧靈傳：「大中七年，宣宗幸莊嚴寺禮佛牙，登大塔，宣問耆年，乃賜紫衣。其年六月，敕補靈爲新寺上座矣。帝望寺西北廢總持寺，乃下敕曰：『朕以政閑賞景，幸于莊嚴，其寺複殿重廊，連甍比棟，幽房祕宇，窈窕疏通，密竹翠松，垂陰擢秀，行而迷道，天下梵宫，高明寡匹。當建之時，以京城西昆明池勢微下，乃建木浮圖，高三百尺。藩邸之時，遊此伽藍，覩斯勝事。其總持寺，大業中立，規制與莊嚴寺正同，今容像則毁，忍草隨荒，香徑蕪侵，尚存基址。其寺宜許重建，以副予心。』三月十一日，令三教首座辯章勾當修寺。及畢工，推靈爲綱任，崇聖寺賜紫叡川充寺主，福壽寺臨壇大德賜紫玄暢充都維那。」據文意，辯章「勾當修寺」應在大中八年，畢工當在大中九年前後。「宣宗賞其功，署三教首座」，亦當在此大中九年畢工之後。此云「令三教首座辯章勾當修寺」者，并非其時已爲三教首座也。佛祖歷代通載卷一六曰：「乙亥，法師辨（辯）章爲三教首座。」乙亥，即大中九年。釋氏稽古略卷三：

「丙子大中十年，敕法師辯章爲三教首座。」歷代編年釋氏通鑑卷一一亦曰：「丙子，□□師辨章爲三教首座。」則爲大中十年矣。然佛祖統紀卷四二曰：「（大中）八年，敕三教首座辯章充左街僧録，沙門僧徹充右街僧録。」疑不能明矣。

〔三〕宋高僧傳卷六唐京師大安國寺端甫傳：「釋端甫，俗姓趙氏，天水人也。……甫又夢梵僧以舍利滿瑠璃器使吞之，且曰：『三藏大教，盡貯汝腹矣。』自是經、律、論無敵於當時。囊括川注，逢源會委，滔滔然莫能濟其畔岸矣。夫將欲伐株杌於情田，雨甘露於法種者，固必有勇智宏辯歟？無何，謁文殊於清涼，衆聖皆現；演大經於太原，傾都畢會。德宗皇帝聞其名，徵之，一見大悦，常出入禁中，與儒道議論。」佛祖統紀卷四一：「（貞元）十三年，敕沙門端甫入内殿，與儒道論議，賜紫方袍。」又，「元和元年，敕沙門端甫録左街僧事，掌内殿法儀。」佛祖歷代通載卷一六：「（開成）元年，左街僧録内供奉三教談論引駕大德安國寺上座賜紫大達法師端甫卒。」史館修撰裴休製玄祕塔碑文。

〔四〕脱或：倘若。

國師

西域之法，推重其人，内外攸同，正邪俱有。昔尼犍子信婆羅門法，國王封爲國師。内則學通三藏，兼達五明，舉國歸依，乃彰斯號。聲教東漸，唯北齊有高僧法常〔一〕，初演毗尼，有聲鄴下。後講涅槃，并受禪數。齊王崇爲國師。國師之號，自常公始也。殆陳、隋之代，有天台知顗禪師〔二〕，爲陳宣、隋煬菩薩戒師，故時號國師。即無封署。至則天朝，神秀領徒荆州，召入京師。中、睿、玄四朝，皆號爲國師〔三〕。後有禪門慧忠〔四〕，肅、代之時，入宫禁中，説禪觀法，亦號國師。元和中，敕署知玄〔五〕曰悟達國師。若偏霸之國，則蜀後主賜右街僧録光業爲祐聖國師〔六〕，吴越稱德韶〔七〕爲國師，江南唐國署文遂〔八〕爲國大導師也。導師之名而含二義：若法華經中，商人白導師言，此即引路指迷〔九〕也；若唱導之師，此即表白也。故宋衡陽王鎮江陵，因齋會無有導師，請曇光〔一〇〕爲導。及明帝設會，見光唱導稱善，敕賜三衣瓶鉢焉。

【校注】

〔一〕續高僧傳卷一六後梁荆州覆船山釋法常傳：「釋法常，高齊時人。領徒講律，有聲漳鄴。後講涅盤，并授禪數。齊主崇爲國師。」

〔二〕續高僧傳卷一七隋國師智者天台山國清寺釋智顗傳：「釋智顗，字德安，姓陳氏，潁川人也。」

〔三〕宋高僧傳卷八唐荆州當陽山度門寺神秀傳：「釋神秀，俗姓李氏，今東京尉氏人也。……秀乃往江陵當陽山居焉。四海緇徒，嚮風而靡，道譽馨香，普蒙熏灼。則天太后聞之召赴都，肩輿上殿，親加跪禮。内道場豐其供施，時時問道。敕於昔住山置度門寺，以旌其德。

時王公已下京邑士庶，競至禮謁，望塵拜伏，日有萬計。洎中宗孝和帝即位，尤加寵重。中書令張説嘗問法，執弟子禮，退謂人曰：『禪師身長八尺，厖眉秀目，威德巍巍，王霸之器也。』……秀以神龍二年卒。士庶皆來送葬，詔賜謚曰『大通禪師』。又於相王舊邸造報恩寺，岐王範、燕國公張説、徵士盧鴻各爲碑誄。」按：其中宗「神龍二年卒」，自不可能爲睿、玄兩朝之國師也。

〔四〕宋高僧傳卷九唐均州武當山慧忠傳：「釋慧忠，俗姓冉氏，越州諸暨人也。」

〔五〕宋高僧傳卷六唐彭州丹景山知玄傳：「釋知玄，字後覺，姓陳氏，眉州洪雅人也。」

〔六〕按：宋高僧傳卷六唐彭州丹景山知玄傳：知玄「法孫右街僧録覺輝，輝弟子僞蜀祐聖國師重孫光業僧録，綿綿瓜瓞，皆名公也。」

〔七〕宋高僧傳卷一三大宋天台山德韶傳：「釋德韶者，姓陳氏，縉雲人也。……漢南國王錢氏嘗理丹丘，韶有先見之明，謂曰：『他日爲國王，當興佛法。』其言信矣。遣使入山旁午，後署大禪師號。每有言時，無不符合。……至今江浙間謂爲『大和尚』焉。」

〔八〕文遂：吉州人。和德韶等均爲後周文益之弟子。

〔九〕迷：底本作「述」，據校記及松本本、金陵本改。

〔一〇〕高僧傳卷一三釋曇光傳：「釋曇光，會稽人。隨師止江陵長沙寺。性意嗜五經、詩賦，及算數卜筮，無不貫解。年將三十，喟然歎曰：『吾從來所習，皆是俗事。佛法深理，未染一毫。豈剪落所宜耶？』乃屏舊業，聽諸經論，識悟過人，一聞便達。宋衡陽文王義季鎮荆州，求覓意理沙門共談佛法。罄境推光，以當鴻任。光固辭，王自詣房敦請，遂從命焉。給車服人力，月供一萬。每設齋會，無有導師，王謂光曰：『奬導群生，唯德之本。上人何得爲辭？願必自力。』光乃迴心習唱，製造懺文。每執爐處衆，輒道俗傾仰。後還都止靈味寺。義陽王旭出鎮北徐，攜光同行。及景和失德，義陽起事，以光預見，乃齎七曜以決光，光杜口無言，故事寧獲免。宋明帝於湘宫設會，聞光唱導，帝稱善，即敕賜三衣瓶鉢。後卒於寺中，年六十五。」

雜任職員

寺之設也，三綱立焉，若網罟之巨綱，提之則正，故云也。梵語摩摩帝、悉替那、羯磨那陀，華言言寺主、上座、悦衆也。

詳其寺主，起乎東漢白馬也〔一〕。寺既爰處，人必主之，于時雖無寺主之名，而有知事之者。至東晋以來，此職方盛，故侯景言以蕭衍老翁作太平寺主也〔二〕。後周則有陟岵寺主，自敕封署〔三〕。隋有大興善寺主〔四〕。唐太平公主奏胡僧慧範爲聖善寺主，仍加三品，封公爵〔五〕。則天以薛懷義爲白馬寺主，盡由敕補〔六〕。自餘諸道，三年一代耳。

夫上座者，有三種焉。集異〔七〕足毗曇云：一、生〔八〕年爲耆年；二、世俗財名與貴族；如節度使劉總〔九〕出家，敕〔一〇〕賜夏臘。三、先受戒及先證果。此名最勝。古今立此位，皆取其年德，幹局者充之。高僧傳多云「被敕爲某寺上座」是也。道宣敕爲西明寺上座〔一一〕，列寺主、維那之上。五運圖中，敕補者繼有之。

都維那者，寄歸傳云：華梵兼舉也。維是綱維，華言也。那是略梵語，删去羯磨陀三字也〔一二〕。魏孝文以皇舅寺僧義法師〔一三〕爲京邑都維那，則敕補也。是乃昭玄都維那耳。今寺中立者，如玄暢〔一四〕敕爲總持寺維那是也〔一五〕。次典座者，謂典主牀座九事，舉座一色以攝之，乃通典雜事也。或立直歲，則直一年，或直月、直半月、直日，皆悦衆也。隨方立之，都謂之三綱，雜任其僧綱也。

唐初數葉，不立僧主，各寺設此三官而已。至元和、長慶間，立左右街僧録，總録僧尼。或有事則先白録司，後報官方也。朱梁、後唐、晋、漢、周、今大宋皆循曩制矣。又宋、齊之世，曾立法主一員，故道猷敕爲新安寺鎮寺法主〔一六〕，法瑗爲湘宫寺法主〔一七〕。至唐末，多立受依止闍梨一員，亦稱法主。今朝秉律員位最高者號宗主，亦同也。依止闍梨，或當敕補者，蓋道俗之間，有争不分曲直，告其剖斷，令人息争，故號之也。周、隋之際，有法導專精律範，北齊主既敬法門，五衆斯盛，有犯律者，令遵理之，敕爲斷事沙門。時有青齊僧訟，敕令斷之，繁争自弭。至隋，詔住大興善寺〔一八〕。斷事之名，遵統爲始。後升爲統。隋日嚴寺釋彦琮著僧官論〔一九〕，必廣明僧職，求本未獲耳。

【校注】

〔一〕洛陽伽藍記卷四：「白馬寺，漢明帝所立也。佛教入中國之始。寺在西陽門外三里御道南。帝夢金神長丈六，項背日月光明，胡神號曰佛。遣使向西域求之，乃得經像焉。時以白馬負經而來，因以爲名。」又：高僧傳卷一攝摩騰傳：「騰所住處，今雒陽城西雍門外白馬寺是也。相傳云：外國國王嘗毁破諸寺，唯招提寺未及毁壞。夜有一白馬繞塔悲鳴，即以啓王，王即停壞諸寺。因改『招提』以爲『白馬』。故諸寺立名，多取則焉。」

〔二〕南史卷八〇賊臣傳：「（侯景）又言於（高）歡曰：『恨不得泰。請兵三萬，横行天下；要須濟江縛取蕭衍老公，以作太平寺主。』」

〔三〕續高僧傳卷一七隋京師清禪寺釋曇崇傳：「釋曇崇，姓孟氏，咸陽人。」「周武皇帝特所欽承，乃下敕云：崇禪師德行無玷，精悟獨絶。所預學徒，未聞有犯，當是導以德義，故則衆絶形清。可爲周國三藏，並任陟岵寺主。」卷一九唐終南山紫蓋沙門釋法藏傳：「釋法藏，姓荀氏，潁川潁陰人。……至宣帝大象元年九月，下山謁帝，意崇三寶。到城南門，以不許入，進退論理。武候府上大夫拓王猛、次大夫乙婁謙問從何而來，朋侶何在，施主是誰。藏報曰：建德二年棄寺入山，三年四月方禁僧侶。惟藏在山，餘並還俗。乃以俗法，抑出徒侶。藏只一身在山，林谷爲家居，鳥獸爲徒侶，草木爲糧粒。然自惟忖，普天之下，莫非王土，既居紫蓋，噉食山糧，准此供給，則至尊所施。猛等報奏，下敕曰：朕欲爲菩薩治化。此僧既從紫蓋山來，正合朕意。宜令長髮著菩薩衣冠，爲陟岵寺主。」

〔四〕按：歷代三寶紀卷一二：「開皇元年，新經至止，敕便追召。二年七月，傳送到京。見勞慇懃，即勒安處大興善寺，給以上供，爲法重人。其年季冬，就手翻譯，沙門僧璨、明芬，給事李道寶，學士曇皮等僧俗四人，更遞度語。京城大德昭玄統沙門曇延，昭玄都大興善寺主沙門靈藏等二十餘德，監掌始末。」續高僧傳卷二一隋京師大興善寺釋靈藏傳：「釋靈藏，俗姓王氏，雍州新豐人也。」

〔五〕舊唐書卷一八三外戚武承嗣傳附太平公主傳：「有胡僧惠範，家富於財寶，善事權貴，（太平）公主與之私，奏爲聖善寺主，加三品，封公，殖貨流於江劍。」

〔六〕新唐書卷七六后妃上則天皇后傳：「詔毀乾元殿爲明堂，以浮屠薛懷義爲使督作。懷義，鄠人，本馮氏，名小寶，偉岸淫毒，佯狂洛陽市，千金公主嬖之。主上言：『小寶可入侍。』后召與私，悦之。欲掩迹，得通籍出入，使祝髮爲浮屠，拜白馬寺主。詔與太平公主婿薛紹通昭穆，紹父事之。給廄馬，中官爲騶侍，雖承嗣、三思皆尊事惟謹。至是護作，士數萬，巨木率一章千人乃能引。又度明堂後爲天堂，鴻麗嚴奧次之。堂成，拜左威衛大將軍、梁國公。」

〔七〕行誡按：「『異』下恐脱『門』字。蓋『集異門足』者，論之名也。」底本校記：「異十（門）。」

〔八〕行誠按：「生，或作『初』。」底本校記：「生＝初。」

〔九〕總：底本作「緫」，據松本本、金陵本改。舊唐書卷一六穆宗本紀：「（長慶元年二月）己卯，幽州節度使劉總奏請去位落髮爲僧。……（三月）甲子，劉總請以私第爲佛寺，乃遣中使賜寺額曰『報恩』。幽州奏劉總堅請爲僧，又賜以僧衣，賜號『大覺』。總是夜遁去，幽州人不知所之。……夏四月丙寅朔，授劉總弟約及總男等一十一人官，内五人爲刺史，餘朝班環衛。庚午，易定奏劉總已爲僧，三月二十七日卒於當道界，贈太尉。」

〔一〇〕敕：底本作「物」，據金陵本改。

〔一一〕宋高僧傳卷一四唐京兆西明寺道宣傳：「釋道宣，姓錢氏，丹徒人也。一云長城人。其先出自廣陵太守讓之後。」

〔一二〕南海寄歸内法傳卷四灌沐尊儀：「授事者，梵云羯磨陀那。陀那是授，羯磨是事。意道以衆雜事指授於人。舊云維那者，非也。維是周語，意道綱維。那是梵音，略去羯磨陀字。」

〔一三〕廣弘明集卷二四僧行篇第五之二北魏孝文帝帝以僧顯爲沙門都統詔：「今欲毗德贊善，固須其人。皇舅寺法師僧義，行恭神暢，温聰謹正。業懋道優，用膺副翼。可都維那，以光賢徒。」

〔一四〕玄暢：參「左右街僧録」條注一一。

〔一五〕也：底本誤爲「地」，據餘諸本改。

〔一六〕高僧傳卷七釋道猷傳：「釋道猷，吴人。……及孝武升位，尤相歎重，乃敕住新安，爲鎮寺法主。」

〔一七〕高僧傳卷八釋法瑗傳：「釋法瑗，姓辛，隴西人。……及明帝造湘宫新成，大開講肆，妙選英僧，敕請瑗充當法主。」

〔一八〕按：「法導」，當爲「洪遵」之誤。續高僧傳卷二一隋西京大興善寺釋洪遵傳：「釋洪遵，姓時氏，相州人也。八歲出家，從師請業，屢高聲駕。及受具後，專學律部。……年踰十臘，方歸律宗，四遠望風，堂盈千計，時爲榮大也。齊主既敞教門，言承付囑。五衆有墜憲網者，皆據内律治之。以遵學聲早舉，策授爲斷事沙門。時青齊諸衆，連諍經久，乃徹天聽，無由息訟，下敕令往。遵以法和喻，以律科懲，曲感物情，繁諍自弭。由是更增時美，法侣欣之。及齊曆將季，擅名逾遠，而非類不交，惟道同轍。名儒大德，見輒慕從，常與慧遠等名僧通宵造晝。周平齊日，隱于白鹿巖中。及宣政搜揚，被舉住於嵩岳。德不孤峙，衆復屯歸。大隋廓定，招賢四海，開皇七年，下敕追詣京闕，與五大德同時奉見。特蒙勞引，令住興善。并十弟子，四事供養。」

〔一九〕續高僧傳卷二隋東都上林園翻經館沙門釋彦琮傳：「釋彦琮，俗緣李氏，趙郡柏人人也。」「著福田論、僧官論、慈悲論、默語論、鬼神録、通極論、辯聖論、通學論、善知識録等，並賦詞弘贍，精理通顯。」僧官論一卷，大唐内典録卷五、法苑珠林卷一〇〇有著録。行誠按：

「僧官論，逸書也。寧公謂廣明僧職者，蓋廣明僧官非法之謂乎？」

僧主秩俸尼附

僧之少欲，本合辭榮。佛之軌儀，止令分衛。其如若無尊大，禦下誠難，或契宿因，冥招檀信，此又別時之意也。故那爛陀寺〔一〕有學通諸部者，出入象乘，齋食官供。此方道寵，日受黃金等。自姚秦命僧䂮爲僧正，秩同侍中〔二〕，此則公給食俸之始也。洎魏孝文下歲施道人應統帛詔云：應統仰紹前哲，繼軌道門，徽佇玄範，沖猷是託。今既讓俗名，理宜別供，可取八解之義，歲施帛八百匹。準四輩之貺，隨四時而給。又修善之本，實依力命。施食之因，内典所美。可依朝官上秩，當月而施〔三〕。至於身後，猶齋僧資薦。僧官得俸〔四〕，時在孝文之世也。唐代宗令度支具廩給内道場僧〔五〕。又，唐祠部格〔六〕：道士通二篇，給田三十畝。僧通經業，準上給田也。

論曰：西域飲光糞衣糾衆〔七〕，北齊上統布服臨官〔八〕。或尚道情，則凡愚者不畏；或多豪富，則忌剋者所謀。吏力豈得不無，俸財可宜多畜？盜憎民惡，負乘懷璧，立加害己，又損法門。子曰：「與其奢也，寧儉。」〔九〕宜以道德悅服於人，可矣。

【校注】

〔一〕大唐大慈恩寺三藏法師傳卷三起阿踰陀國終伊爛拏國：「那爛陀寺者，此云施無厭寺。耆舊相傳，此伽藍南菴没羅園中有池，池有龍名那爛陀，傍建伽藍，故以爲號。又云是如來昔行菩薩道時，爲大國王建都此地，憐愍孤窮，常行惠捨，物念其恩，故號其處爲施無厭地也。」

〔二〕見高僧傳卷六僧䂮傳。

〔三〕廣弘明集卷二四僧行篇第五之二北魏孝文帝歲施道人應統帛詔：「門下：應統仰紹前哲，繼軌道門，徽佇玄範，沖猷是託。今既讓俗名，理宜别供。可取八解之義，歲施帛八百匹。准四輩之貺，隨四時而給。又修善之本，寔依力命。施食之因，内典所美。可依朝官上秩，當月而施。所以遠譬深理者，匪獨開崇俗心，抑亦獎勵道意耳。」

〔四〕俸：底本無，據金陵本補。

〔五〕舊唐書卷一一八王縉傳：「初，代宗喜祠祀，未甚重佛，而元載、杜鴻漸與縉喜飯僧徒。代宗嘗問以福業報應事，載等因而啓奏，代宗由是奉之過當，嘗令僧百餘人於宫中陳設佛像，經行念誦，謂之内道場。其飲膳之厚，窮極珍異，出入乘厩焉，度支具廩給。」

〔六〕格：指法律條文。唐六典卷六尚書刑部：「凡格二十有四篇，以尚書省諸曹爲之目，共爲七卷。」鄭顯文唐代道僧格及其復原之研究（普門學報第二〇期）：「唐代格是與律、令、式並稱的另一種法律形式，是關於『禁違止邪』的刑法典。」「唐格的性質主要是對法律的內容進行擴展和補充。」「唐代主管佛教事務的機構隸屬於禮部的祠部司，有關佛、道方面的法規應收録於祠部格内。」

〔七〕飲光：即摩訶迦葉，佛陀十大弟子之一。一切經音義卷二三惠苑撰新譯大方廣佛花嚴經音義卷下：「摩訶迦葉，具云『摩訶迦葉波』。言『摩訶』，此云『大』也。『迦葉波』，此云『飲光』也。此尊者上古先祖是大仙人，身有光明而能吞蔽燈火之光明，時人異之，號曰『飲光仙人』，因此標其氏族焉。又以尊者有頭陀大行故，時與其『大飲光』名耳。」　糞衣：即糞掃衣。一切經音義卷一一慧琳撰大寶積經音義卷一：「糞掃衣者，多聞知足上行比丘常服衣也。此比丘高行制貪，不受施利。捨棄輕妙上好衣服，常拾取人間所棄糞掃中破帛，於河澗中浣濯令淨，補納成衣，名糞掃衣。今亦通名納衣。律文名無畏衣，惡人劫賊之所不奪。經中亦名功德衣，一切如來之所讚嘆。服此衣者，諸天常來禮敬供養。是故如來讚大迦葉，命令同坐易衣而披之，故名功德衣也。」

〔八〕上統：指釋法上。法上俗姓劉氏，朝歌人。魏、齊二代，歷爲統師，故稱「上統」。按：續高僧傳卷八齊大統合水寺釋法上傳：「上形量過人，岧然衆表，百千衆中，孤起頸現。衣服率素，納補爲宗，五條衹支，由來以布。法衣瓶鉢以外，更無餘財。生不履乘，步以畢命。門人成匠，任情所學。不私己業，遍用訓人。言常含笑，罪不加杖。自上未任已前，儀服通混，一知綱統，制樣别行。使夫道俗兩異，上有功焉。」

〔九〕論語八佾：「林放問禮之本。子曰：『大哉問！禮，與其奢也，寧儉。喪，與其易也，寧戚。』」

尼

東晉何充始捨宅爲寺，安尼其間〔一〕。不無神異義解道明之者，雄飛傑出矣。宋寶賢爲京邑尼僧正，文帝四事供養，孝武月給錢一萬。尼正之俸，寶賢始也〔二〕。

【校注】

〔一〕比丘尼傳卷一建福寺康明感尼傳：「晉建元元年春，與慧湛等十人濟江，詣司空公何充，充一見甚敬重。于時京師未有尼寺，充以别宅爲之立寺。問感曰：『當何名之？』答曰：『大晉四部，今日始備。檀越所建，皆造福業，可名曰建福寺。』」

〔二〕參「立僧正」條注二。

管屬僧尼 祠部牒附

教傳東漢，時歷魏朝，信向未臻，伽藍全少。僧既有數，事亦無多。及〔一〕反前言，則須關白。關白何所？還在鴻臚寺焉。故知沙門始隸鴻臚也。西晉無説，後魏有云：初立監福曹以統攝僧伍，尋更爲昭玄寺也〔二〕。故隋百官志曰：昭玄寺掌佛教，署大統一人，統一人，都維那三人。置功曹、主簿員，以管諸州郡縣沙門矣〔三〕。後復改崇玄署焉。梁僧祐云：如今同文寺也〔四〕。因疑齊梁之世，曾立同文寺以主僧務，未見其文。于時帶司呼官，故曰昭玄大統。至唐初，竊無此謂〔五〕，僧尼皆隸司賓。案會要云：則天延載元年五月十五日，敕天下僧尼隸祠部，不須屬司賓。知天后前係司賓也。此乃隸祠部之始也，義取其善攘惡福解災之謂也。玄宗開元十四年〔六〕，中書門下奏僧尼割屬鴻臚寺，從之。一十五年〔七〕正月，敕僧尼令祠部撿挍，道士女冠隸宗正寺，蓋以李宗入皇籍也。憲宗元和二年二月，詔僧尼道士全隸左右街功德使。自是司封祠部，不復關奏。會要曰：大曆十四年，敕内外功德使並宜停罷。若然者，代宗朝早置功德使，但内外與左右街異耳。元和中，併司封祠部，而置左右街功德使，由吐突承璀〔八〕累立軍功，故有此授，僧道屬焉。寶曆中，護軍中尉劉規亦充此使〔九〕。至會昌五年，廢寺像，敕僧尼不宜隸祠部。于時中書門下奏云：「奉宣，僧尼不隸祠部，合屬主客爲使〔一〇〕，令鴻臚寺收管。宜分析奏來者。天下僧尼，國朝以來並隸鴻臚寺。至天寶二年，隸祠部。與延載時不同。臣等據大唐六典，祠部掌天地宗廟大祀，與僧事殊不相當。又可務根本，合歸尚書省。隸鴻臚寺，未爲允當。又六典，主客掌朝貢之國，七十餘蕃，五天竺國，並在數内，釋氏出自天竺，今陛下以其非中國之數，已有釐革。僧尼名籍，便令係主客，不隸祠部及鴻臚寺。」從之。六年五月制，僧尼依前令兩街功德使收管，不要係主客。其所度僧，仍令祠部給牒〔一一〕。宣宗重闡佛宗，所度僧尼還屬左右街功德使，故楊欽義充左街功德使，宣使之捕道士趙歸真〔一二〕。昭宗朝，宰臣崔某奏誅宦官〔一三〕，内諸司使一切停罷，皆歸省寺，功德使宰執帶之。梁革唐命，道士不入宗正，僧尼還係祠部。梁末帝龍德元年，禁天下私度僧尼。有願出家，勒入京比試後祠部上請焉〔一四〕。後唐無聞。晋以揚光遠爲天下功德使〔一五〕。自維青不軌〔一六〕之後，不置此使矣。至今大宋，僧道並隸功德使。出家乞度，策試經業，則功德使關祠部出牒，係于二曹矣。

論曰：鴻臚寺之任，禮四夷遠人也。教法初來，須就斯寺。雖興白馬，終隸此司，古云僧尼係鴻臚寺者是也。及乎嘗蒟醬〔一七〕以言美，服皮靴〔一八〕而稍佳，則曰四海一家，王者無外，故後魏置監福曹焉、昭玄寺焉、崇玄署焉。設官布局，以攝僧尼。蒟醬而以生我土，皮靴而認作華裝，故唐朝勒歸祠部，既而因事釐革，逐朝廢興，故立功德使以總之。中宗時，以沙門廓清爲修功德使〔一九〕，官至殿中監，土突〔二〇〕軍容軍功莫賞，朝廷議以功德使榮之，非謂專其僧道也。于時尚書省司封先屬其中，由是不出中官。洎唐末行袁紹之誅〔二一〕，職歸宰執。皇朝盛重此職，亦僧道之幸事也。

【校注】

〔一〕及：底本作「乃」，據底本校記及松本本、金陵本改。

〔二〕監福曹：北魏孝文帝太和十七年（四九三）設立的中央統治和監督佛教教團的機構，二十一年（四九七），改名昭玄署。魏書卷一一四釋老志：「先是，立監福曹，又改爲昭玄，備有官屬，以斷僧務。」

〔三〕隋書卷二七百官志：「昭玄寺，掌諸佛教。置大統一人，統一人，都維那三人。亦置功曹、主簿員，以管諸州郡縣沙門曹。」

〔四〕廣弘明集卷二引魏書釋老志曰：「先是，立監福曹，又改爲昭玄，備有官屬，以斷僧務。即如今同文寺、崇玄署是也。」

〔五〕竊無此謂：金陵本作「無此竊謂」。如此，則「無此」屬上，「竊謂」屬下。

〔六〕十四年：當爲「二十四年」，參後引唐會要及佛祖統紀文。

〔七〕一十五年：當爲「二十五年」，參後引唐會要文。又佛祖統紀卷四〇法運通塞志第十七之七亦作「二十五年」：「（開元）二十五年，敕僧尼仍隸祠部，道士隸宗正寺，以李宗屬皇籍也。」

〔八〕新唐書卷二〇七宦者傳吐突承璀傳：「吐突承璀，字仁貞，閩人也。以黄門直東宫，爲掖廷局博士，察察有才。憲宗立，擢累左監門將軍、左神策護軍中尉、左街功德使，封薊國公。」

〔九〕佛祖統紀卷四二法運通塞志十七之九：「寶曆元年，敕兩街建方等戒壇，左街安國寺，右街興福寺，以中護軍劉規充左右街功德使。」

〔一〇〕便：底本作「仗」，據金陵本改。

〔一一〕唐會要卷四九僧尼所隸：「延載元年五月十一日敕：天下僧尼隸祠部，不須屬司賓。開元二十四年七月二十八日，中書門下奏：臣等商量，緣老子至流沙，化胡成佛法。本西方興教，使同客禮，割屬鴻臚。自爾已久，因循積久。聖心以元元本係，移就宗正，誠如天旨，非愚慮所及。伏望過元日後，承春令便宜。其道僧等既緣改革，亦望此時同處分。從之。至二十五年七月七日制，道士女冠，宜隸宗正寺。僧尼令祠部檢校。至天寶二載三月十三日制，僧尼隸祠部，道士宜令司封檢校，不須隸宗正寺。元和二年二月，詔僧尼道士同隸左街右街功德使。自是祠部司封，不復關奏。會昌五年七月，中書門下奏：奉宣，僧尼不隸祠部，合繫屬主客，與復合令鴻臚寺收管。宜分析奏來者。天下僧尼，國朝已來並隸鴻臚寺，至天寶二年隸祠部。臣等據大唐六典，祠部掌天下宗廟大祭，與僧事殊不相及。當務根本，不合歸尚書省。屬鴻臚寺，亦未允當。又據六典，主客掌朝貢之國，七十餘番，五天竺國，並在數內。釋氏出自天竺國，今陛下以其非中國之教，已有釐革。僧尼名籍，便令繫主客，不隸祠部及鴻臚寺，至爲允當。從之。六年五月制，僧尼依前令兩街功德使收管，不要更隸主客。所度僧尼，令祠部給牒。」

〔一二〕佛祖統紀卷四二：「（會昌六年）五月，敕楊欽義充兩街功德使，令兩街各增八寺，所度僧尼，仍令祠部給牒。○敕列聖忌辰並詣僧寺行香，一如舊典。以道士惑亂先朝，毀除佛教，敕功德使楊欽義捕趙歸真、劉元清、鄧元超等十二人，並集朝堂誅之，陳其屍首。」又卷五四：「武宗會昌五年，用道士趙歸真、宰相李德裕謀，毀拆天下寺院，僧尼歸俗者二十六萬人。長安人夜見穆王冢吏云：李炎奪壽去位。宣宗即位，捕趙歸真等十三人誅之，李德裕貶死崖州。」

〔一三〕崔某：即崔胤，避宋諱也。光化三年初，崔胤與上密謀盡誅宦官。

〔一四〕舊五代史卷一〇末帝紀下：「（龍德元年）三月丁亥朔，祠部員外郎李樞上言：『請禁天下私度僧尼，及不許妄求師號紫衣。如願出家受戒者，皆須赴闕比試藝業施行，願歸俗者一聽自便。』」「（末帝）詔曰：『兩都左右街賜紫衣及師號僧，委功德使具名聞奏。今後有闕，方得奏薦，仍須道行精至，夏臘高深，方得補填。每遇明聖節，兩街各許官壇度七人。諸道如要度僧，亦仰就京官壇，仍令祠部給牒。今後只兩街置僧録，道録僧正並廢。』」

〔一五〕佛祖統紀卷四二法運通塞志十七之九：「（天福）三年，以楊光遠爲天下功德使，凡寺院皆屬焉。」

〔一六〕維青不軌：指楊光遠青州叛亂事。

〔一七〕蒟醬：爲異域所出産之珍味，後傳入中原。一切經音義卷八三慧琳撰大唐三藏玄奘法師本傳音義卷八：「蒟醬，俱雨反。漢書南越食唐象蒟醬。音義曰：木似穀樹，其葉如桑，葉作醬醋，美，蜀人珍之。或從木，作枸。傳從酉，作蒟，非也。」按：「唐象」當爲「唐蒙」之誤。史記卷一一六西南夷列傳：「南越食（唐）蒙蜀枸醬，蒙問所從來，曰：『道西北牂柯，牂柯江廣數里，出番禺城下。』」明弘贊在慘輯四分律名義標釋卷二八：「蓽茇，亦作蓽鉢，或云蓽茇羅。百一羯磨云：蓽茇利，即蒟醬也。舊云蓽茇，略也。今按，蓽茇與蒟醬全殊。蒟醬藤蔓，蓽茇叢生如蒲，本出外國，今嶺南有之，多生竹林内。正月發苗作叢，高二尺許，葉圓緣，闊二寸餘。五月開華，白色在表。七月結子，如小指般長，狀如車前子而短。秋末月收，老黑者不堪，紫褐者爲上。味辛烈過於蒟醬，根名蓽撥没。南人愛其辛香，或取葉生茹之。注蜀都賦云：蒟醬，緣木而生，其子如桑椹，熟時正青，長二三寸，葉似黄瓜而厚大。實皮黑，肉白，食之香辛。其苗爲浮留藤。本草云：蓽茇，消宿食，下氣，除胃冷，温中，痃癖，陰疝痛，並驅霍亂。冷氣疼，立却。能殺腥穢，食味堪調。久服走泄，腸虚下重。蒟醬主下氣温中，治心腹冷氣，散結氣，破痰積妙劑。茇，音撥。蒟，音舉。」

〔一八〕皮靴：原爲少數民族的服飾。釋名：「古有舄履而無靴，靴字不見於經，至趙武靈王始服。」

〔一九〕按：中宗，或爲「代宗」之誤。册府元龜卷五二帝王部崇釋氏第二：「（代宗永泰）四年正月，帝以章敬皇太后忌辰，度僧尼道士凡四百人。是月，以修功德使大濟禪師廓清檢校殿中監。廓清，京城興唐寺僧也。以修功德承恩，特賜袈裟及厩馬，出入禁中無時。初，賜號大濟，至是，又寵以班秩，京師諸僧咸憚之。」又，廓清，或爲「廣清」之誤。佛祖統紀卷四〇法運通塞志第十七之七：「（中宗神龍二年）沙門廣清，檢校殿中監，充功德使。」

〔二〇〕土突：即吐突承璀。參注八。

〔二一〕袁紹之誅：指誅殺宦官。唐昭宗天復三年，汴宋節度使朱全忠擁兵迫昭宗從鳳翔還京，盡誅朝内外宦官。

祠部牒

嘗聞僧視其官則五品，然未見令式，史傳明載，且信相傳。又曾見僧五品非官品也。據其誦經合格，就試得通，此僧選也；剃髮被袈裟，此釋褐也；敕授形俱無作戒法，此官位也；講三藏教，充如來使也；化導内外衆，使背惡向善，理民也；爲國行道，保民無災，爲之課最也。苟弗比其階品，視其職官，其可得乎？將來法門君〔一〕子對敭，帝王請降明敕，許比某官某品，像末之時〔二〕，爲美事之端。自〔三〕我之力，不其善乎？若夫稽其鄉貫，則南朝有之。見高僧傳。唯爲搜揚，便生名籍，係〔四〕之限局，必有憑由。憑由之來，即祠部牒也。案續會要：天寶六年五月制，僧尼依前兩街功德使收管，不要更隸主客。其所度僧尼，仍令祠部給牒〔五〕。唐祠部牒，皆綾素、錦素、鈿軸，蓋綸誥〔六〕也，非官何謂？給牒，自玄宗朝始也。及德宗建中中，敕天下僧尼身死還俗者，當日仰三綱，於本縣陳牒。每月申州附朝集使申省，并符誥同送者注毁。其京城即於祠部陳牒納告〔七〕。告身即戒牒也。

【校注】

〔一〕君：金陵本作「弟」。

〔二〕像末之時：指像法時期和末法時期。佛法發展，分爲三個時期，即正法時期、像法時期和末法時期。具體時限，諸説不同。多謂正法五百年，像法一千年，末法一萬年。正者證也，正法時期佛雖滅度，但法儀未改，有教有行，有證果者；像者似也，像法時期有教有行，但證果者幾無；末者微也，末法時期有教而無行，更無證果者。

〔三〕行誡按：「自字，恐『資』之誤。」

〔四〕係：金陵本作「使」。

〔五〕續會要，唐崔鉉撰，已佚。唐會要卷四九「僧尼所隸」條曰：「（會昌）六年五月制：僧尼依前令兩街功德使收管，不要更隸主客，所度僧尼，令祠部給牒。」今據前「管屬僧尼」條，可知僧尼「至天寶二年，隸祠部」，至會昌五年，「敕僧尼不宜隸祠部」，六年「令兩街功德使收管」，然「其所度僧尼，仍令祠部給牒」。祠部給牒，當「自玄宗朝始也」。又佛祖統紀卷四〇：「（天寶）六載，敕天下僧尼屬兩街功德使，始令祠部給牒用綾素；敕天下寺院，擇真行童子，每郡度三人。」

〔六〕綸誥：皇帝的詔令文告。

〔七〕佛祖統紀卷四一法運通塞志第十七之八：「（德宗建中）三年，敕僧尼有事故者仰三綱，申州納符告注毀。在京者於祠部納告。唐稱符告者，與品官告身同，今時但稱度牒。」

僧道班位

佛法通行，朝代更歷。未全鼎成，則置而勿論；及動時君，則入宮見妒。加以僧乘時而炫曜，法因事而仳離〔一〕，乃與玄門抗衡角力。因有諍故，遂結朋黨，由朋黨故，遂生愛憎焉。經中不許親近國王、大臣、王子等〔二〕，又云「我法付囑王臣」〔三〕者何？若以倚傍力輪〔四〕，苟不親近，而可得乎？若以招致殃咎，苟欲榮身，其可免乎？觀其末代，垢重情移，奉身而已，罕聞爲教而親〔五〕近國王大臣也。脱或唯居蘭若，不履朝門，誰强召呼？誰分著定？則何班位之有？然以但思獨善，專事杜多〔六〕，則王侯何以委知？大力曷能扶翼？故須分其表位，廁其班行，去取二情，各有意致。昔者教之東演也，漢、魏之世，或曰渺茫。晉、宋以來，頗聞烜赫。若其玄玄之道，老氏之風，於漢、魏時，存亡而已。何其知邪？如馬遷作史，將老子與韓非共傳，可非漢代未崇重之乎？夫立傳同科，權其趣類相齊，則史官列而偶出也。是知伯陽之道，前漢未光。東漢桓帝方遣中官醮祀祈福〔七〕。魏黄初三年下敕曰：「告豫州刺史，老聃賢人，未宜先孔子。不知魯郡爲孔子立廟成未？漢桓帝不師聖法，正以嬖臣而事老子，欲以求福，良足笑也。此祠之興，由桓帝也。武皇帝以老子賢人，不毀其道。朕亦以此亭當路，往來者輒往瞻視，而樓屋傾頓，儻能壓人，故令修整。昨過視之，殊整頓矣。恐小人謂此爲神，妄往禱祀，犯乎常禁，宜宣告吏民，咸使聞知。」〔八〕由是觀之，漢、魏之間，未露鋒穎。至唐有羊角之現〔九〕，厥道攸興，認作祖宗，册爲帝號〔一〇〕，此君謂爲雄，誰敢不雄？若史遷在唐作傳，必改爲帝紀也，以仲尼同傳，猶謂鴻毛不敵鈞石也，豈得韓非妄參厠邪？漢魏之人覽馬史者，豈驚駭乎？驚駭不倫者，近世之情也。然則物隨黨别，事逐時移。預三恪〔一一〕者，不免舊訛。有萬邦者，豈無新意？朱梁革命，敕改亳州太清宫爲老子廟〔一二〕。蓋由帝代無定，愛憎不同。釋氏雖西來客教，自晋、宋、齊、梁、陳、後魏、北齊、後周、大隋，僧班皆在黄冠之上。梁武捨道，不齒玄門，黄冠之徒，固難争長。唐貞觀十一年，駕幸洛陽。道士先有與僧論者，聞之於太宗，乃下詔曰：「今鼎祚克昌，既憑上德之慶；天下大定，亦賴無爲之功。宜有解張，闡兹玄化。自今以後，齋供行立，至於稱謂，道士女冠，可在僧尼之上，庶敦反本之俗。暢於九有，貽諸萬葉。」時京邑智實上表陳諫，不聽，自此僧班在下矣〔一三〕。至十五年，帝幸弘福寺，賜大德五人座，曰：「朕宗李在先，大德大應恨恨，以宗先故。朕見修功德，不曾别造道觀，皆崇寺宇也。」如此宣慰，諸僧心皆喜躍〔一四〕。及高宗朝，有直東臺舍人馮神德上表，請仍舊僧尼在道士前，并依前不拜父母〔一五〕。辭繁不録。則天天授二年四月，詔令釋教在道門之上，僧尼處道士女冠之前〔一六〕。睿宗景雲元年二月，詔以釋典玄宗，理均迹異，拯人救俗，教别功齊。自今每緣法事集會，僧尼道士女冠，宜行並集〔一七〕。此不分前後，齊行東西也。

論曰：周武輕棄我教，若錙銖爾。嘗御正殿，量述三教，以儒居先，佛教居後，道教最上，由出於無名之前也〔一八〕。近見沈公著聲書〔一九〕云：唯聞二教，不聞釋氏。此皆侮聖人之〔二〇〕言，爲阿鼻之種也。故拓跋虎〔二一〕入冥，具見周武受對，并寄言隋天子：爲我拔苦。文帝乃募天下，出錢營福，以救薦之。且如佛無我，所遭傷毁而無報復，蓋以將欲殘害於彼，必先燒熱於心。心爲苦因，身嬰惡報，自作自受，可不畏乎？昔阮孝緒著七録中，以佛教〔二二〕爲外篇〔二三〕，一戒律、二禪定、三智慧、四疑似、五論記。因目佛理爲方外之篇，號方外教，自孝緒始也。所言方外者，同莊老也。域中之教，拘縶所不及也。請以智眼照其淺深，則内外上下自區别矣。如無智眼，以玉石俱焚，薰蕕共器，知復奈何！緬思後周摧滅，遇隋復興，方謂熾然，尋又微矣。唐宗老氏，釋教逶遲。或抑拜君親，或分班上下。良以有爲之法，何免四相遷移〔二四〕？譬如火焉，火中，寒暑乃退〔二五〕。興久必替，替極還興，興替相尋，未始有極。景雲中，令僧班在西，道班在東，齊行並進。朱梁之世，又移厥位。今大宋每當朝集，僧先道後。並立殿廷，僧東道西，間雜副職。若遇郊天，則道左僧右，未知始起也〔二六〕。

【校注】

〔一〕仳離：背離。

〔二〕按：「經中不許親近國王」等者，如妙法蓮華經卷五安樂行品：「菩薩摩訶薩不親近國王、王子、大臣、官長，不親近諸外道梵志、尼揵子等，及造世俗文筆、讚詠外書，及路伽耶陀、逆路伽耶陀者；亦不親近諸有兇戲、相扠相撲，及那羅等種種變現之戲；又不親近旃陀羅，及畜猪羊鷄狗、畋獵漁捕諸惡律儀。如是人等，或時來者，則爲説法，無所希望。」

〔三〕大般涅槃經卷三長壽品：「如來今以無上正法，付囑諸王、大臣、宰相、比丘、比丘尼、優婆塞、優婆夷。是諸國王及四部衆，應當勸勵諸學人等，令得增上戒定智慧。若有不學是三品法，懈怠破戒，毁正法者，國王大臣四部之衆應當苦治。」佛祖統紀卷四教主釋迦牟尼佛本紀第一之四入涅槃：「述曰：佛告諸比丘：所有正法悉已付囑迦葉。此爲正付法，以迦葉能繼世傳持也。又云今以正法付囑王臣四衆，此是旁付法，以在官能治人護法也。」

〔四〕力輪：釋元照撰四分律行事鈔資持記下一釋導俗篇：「法輪即佛法，力輪是王臣。」大覺撰四分律鈔批卷一四導俗化方篇第二十四：「國王有威勢，是爲力輪。道門多軌則，名爲法輪。若不得力輪將護，法輪則無由得轉，此是稱歎王之辭也。」

〔五〕親：底本作「觀」，據餘諸本改。

〔六〕杜多：亦作「頭陀」，參卷上「別立禪居」條注五。

〔七〕後漢書卷七孝桓帝紀：「（延熹）八年春正月，遣中常侍左悺之苦縣，祠老子。」

〔八〕集古今佛道論衡卷二周高祖武皇帝將滅佛法有安法師上論事第一：「黄初三年，下敕告豫州刺史：老聃賢人，未宜先孔子，不知魯郡爲孔子立廟成未？漢桓帝不師聖法，正以嬖臣而事老子，欲以求福，良足笑也。此祠之興，由桓武皇帝以老子賢人，不毁其屋。朕亦以此亭當路，行來者輒往瞻視，而樓屋傾頹，儻能壓人，故令修整。昨過視之，殊未整頓，恐小人謂此爲神，妄往禱祀，犯常禁。宜宣告吏民，咸使知聞。」

〔九〕羊角之現：武德三年，晋州人吉善行稱曾於羊角山見老子。唐高祖遂詔令在羊角山建立老子廟，並舉行崇祀活動；同時，因樓觀道士佐唐有功，賜賞豐厚，並對道教採取了一系列扶植、推崇的政策，道教在唐代各地迅速地發展起來。

〔一〇〕認作祖宗，册爲帝號：唐朝建立後，尊崇老子爲「聖祖」。唐高宗乾封元年，帝至亳州老君廟祭拜，追封老子爲「太上玄元皇帝」（舊唐書高宗紀下）。天寶二年，唐玄宗加封老子爲「大聖祖玄元皇帝」。八年，又封爲「聖祖大道玄元皇帝」。十三年，又進封爲「大聖祖高上金闕玄元天皇大帝」。

〔一一〕三恪：周建立後，爲表敬重，給前代三朝的子孫以王侯名號，稱三恪。所封三朝，説法有二：一說封虞、夏、商之後於陳、杞、宋。左傳襄公二十五年：「昔虞閼父爲周陶正，以服事我先王。我先王賴其利器用也，與其神明之後也，庸以元女大姬配胡公，而封諸陳，以備三恪。」杜預注曰：「周得天下，封夏、殷二王後，又封舜後，謂之恪，並二王後爲三國。其禮轉降，示敬而已，故曰三恪。」一說封黃帝、堯、舜之後於薊、祝、陳。詩陳風譜孔穎達疏：「案樂記云：『武王未及下車，封黃帝之後於薊，封帝堯之後於祝，封帝舜之後於陳；下車乃封夏后氏之後於杞，投殷之後於宋。』則陳與薊、祝共爲三恪，杞、宋別爲二王之後矣。」後代帝王，亦多有承三恪之制者。

〔二二〕據舊五代史卷三記載，梁太祖朱温開平元年，詔令廢雍州太清宮，改西都太微宮、亳州太清宮皆爲觀，諸州紫極宮皆爲老君廟。

〔二三〕智實：底本作「智寶」，據底本校記及松本本改。智實，續高僧傳卷二四有傳。廣弘明集卷二五僧行篇第五之三唐太宗令道士在僧前詔并表：「貞觀十一年，駕巡洛邑。黃巾先有與僧論者，聞之於上，上乃下詔云：『老君垂範，義在清虛；釋迦貽則，理存因果。求其教也，汲引之迹殊途；求其宗也，弘益之風齊致。然大道之興，肇於遂古，源出無名之始，事高有形之外。邁兩儀而運行，包萬物而亭育。故能經邦致治，反樸還淳。至如佛教之興，基於西域。逮於後漢，方被中土。神變之理多方，報應之緣匪一。洎於近世，崇信滋深。人冀當年之福，家懼來生之禍。由是滯俗者聞玄宗而大笑，好異者望真諦而爭歸，始波涌於閭里，風靡於朝庭。遂使殊俗之典，鬱爲衆妙之先。諸華之教，翻居一乘之後。流遯忘返，于兹累代。今鼎祚克昌，既憑上德之慶，天下大定，亦賴無爲之功，宜有解張，闡兹玄化。自今已後，齋供行立至於稱謂，道士女冠可在僧尼之前。庶敦反本之俗，暢於九有。尊祖之風，貽諸萬葉。』時京邑僧徒，各陳極諫，有司不納。沙門智實，後生俊穎，内外兼明，攜諸夙老，隨駕陳表，乃至關口。其表略云：『僧某等言：某年迫桑榆，始逢太平之世；貌同蒲柳，方值聖明之君。竊聞父有諍子，君有諍臣，某等雖預出家，仍在臣子之例。有犯無隱，敢不陳之！伏見詔書，國家本系出自柱下，尊祖之風，形于前典。頒告天下，無德而稱，令道士等在僧尼之上，奉以周旋，豈敢拒詔？尋老君垂範，治國治家，所佩服章，亦無改異。不立館宇，不領門人，處柱下以全真，隱龍德而養性。智者見之謂之智，愚者見之謂之愚，非魯司寇莫之能識。今之道士，不遵其法，所著冠服，並是黄巾之餘，本非老君之裔。行三張之穢術，棄五千之妙門，反同張陵漫行章句。從漢魏以來，常以鬼道化於浮俗，妄託老君之後，實是左道之苗。若位在僧之上，誠恐真僞同流，有損國化。如不陳奏，何以表臣子之情？謹録道經及漢魏諸史佛先道後之事，如别所陳，伏願天慈曲垂聽覽。』」

〔一四〕集古今佛道論衡卷三文帝幸弘福寺立願重施叙佛道先後事第八：「貞觀十五年五月十四日，太宗文帝躬幸弘福寺。於時僧衆並出，虞候遠闢，敕召大德五人，在寺内堂中坐訖，具叙立寺所由。意存太穆皇后，哀淚横流，僧並垂泣，乃手製願文曰：皇帝菩薩戒弟子稽首和南，十方諸佛菩薩聖僧天龍大衆，若夫至理凝寂，道絶名言，大慈方便，隨機攝誘。濟苦海以智舟，朗重昏以慧日，開曉度脱，不可思議。弟子夙罹愆亹，早嬰偏罰，追惟撫育之恩，每念慈顔之遠，泣血崩心，永無逮及。號天躄地，何所厝身。歲月不居，炎涼亟改。荼毒之痛，在乎兹日！敬養已絶，萬恨不追。冤酷之深，百身何贖？惟以丹誠歸依三寶，謹於弘福道場奉施齋供，并施淨財以充檀捨，用其功德，奉爲先靈。願心悟無生，神遷妙喜。策紺馬以入香城，躡金階而昇寶殿。遊玩法樂，逍遥淨土。永蔭法雲，常飡甘露。疾證菩提，早登正覺。六道四生，並同斯願。帝謂僧曰：比以老君是朕先宗，尊祖重親，有生之本，故令在前。師等大應恨恨。寺主道懿奉對：陛下尊重祖宗，使天下成式，僧等荷國重恩，安心行道。詔旨行下，咸大歡喜。豈敢恨恨？帝曰：朕以先宗在前，可即大於佛也。自有國已來，何處别造道觀？凡有功德，並歸寺家。國内戰場之始，無不一心歸命於佛。今天下大定，戰場之地，並置佛寺。乃至本宅，先妣唯置佛寺。朕敬有處所，以盡命歸依。師等宜悉朕懷。彼道士者，止是師習先宗，故位在前。今李家據國，李老在前。若釋家治化，則釋門居上。可不平也？僧等起謝，帝曰：坐。是弟子意耳，不述不知。天時大熱，房宇窄狹。若爲居住，今有施物，可造後房，使僧等寬展行道。餘言多不載。事訖還宮。」

〔一五〕釋彦悰纂録集沙門不應拜俗等事卷六聖朝議拜篇第三（下）直東臺憑神德上請依舊僧尼等不拜親表一首并上佛道先後事：「臣聞祕教東流，因明后而闡化；玄風西運，憑至識以開宗。故知弘濟千門，義宜於雅道；提誘萬品，理塞於邪津。只可隨聖教以抑揚，豈得逐人事而興替？沙門者，求未來之勝果；道士者，信有生之自然。自然者，貴取性真，絶其近僞之迹；勝果者，意存杜漸，遠開趣道之心。誘濟源雖不同，從善終歸一致。伏惟皇帝陛下包元建極，御一飛貞，乘大道以流謙，順無爲而下濟。因心會物，教不肅成。今乃定道佛之尊卑，抑沙門之拜伏。拜伏有同常禮，未是出俗之因。尊卑是物我之情，豈曰無爲之妙？陛下道風攸闡，釋教載陳，每至齋日，皆令祈福。祈福一依經教，二者何獨乖違？陛下者，造化之神宗。父母者，人子之慈稱。陛下以至極之重，猶停拜敬之儀，所生既曰人臣，何得曲申情禮？捨尊就愛，棄重違經，緣情猶尚不通，據教若爲行用？陛下統天光道，順物流形。形物尚不許違，浄教何宜改作？願陛下因天人之志，順萬物之心，停拜伏之新儀，遵尊卑之舊貫。庶望金光東曜，不雜塵俗之悲；紫氣西暉，無驚物我之貴。即大道不昧，而得相於明時；福業永貞，庶重彰於聖日。謹言七月十日上。」

〔一六〕舊唐書卷六則天皇后本紀：「（天授二年）夏四月，令釋教在道法之上，僧尼處道士女冠之前。」

〔一七〕舊唐書卷七睿宗本紀：「（景雲二年夏四月癸未）詔以釋典玄宗，理均迹異，拯人化俗，教別功齊。自今每緣法事集會，僧尼、道士、女冠等宜齊行道集。」又見唐大詔令集卷一一三睿宗僧道齊行並進制。

〔一八〕見廣弘明集卷八辨惑篇第二之四周滅佛法集道俗議事：「至天和四年歲在己丑三月十五日，敕召有德衆僧、名儒、道士、文武百官二千餘人，帝御正殿，量述三教。以儒教爲先，佛教爲後，道教最上。以出於無名之前，超於天地之表故也。」

〔一九〕沈公：沈顔，字可鑄，吴郡人。嘗著書百篇，仿元結聱叟之説以寓己意，故名其書爲聱書。自序云：「孟軻以後千餘年，經百千儒者咸未聞焉，天厭其極，付在鄙子。」作品著録有陵陽集五卷、聱書十卷、解聱十五卷等，均已散佚。

〔二〇〕之：底本作「二」，據校記及松本本、金陵本改。

〔二一〕按：拓跋虎，不見史傳記載。據周使持節驃騎大將軍開府儀同三司大都督雲寧縣開國公故拓跋氏墓志銘（見咸陽市渭城區北周拓跋虎夫婦墓清理記，文物，一九九三年第一一期；又，員安志編著中國北周珍貴文物——北周墓葬發掘報告，陝西人民美術出版社，一九九三年；牟發松拓跋虎墓誌釋考，見魏晋南北朝隋唐史資料第一八輯，武漢大學出版社，二〇〇一年），拓跋虎，字山虎，河南洛陽人也。「保定三年，除驃騎大將軍、開府，持節、都督如故。四年二月構疾，三月一日薨於長安平定鄉永貴里，年卌有八。」保定四年，即五六四年。北周武帝宇文邕卒於五七八年，晚拓跋虎十餘年，「拓跋虎入冥，具見周武受對」事，殊不可信。

〔二二〕教：松本本作「經」。

〔二三〕按：阮孝緒，字士宗，陳留尉氏人。梁書卷五一處士傳有傳。總結前人目録學之成就，著七録一書。廣弘明集卷三歸正篇第一之三收七録序曰：「凡自宋、齊以來，王公搢紳之館，苟蓄聚墳籍，必思致其名簿。凡在所遇，若見若聞，校之官目，多所遺漏，遂總集衆家，更爲新録。其方内經、記至于術技，合爲五録，謂之内篇。方外佛道，各爲一録，謂之外篇。凡爲録有七，故名七録。」全書分内外兩篇，内篇有五：經典，紀六藝；記傳，紀史傳；子兵，紀子書、兵書；文集，紀詩賦；技術，紀數術。外篇有二：佛録、道録。已佚。

〔二四〕有爲之法：指一切因緣和合而生的現象、事物。鳩摩羅什譯金剛般若波羅蜜經：「一切有爲法，如夢幻泡影，如露亦如電，應作如是觀。」　四相：指顯示諸有爲法生滅變遷的生、住、異、滅等四相。生相，即有爲法從未來位生至現在位；住相，即有爲法安住於現在位；異相，即有爲法於現在位變異、衰損；滅相，即有爲法從現在位滅轉至過去位。

〔二五〕譬如火焉，火中，寒暑乃退：出左傳昭公三年。楊伯峻春秋左傳注曰：「火，大火，即心宿二，天蠍座α星。」「心宿二爲一等星，夏末於黄昏時在天空中，暑氣漸消；冬末在將天明時在天空中，寒氣漸消。」

〔二六〕按：佛祖統紀卷四三法運通塞志第十七之十引僧史略，曰：「（開寶）五年，詔僧道每當朝集，僧先道後。並立殿廷，僧東道西，間雜副職。若遇郊天，道左僧右。」

内道場生日道場附

内道場起於後魏〔一〕，而得名在乎隋朝。何邪？煬帝以我爲古，變革事多，改僧寺爲道場，改道觀爲方壇〔二〕。若内中僧事，則謂之内道場也。今朝兹福等殿，安佛像經藏，立刹聲鐘，呼爲内寺是也〔三〕。魏太武皇帝始光二年，立至神道場。神麚四年，敕州鎮悉立道場〔四〕。蓋帝王生此日也。尋文，是生日權建法會耳。後天元大成元年春正月，詔曰：隆建玄風，三寶尊重宜修，闡法化廣，理可歸崇。其舊沙門中，德行清高者七人，在政武殿西安置行道〔五〕。此内道場之始也。南朝或以尼在内中持課，又壽光殿中群僧法集，或充學士，或號講員，或注解經文，或敷揚禪要，凡存禁中，並内道場也。唐則天令大德僧法、處一、慧儼、行、感〔六〕、宣政等在内道場念誦，以薛懷義參雜其間〔七〕。則天又於洛京大内置内道場〔八〕。中宗、睿宗此制無改。代宗初喜祠祀，未重釋氏，而宰臣元載、杜鴻漸、王縉皆歸向佛僧。王縉造寶應寺。代宗嘗問福業報應事，元載因而啓奏，由是信之過甚。常令僧百餘人於宫中陳佛像經教念誦，謂之内道場，供養甚貴，出入乘廄馬，度支具廩給。每西蕃入寇，必令群僧講誦仁王經，以攘寇虜，幸其退，則加其錫賚。不空三藏官至卿監，封國公，通籍禁中。又詔天下官吏，不得箠拽僧尼。又七月望日，於内道場造于蘭盆，飾以金翠，設高祖七廟神座，各書神號識之。迎出内，陳於寺觀，引道繁盛，歲以爲常〔九〕。至建中中，德宗敕廣德、永泰以來聚僧於禁中嚴設道場，並令徹去，遣出僧衆云〔一〇〕。順宗朝，以端甫掌内殿法儀，亦是此任。憲宗、穆宗、文宗並端甫掌内殿法事也〔一一〕。文宗大和九年四月二十六日，敕停内長生殿道場〔一二〕。武宗初年，以生日德陽節，却置内長生殿道場，及設内齋，僧道獻壽〔一三〕。後與道士趙歸真惑亂〔一四〕，切齒求僧之過。至會昌四年，詔停内齋及内道場，惡意萌于此矣〔一五〕。

【校注】

〔一〕按：内道場，即設於宫中的佛事修行場所。其起始之年代，説法不一。據晋書卷九孝武帝紀：「（太元）六年春正月，帝初奉佛法，立精舍於殿内，引諸沙門以居之。」孝武帝太元六年（三八一）於殿内所立之精舍，即爲内道場，顯然早於後魏；又，佛祖統紀卷三七法運通塞志第十七之四：「（梁武帝天監十六年）敕沙門慧超爲壽光殿學士，召衆僧法集講論注解經文，並居禁中。」注文曰：「此内道場之始。」

〔二〕隋書卷二八百官志：「煬帝即位，多所改革。」「郡縣佛寺，改爲道場，道觀改爲玄壇，各置監、丞。」

〔三〕佛祖統紀卷四三法運通塞志第十七之十引國朝會要曰：「滋福殿者，安佛像經藏，立刹聲鐘，即内道場也。」

〔四〕佛祖統紀卷三八法運通塞志第十七之五：「（北魏太武始光）二年帝誕節，詔於佛寺建祝壽道場。聖節道場之始。神麚元年麚，音加，牡鹿。帝誕節，詔天下佛寺並建道場。」歷朝釋氏資鑑卷一聖節建立道場：「僧録贊寧僧史略曰：魏太武始光二年，立道場爲祝壽。神麚四年，郲州悉立。蓋生日也，云生日暫建道場法會耳。始光中，是帝自崇福之始也。神麚中，是臣下奉祀之始也。」

〔五〕廣弘明集卷一〇辨惑篇第二之六周高祖巡鄴除殄佛法有前僧任道林上表請開法事：「至大成元年正月十五日，詔曰：弘建玄風，三寶尊重，特宜修敬，法化弘廣，理可歸崇。其舊沙門中，德行清高者七人，在正武殿西安置行道。」亦見集古今佛道論衡卷二、北山録卷一〇。

〔六〕此處人名多有脱漏，參下注。

〔七〕舊唐書卷一八三外戚傳薛懷義傳云：「薛懷義者，京兆鄠縣人，本姓馮，名小寶。以鬻臺貨爲業，偉形神，有膂力，爲市於洛陽，得幸於千金公主侍兒。公主知之，入宫言曰：『小寶有非常材用，可以近侍。』因得召見，恩遇日深。則天欲隱其迹，便於出入禁中，乃度爲僧。又以懷義非士族，乃改姓薛，令與太平公主婿薛紹合族，令紹以季父事之。自是與洛陽大德僧法明、處一、惠儼、稜行、感德、感知、静軌、宣政等在内道場念誦。懷義出入乘厩馬，中官侍從，諸武朝貴，匍匐禮謁，人間呼爲薛師。」

〔八〕按：開元釋教録卷九，有沙門義浄於神龍元年在東都内道場譯孔雀王經的記載。

〔九〕新唐書卷一四五王縉傳：「（王）縉素奉佛，不茹葷食肉，晚節尤謹。妻死，以道政里第爲佛祠，諸道節度、觀察使來朝，必邀至其所，諷令出財佐營作。初，代宗喜祠祀，而未重浮屠法，每從容問所以然，縉與元載盛陳福業報應，帝意向之。繇是禁中祀佛，諷唄齊薰，號『内道場』，引内沙門日百餘，饌供珍滋，出入乘厩馬，度支具稟給。或夷狄入寇，必合衆沙門誦護國仁王經爲禳厭，幸其去，則横加錫與，不知紀極。胡人官至卿監、封國公者，著籍禁省，勢傾公王，群居賴寵，更相凌奪，凡京畿上田美産，多歸浮屠。雖藏奸宿亂踵相逮，而帝終不悟，詔天下官司不得捶辱僧尼。初，五臺山祠鑄銅爲瓦，金塗之，費億萬計。縉給中書符，遣浮屠數十輩行州縣，斂丐貲貨。縉爲上言：『國家慶祚靈長，福報所憑，雖時多難，無足道者。禄山、思明毒亂方熾，而皆有子禍，僕固懷恩臨亂而踣，西戎内寇，未及擊輒去，非人事也。』故帝信愈篤。七月望日，宫中造盂蘭盆，綴飾鏐琲，設高祖以下七聖位，幡節、衣冠皆具，各以帝號識其幡，自禁内分詣道佛祠，鐃吹鼓舞，奔走相屬。是日立仗，百官班光順門奉迎導從，歲以爲常。群臣承風，皆言生死報應，故人事置而不修，大曆政刑，日以堙陵，由縉與元載、杜鴻漸倡之也。」

〔一〇〕按：舊唐書卷一二德宗紀：「（建中元年）秋七月丁丑，罷内出盂蘭盆，不命僧爲内道場。」

〔一一〕參「左右街僧録」條注八。

〔一二〕佛祖統紀卷四二法運通塞志十七之九：「（唐文宗大和九年）四月，翰林學士李訓請罷長生殿内道場，沙汰僧尼僞濫者。」

〔一三〕圓仁入唐求法巡禮行記卷三：「（會昌元年）六月十一日（校注者按：舊唐書作『十二日』），今上降誕日，於内裏設齋。兩街供奉大德及道士集談經，四對論議。二個道士賜紫，釋門大德總不得著。」卷四：「（會昌三年六月）十一日，今上德陽日，内裏設齋，兩街大德及道士御前論議。每街停止十二員大德。功德使帖巡院，令簡擇大德，每街各七人，依舊例入内。大德對道士論義，道士二人敕賜紫衣，而大德總不得著紫。又德陽日前十五日，内宫内諸司各赴諸寺，設齋獻壽。」

〔一四〕舊唐書卷一八上武宗紀：會昌四年三月，「以道士趙歸真爲左右街道門教授先生。時帝志學神仙，師歸真。歸真乘寵，每對，排毁釋氏，言非中國之教，蠹耗生靈，盡宜除去，帝頗信之。」

〔一五〕圓仁入唐求法巡禮行記卷四：「今上偏信道教，憎嫉佛法，不喜見僧，不欲聞三寶。長生殿内道場，自古以來，安置佛像經教，抽兩街諸寺解持念僧三七人，番次差入，每日持念，日夜不絶。今上便令焚燒經教，毁拆佛像，起出僧衆，各歸本寺。於道場安置天尊、老君之像。」「每年至皇帝降誕日，請兩街供奉講論大德及道士，於内裏設齋行香，請僧談經，對釋教道教對論義。今年（校注者按：指會昌四年）只請道士，不請僧也。看其體色，從今以後，不要僧人入内。」

生日道場

生日爲節名，自唐玄宗始也〔一〕。魏太武帝始光二年立道場，至神䴥四年，敕州鎮悉立道場，慶帝生日。始光中，是帝自崇福之始也。神䴥中，是臣下奉祝帝壽之始也〔二〕。自爾以來，臣下吉祝，必營齋轉經，謂之生辰節道場，于今盛行焉。

【校注】

〔一〕按：舊唐書卷八玄宗紀：「（開元十七年）八月癸亥，上以降誕日，宴百僚於花萼樓下。百僚表請以每年八月五日爲『千秋節』，王公已下獻鏡及承露囊，天下諸州咸令宴樂，休暇三日，仍編爲令，從之。」唐會要節日：「開元十七年八月五日，右丞相薛曜、左丞相張説等上奏，請以是日爲『千秋節』，著之甲令，布於天下。」「天下諸州咸令宴樂，休假三日」。

〔二〕參見「内道場」條注四。

僧籍弛張

夫得果之人，且無限劑。出家之士，豈有司存？既來文物之朝，須設糾繩之任。其有見優閑而競入，懼徭役以奔來，輒爾冒名，實非高士，僧之内律，豈能御其風牛佚馬邪？故設僧局以綰之，立名籍以紀之。周、隋之世，無得而知。唐來主張，方聞附麗。文宗大和四年正月，祠部請天下僧尼冒名非正度者，具名申省，各給省牒，以憑入籍。時入申名者，計七十萬。造帳入籍，自大和五年始也〔一〕。若然者，前豈無籍帳邪？監福曹、昭玄寺、崇玄署，將何統斷僧務乎？對曰：勘造僧帳，體度不同，或逐寺總知，或隨州别録，或單名轉數，或納牒改添，故不同也。然則出時君之好惡，乃入籍之解張。今大宋用周顯德條貫〔二〕，三年一造，著于律令也。

大宋僧史略卷中

【校注】

〔一〕按：僧帳之始，諸説不一。佛祖統紀卷四二法運通塞志十七之九亦曰：「（大和）四年，祠部請令天下僧尼非正度者，許具名申省給牒。時入申者七十萬人。」「五年，敕天下州郡造僧尼籍。」

〔二〕釋氏稽古略卷三：「（周世宗顯德二年）二月，周帝詔併省天下無敕額寺院，令郡府歲造僧帳，凡死亡者，以時開落之。僧帳自此而始。」釋門正統卷四興衰志：「先是，則天延載初，敕天下僧尼隸祠部。開元(二十五),又制僧尼隸祠部撿挍。天寶五,又制僧尼祠部給牒。至肅宗至德二載,以安史連禍,軍興乏用,制僧尼祠部鬻牒。自時厥後,文宗太和制僧尼造帳入籍,宋世宗又令歲造僧帳。嵩明教尊僧籍僧之文,蓋有激而云也。世尊有敕:非我所制,餘方爲清浄者,不得不行。得非佛眼懸鑑,當順正法乎?」事物紀原卷七:「僧帳,又曰舊制僧尼簿,三年一造。其籍一本送祠部,一本留州縣。又,開元十七年八月十日,敕僧尼宜依十六年舊籍,則僧尼供帳,始於此耳。僧史略曰:唐文宗太和四年正月,祠部請天下僧尼具名申省,以憑入籍,入籍造帳,自太和始也。二文不同,以會要爲正。本朝用周顯德事,三年一造帳,定著於令。」

大宋僧史略卷下

咸平二年重更修理

右街僧録通慧大師贊寧奉敕撰

誕辰談論內齋附

昔漢祖與盧綰同日生，有奉酒饌相遺〔一〕，此爲慶生之權輿也。後則束帛〔二〕壺酒，孩兒〔三〕服玩，以加祝賀。大則玉帛，長生久視之意，屬于物品，以爲慶生之豐禮也。及聞佛法中有弭災延命之説，則以佛事爲慶也。北魏、後周、隋世，多召名行廣學僧，與儒道對論，悦視王道，亦慶生之美事矣。唐高宗召賈公彦於御前與道士、沙門講説經義〔四〕。德宗誕日御麟德殿，命許孟容等登座，與釋、老之徒講論。貞元十二年四月誕日，御麟德殿，詔給事中徐岱、兵部郎中趙需及許孟容、韋渠牟，與道士葛參成、沙門談筵等二十人講論三教，渠牟最辯給〔五〕。文宗九月誕日，召白居易與僧惟澄、道士趙常盈於麟德殿談論，居易論難鋒起，辭辯泉注，上疑宿構，深嗟挹之〔六〕。莊宗代，有僧録慧江與道門程紫霄談論，互相切磋，謔浪嘲戲，以悦帝焉。莊宗自好吟唱，雖行營軍中，亦攜法師談讚，或時嘲挫〔七〕。每誕辰飯僧，則内殿論義。明宗、石晉之時，僧録雲辯多於誕日談讚，皇帝親坐，累對論議〔八〕。至大宋太祖朝，天下務繁，乃罷斯務，止重僧講，三學爲上，此無乃太厚重而貞實乎？

【校注】

〔一〕史記卷九三韓信盧綰列傳：「盧綰親與高祖太上皇相愛，及生男，高祖、盧綰同日生，里中持羊酒賀兩家。及高祖、盧綰壯，俱學書，又相愛也。里中嘉兩家親相愛，生子同日，壯又相愛，復賀兩家羊酒。」

〔二〕束帛：捆爲一束的五匹帛。用爲聘問、饋贈之禮物。周禮春官大宗伯：「孤執皮帛。」鄭玄注：「皮帛者，束帛而表以皮爲之飾。」賈公彥疏：「束者十端，每端丈八尺，皆兩端合卷，總爲五匹，故云束帛也。」

〔三〕行誠按：「孩兒，恐『弧悦』之誤。」

〔四〕按：舊唐書卷一八九上賈公彥傳附李玄植傳：「時有趙州李玄植，又受三禮於公彥，撰三禮音義行於代。……高宗時，屢被召見，與道士、沙門在御前講説經義。玄植辯論甚美，申規諷，帝深禮之。」未見有言召賈公彥講説經義者。

〔五〕舊唐書卷一三德宗本紀：「（貞元十二年四月）庚辰，上降誕日，命沙門、道士加文儒官討論三教，上大悦。」又，卷一三五韋渠牟傳：「貞元十二年四月，德宗誕日，御麟德殿，召給事中徐岱、兵部郎中趙需、禮部郎中許孟容與渠牟及道士萬參成、沙門譚延等十二人，講論儒、道、釋三教。渠牟枝詞遊説，捷口水注。上謂其講耨有素，聽之意動。」

〔六〕舊唐書卷一六六白居易傳：「九月上誕節，召居易與僧惟澄、道士趙常盈對御講論於麟德殿。居易論難鋒起，辭辨泉注，上疑宿構，深嗟挹之。」白居易集卷六八三教論衡，有較詳細記録。

〔七〕佛祖統紀卷四二法運通塞志十七之九：「（唐莊宗）同光元年誕節，敕僧録慧江、道士程紫霄入内殿談論，設千僧齋。」陶岳五代史補卷二：「初，莊宗公子時，雅好音律，又能自撰曲子詞。其後凡用軍，前後隊伍皆以所撰詞授之，使揚聲而唱，謂之『御製』。至於入陣，不論勝負，馬頭纔轉，則衆樂齊作。故凡所鬬戰，人忘其死，斯亦用軍之一法也。」

〔八〕佛祖統紀卷四二法運通塞志十七之九：「（明宗）天成元年誕節，敕僧録雲辯與道士入内殿談論。」雲辯爲當時著名的俗講僧。宋張齊賢洛陽搢紳舊聞記卷一少師佯狂條：「有談歌婦人楊苧蘿，善合生雜嘲，辯慧有才思，當時罕與比者。少師以姪女呼之，每令謳唱，言詞捷給，聲韻清楚，真秦青、韓娥之儔也。少師以姪女呼之，蓋念其聰俊也。時僧雲辨能俗講，有文章，敏於應對。若紀祝之辭，隨其名位高下對之，立就千言，皆如宿搆，少師尤重之。雲辨於長壽寺五月講，少師詣講院，與雲辨對坐，歌者在側。忽有大蜘蛛於簷前垂絲而下，正對少師與僧前。雲辨笑謂歌者曰：『試嘲此蜘蛛。如嘲得著，奉絹兩疋。』歌者更不待思慮，應聲嘲之，意全不離蜘蛛，而嘲戲之辭，正諷雲辨。少師聞知，絶倒久之。大叫曰：『和尚取絹五疋來。』雲辨且笑，遂以絹五疋奉之。歌者嘲蜘蛛云：『喫得肚罂撑，尋絲繞寺行。空中設羅網，祇待殺衆生。』蓋譏雲辨體肥而壯大故也。雲辨師名圓鑒，後爲左街司録，久之遷化。」按：「辨」「辯」多有混用者，此「雲辨」，當即「雲辯」，敦煌遺書伯三三六一、斯三七二八、斯四四七二等寫卷抄録有雲辯的故圓鑒大師二十四孝押座文、修建寺殿募捐辭十首、右街僧録圓鑒大師雲辯進十慈悲偈等俗文學作品。

内　齋

皇帝誕日，詔選高德僧入内殿，賜食加厚嚫。尋文，起於後魏之間，多延上達，用徼福壽。唐自代宗置内道場，每年降聖節召名僧入飯嚫，謂之内齋。及文宗大和七年十月，改慶成節，敕停僧道内齋〔一〕。至武宗初年，重置内道場，并設内齋，僧道獻壽。會昌四年六月，停内齋及内長生道場。宣宗即位元年六月二十二日，敕復置内齋，許僧道獻壽。梁祖開平三年大明節日，帝御文明殿，設僧齋，宰臣、翰林學士預之〔二〕。我大宋皇帝誕節，兩街僧録、道録、首座并公薦兩街分僧賜紫衣師號了，便同賜齋〔三〕。又聞晋、漢、周帝生日，設百僧。後量減〔四〕，令〔五〕數人而已。

【校注】

〔一〕舊唐書卷一七文宗紀下：「（大和七年冬十月）壬辰，上降誕日，僧徒、道士講論于麟德殿。翌日，御延英，上謂宰臣曰：『降誕日設齋，起自近代。朕緣相承已久，未可便革，雖置齋會，唯對王源中等暫入殿，至僧道講論，都不監聽。』宰相路隨等奏：『誕日齋會，誠資景福，本非中國教法。臣伏見開元十七年張説、源乾曜請以誕日爲千秋節，内外宴樂，以慶昌期，頗爲得禮。』上深然之，宰臣因請十月十日爲慶成節上誕日也。從之。」

〔二〕舊五代史卷五太祖紀五：「（開平三年）十月癸未，大明節，帝御文明殿，設齋僧道，召宰臣、翰林學士預之，諸道節度、刺史及内外諸司使咸有進獻。」

〔三〕參下「賜師號」條。又釋氏稽古略卷四引僧史略曰：「春二月十六日，帝長春節，詔許四海僧上表入殿，庭比試三學。下開封府功德使差僧證經律論義十條，全通者賜紫衣，號手表僧。至太宗太平興國四年，功德使奏：下一家不須手表。自此皇帝誕日，宰輔、親王、監司、刺史各薦所知三學僧。惟兩街僧録所薦者，是日入内，授門下牒，謂之簾前師號，仍給紫衣，謂之簾前紫衣。分賜訖，便同賜齋。自餘王侯薦者，間日方出。節制廉問，牧守則又轉降而賜焉。」

〔四〕滅：底本作「滅」，據金陵本改。

〔五〕令：松本本作「今」。

賜僧紫衣

古之所貴，名與器焉。賜人服章，極則朱紫，緑皂黄綬，乃爲降次。故曰加紫綬必得金章，今僧但受其紫而不金也。方袍非綬。尋諸史，僧衣赤黄黑青等色，不聞朱紫。案唐書，則天朝有僧法朗等，重譯大雲經，陳符命，言則天是彌勒下生，爲閻浮提主，唐氏合微，故由之革命〔一〕稱周。新大雲經曰：「終後生彌勒宮。」不言則天是彌勒。法朗、薛懷義九人，並封縣公，賜物有差，皆賜紫袈裟、銀龜袋。其大雲經頒於天下，寺各藏一本，令高座講説〔二〕。賜紫自此始也。觀新唐書，言大雲是僞經，則非也。此經晉朝已譯，舊本便云女王，于時豈有天后耶？蓋因重譯，故有厚誣，加以挾薛懷義在其間，致招譏誚也〔三〕。則天之後，中宗朝以胡僧慧範修寺之功，封縣公，不行紫服〔四〕。睿宗時，亦無聞焉。玄宗友愛頗至，以寧王疾，遣中使尚藥馳鶩旁午〔五〕，唯僧崇憲〔六〕醫效，帝悦，賜緋袍魚袋。賜緋魚袋，唯憲一人。又開元二十年九月中，波斯王遣大德僧及烈至唐，及烈，僧名。敕賜紫袈裟一副、帛五十匹，遣還本國〔七〕。天寶末，沙門道平住金城縣寺，遇禄山逆亂，玄宗幸蜀，肅宗過寺，平懇勸論兵靈武，收復長安。肅宗遂以兵屬之，用爲左金吾大將軍。至臨皋，遇賊大戰，累次立功。後還，乞爲僧，敕配崇福、興慶兩寺，賜紫衣，入内奏對爲常〔八〕。代宗永泰年中，章敬寺僧崇慧與道士角術告勝，中官鞏庭玉宣賜紫衣一副〔九〕。除魚袋也。次鎮國寺梵僧紀陀，年六百歲，臨終，遣弟子奉衣鉢上皇帝，敕賜紫衣焉〔一〇〕。德宗歸心釋氏，詔法師端甫入内殿，與儒道論義，賜紫方袍〔一一〕。順宗、憲宗、穆宗、文宗、武宗，皆行此賜。尋僧名，未見耳。東觀奏記曰：大中中，大安國寺釋修會能詩，嘗應制，才思清拔。一日，聞〔一二〕帝乞紫衣，帝曰：「不於汝吝耶！觀若相有缺然，故未賜也。」及賜歸寺，暴疾而卒〔一三〕。大中四年六月二十二日降誕節，内殿禪大德並賜紫，追福院主宗茝〔一四〕亦賜紫。次有沙州巡禮僧悟真〔一五〕至京，及大德玄暢〔一六〕勾當藏經，各賜紫。又法乾寺都檢校僧從暕賜紫〔一七〕。帝幸莊嚴寺禮佛牙，靈慧〔一八〕律師賜紫，崇福寺叡川賜紫〔一九〕。懿宗咸通四年，有西涼府僧法信進百法論疏抄，勘實賜紫〔二〇〕。十一年十一月十四日延慶節，兩街僧道赴内，於麟德殿講論，可孚賜紫〔二一〕。又日本國僧圓載住西明寺，辭迴本國，賜紫遣還〔二二〕。十二年延慶節，内殿講論，左街清韻、思禮、雲卿等五人，右街幼章、慧暉、清遠等四人，並賜紫〔二三〕。尋街分各賜紫衣，自咸通始也。僖宗、昭宗賜諸道所薦僧紫衣，極多不録。梁祖乾化元年十一月，有迴紇入朝僧凝盧、宜李思、宜延籛等，各賜紫還蕃〔二四〕。又潭州僧法思，桂州僧歸真，面乞賜紫〔二五〕。莊宗喜賜僧紫衣，晋、漢、周皆爾，今大宋唯誕節賜也。其或内道場僧已著紫，又賜紫羅衣三事，謂之重賜。若偏霸諸國，賜與亦同。僞蜀時，雲南國遣内供奉、崇聖寺主、賜紫銀鉢僧充通好使焉〔二六〕。後蠻土〔二七〕有上者，賜金鉢，猶中國賜銀魚也。倭國則賜僧傳燈法師之號。高麗賜僧紫衣，則以金銀鉤施於紉上，甄別高下也。

【校注】

〔一〕命：底本作「薛」，據餘諸本改。

〔二〕按：「法朗」舊唐書作「法明」。法朗，宋高僧傳卷二四有傳；法明，宋高僧傳卷一七有傳。九人，參見卷中「内道場」條注七。舊唐書卷一八三外戚傳薛懷義傳云：「懷義與法明等造大雲經，陳符命，言則天是彌勒下生，作閻浮提主，唐氏合微。故則天革命稱周，懷義與法明等九人並封縣公，賜物有差，皆賜紫袈裟、銀龜袋。其僞大雲經頒於天下，寺各藏一本，令升高座講説。」

〔三〕按：關於大雲經之真僞，現在學者一般認爲：兩唐書所記薛懷義等造大雲經，實爲造大雲經疏。詳參矢吹慶輝三階教之研究（岩波書店，一九二七），王國維唐寫本大雲經跋（見觀堂集林，中華書局）、陳寅恪武曌與佛教（金明館叢稿二編，上海古籍出版社）、湯用彤隋唐佛教史稿（北京大學出版社）、林世田大雲經疏初步研究（文獻，二〇〇二年第四期）等。

〔四〕佛祖統紀卷四〇法運通塞志第十七之七：「（中宗神龍二年）二月，敕造聖善寺。沙門慧範補正議大夫，封上庸郡公。法藏、慧珍九人，並朝大夫，封縣公，官給奉禄，一同正員。」

〔五〕旁午：交横，交錯。漢書卷六八霍光傳：「受璽以來二十七日，使者旁午，持節詔諸官署徵發。」顔師古注：「一從一横爲旁午，猶言交横也。」

〔六〕崇憲：唐天寶元年立靈岩寺碑，提及崇憲，可知其爲天寶間靈岩寺僧。李邕靈岩寺碑頌並序：「上座僧玄景、都維那僧克祥、寺主安禪，或上首解空，或出□□義。僧崇憲、僧羅睺、僧零萊、僧月光、僧智海、僧□□等，永言悟人，大啓津梁，咸高梯有憑，勝宅自照。」但未見其爲寧王療疾者。故此「崇憲」，或爲僧崇一與寧王李憲名字的誤合。舊唐書卷九五諸王傳：「（開元）二十八年冬，憲寢疾，上令中使送醫藥及珍膳，相望於路，僧崇一療憲稍瘳，上大悦，特賜緋袍魚袋，以賞異崇一。」此事亦見於新唐書卷八一諸王傳：「（憲）後有疾，護醫將膳，騎相望也。僧崇一者療之，少損，帝喜甚，賜緋袍、銀魚。」僧崇一，和下文及烈都當爲景教僧。陳垣基督教入華史：「據唐書諸王傳，明皇長兄名憲，患病，請僧崇一醫之。病霍然愈，乃大賞之，我在高僧傳中，找不著一僧名崇一者。考僧中一字輩極少。唐代曾有以一置之名上者，如一行等，然以一列下者，則遍找不得（校注者按：宋高僧傳卷一〇有唐洪州開元寺道一，卷一九有唐福州鐘山如一，卷二九有智一等）。由此我想崇一乃景教僧。另外一個證據，唐天寶年間有將名杜環者，乃著通典杜佑之同族。他隨了高麗人高仙芝征西域，不幸大敗而被俘。後釋放，經海道回國，著經行記，述沿途所見所聞，及各教情形，講回教最詳，中有一段説大秦法善醫。的確，聶斯托裏派是負有醫名的。我們看凡在教堂旁，總有醫院一所，至今猶然。由此我們決定，僧崇一乃景教僧無疑。」（陳垣學術論文集第一集，中華書局，第九七頁。）

〔七〕册府元龜卷九七一：「開元二十年九月，波斯王遣首領潘那蜜與大德僧及烈朝貢。」又卷九七五：「開元二十年八月庚戌，波斯王遣首領潘那蜜與大德僧及烈來朝。授首領爲果毅，賜僧紫袈裟一副及帛五十匹，放還蕃。」

〔八〕按：此事正史不見有載。佛祖統紀卷四〇法運通塞志第十七之七：「至德元載正月，范陽節度使安禄山反。五月，玄宗、太子、百官發長安，將幸蜀。至馬嵬，百姓數千人請太子留，東破賊室。金城沙門道平，力勸議兵靈武，以圖收復。遂以平爲金吾大將軍，至臨皋，屢與賊戰，大破之。事定行封，平固辭，乃敕住崇福、興慶二寺，賜紫衣金帛。」

〔九〕宋高僧傳卷一七唐京師章信寺崇惠傳：「釋崇惠，姓章氏，杭州人也。……三年戊申歲九月二十三日，太清宮道士史華上奏，請與釋宗當代名流角佛力道法勝負。于時代宗欽尚空門，異道憤其偏重，故有是請也。遂於東明觀壇前架刀成梯，史華登躡如常磴道焉。時緇伍互相顧望推排，且無敢躡者。惠聞之，謁開府魚朝恩，魚奏請於章信寺庭樹梯，横架鋒刃，若霜雪然，增高百尺。東明之梯，極爲低下。時朝廷公貴、市肆居民，駢足摩肩而觀此舉。時惠徒跣登級下層，有如坦路，曾無難色。復蹈烈火，手探油湯，仍餐鐵葉，號爲餺飥，或嚼釘線，聲猶脆飴。史華怯懼慚惶，掩袂而退。時衆彈指歎嗟，聲若雷響。帝遣中官鞏庭玉宣慰再三，便賚賜紫方袍一副焉。詔授鴻臚卿，號曰護國三藏，敕移安國寺居之。」

〔一〇〕按：紀陀，當爲「純陀」之誤。宋高僧傳卷二九唐京兆鎮國寺純陀傳：「釋純陀者，本西域人也，梵名無由翻就華言也。從遊京邑，人所欽重。上元中，便云東渡，人見之，顔容若童稚之色，言已年六百歲矣。或謂爲八十歲人也。言談氣壯，舉動不衰。代宗皇帝聞之，詔入，禮遇極豐，俾求留年之道。陀曰：『心神好静，今爲塵境汩之，何從冥寂乎？若離簡静外，欲望留年，如登木采芙蕖，其可得乎？陛下欲長年，由簡潔安神。神安則壽永，寡慾則身安。術斯已往，貧道所不知也。』帝由是篤重之。以永泰三年預知必逝，遣弟子齎衣鉢進上，帝賜弟子紫衣。陀終于鎮國寺焉。」

〔一一〕參卷中「左右街僧録」條注八。

〔一二〕聞：金陵本作「向」。

〔一三〕按：修會，東觀奏記作「從晦」。東觀奏記卷下曰：「僧從晦住安國寺，道行高潔，兼工詩，以文章應制。上每擇劇韻令賦，亦多稱旨。晦積年供奉，望紫方袍之賜，以耀法門。上兩召至殿上，謂之曰：『朕不惜一副紫袈裟與師，但師頭耳稍薄，恐不勝耳。』竟不之賜。晦悒悒而終。」佛祖統紀卷四三：「（大中二年）安國寺沙門修會，以能詩應制，嘗從上乞紫衣。上曰：『不於汝吝，但汝相有闕故耳。』及賜，一夕暴亡。」

〔一四〕宗茝：宣宗時期的名僧。敦煌遺書伯三七二〇寫卷有其七言美瓜沙僧獻款詩一首，題署曰「右街千福寺内道場表白兼應制賜紫大德」。是與大中五年赴京入奏的沙州僧悟真的酬贈詩。參下注。

〔一五〕悟真：俗姓唐，曾隨其師洪辯參與張議潮驅逐吐蕃、收復瓜沙的活動，後充沙州義學都法師。大中五年，赴京奏事，五月二十一日，敕授京城臨壇大德並賜紫衣。悟真生平，詳參陳祚龍敦煌寫本洪辯悟真等告身校注（載敦煌資料考屑，臺灣商務印書館，一九七九年）、張先堂敦煌寫本悟真與京僧朝官酬贈詩新校（載周紹良先生欣開九秩慶壽文集，中華書局，一九九七年）等。其大中五年入京事，詳參伏俊璉先生唐代敦煌高僧悟真入長安事考略（載敦煌研究，二〇一〇年第三期）等。

〔一六〕宋高僧傳卷一七唐京兆福壽寺玄暢傳：「釋玄暢，字申之，俗姓陳氏，宣城人也。……暢於大中中，凡遇誕辰入内談論，即賜紫袈裟，充内外臨壇大德。懿宗欽其宿德，蕃錫屢臻，乃奏修加懺悔一萬五千佛名經，又奏請本生心地觀經一部八卷，皆入藏。暢時充追福院首領，又充總持寺都維那，尋署上座。暢講律六十座，度法者數千人，撰顯正記一十卷，科六帖名義圖三卷，三寶五運三卷。雖祖述舊聞，標題新目，義出意表，文濟時須。乾符中，懿宗簡自上心，特賜師號曰『法寶』。」

〔一七〕法乾寺：唐宣宗以舊藩邸造。宋高僧傳卷六唐彭州丹景山知玄傳：「時楊給事漢公廉問桂嶺，延止開元佛寺。屬宣宗龍飛，楊公自内樞統左禁軍，以册定功高，請復興天竺教。奏乞，訪玄聲迹，玄復挂壞衣，歸上國寶應寺，屬壽昌節講讚，賜紫袈裟，署爲三教首座。帝以舊藩邸造法乾寺，詔玄居寺之玉虛亭。大中三年誕節，詔諫議李貽孫、給事楊漢公，緇黄鼎列論義，大悦帝情。因奏天下廢寺基，各敕重建。大興梵刹，玄有力焉。命畫工圖形于禁中，其優重如是。與相國裴公休友善，同激揚中興教法事。」從暕及其賜紫，未見它書。疑或即從諫之誤。從諫，宋高僧傳卷一二有傳，爲唐洛京廣愛寺僧，會昌滅佛後，諫烏帽麻衣，潛于皇甫氏之温泉别業。大中初，宣皇詔興釋氏，還歸洛邑舊居。然既不見其居法乾寺，亦不見其賜紫。

〔一八〕按：靈慧，宋高僧傳作「慧靈」。參下注。

〔一九〕宋高僧傳卷一六唐京兆聖壽寺慧靈傳：「釋慧靈，未詳何許人也。……大中七年，宣宗幸莊嚴寺禮佛牙，登大塔，宣問耆年，乃賜紫衣。其年六月，敕補靈爲新寺上座矣。帝望寺西北廢總持寺，乃下敕曰：『朕以政閑賞景，幸于莊嚴。其寺複殿重廊，連甍比棟，幽房祕宇，窈窕疏通。密竹翠松，垂陰擢秀，行而迷道，天下梵宫，高明寡匹。當建之時，以京城西昆明池勢微下，乃建木浮圖高三百尺。藩邸之時遊此伽藍，覩斯勝事。其總持寺大業中立，規制與莊嚴寺正同。今容像則毁，忍草隨荒，香徑蕪侵，尚存基址。其寺宜許重建，以副予心。』三月十一日，令三教首座辯章勾當修寺。及畢工，推靈爲綱任，崇聖寺賜紫叡川充寺主，福壽寺臨壇大德賜紫玄暢充都維那。」

〔二〇〕宋高僧傳卷六唐京師西明寺乘恩傳：「釋乘恩，不知何許人也。……及天寶末，關中版蕩，因避地姑臧。旅泊之間，嗟彼密邇羌虜之封，極尚經論之學。恩化其内衆，勉其成功，深染華風，悉登義府。自是重撰百法論疏并鈔，行于西土。其疏祖慈恩而宗潞府，大抵同而少聞異，終後弟子傳布。迨咸通四年三月中，西涼僧法信精研此道，稟本道節度使張義潮表進恩之著述，敕令兩街三學大德等詳定，實堪行用。敕依，其僧賜紫衣，充本道大德焉。」

〔二〕可孚：參見下「賜師號」條注六。又，疑與「有孚」爲同一人，「可」與「有」形近。有孚，生平不詳，敦煌遺書伯三八八六、斯四六五四寫卷有其詩一首，題署曰：「内供奉文章應制大德有孚。」陳尚君全唐詩續拾卷三〇曰：「有孚，疑即全唐詩、全唐詩補逸已收之元孚。元孚大中間自署爲『上都左街保壽寺文章應制内供奉』，與有孚所署合。元、有二字音亦相近，疑有鈔誤。」按：元孚，全唐詩卷八二三收詩兩首，小傳云：「元孚，宣城開元寺僧，與許渾同時。或曰楚中僧。」孫望全唐詩補逸卷一八補一首，按語云：「詩下原署曰：『上都左街保壽寺文章應制内供奉大德元孚。』又寶劍叢編卷一五有唐福田寺經藏院記，云唐崔龜從撰，僧元孚書，會昌二年立。則元孚者，武宗時人也。」佛祖統紀卷四二：「（咸通十一年）十一月延慶節，敕兩街入麟德殿講論佛法，賜左街僧録清蘭慧照大師，右街僧録彦楚明徹大師。」

〔三〕圓載：唐文宗開成三年與圓仁同船入唐求法。據宋高僧傳卷三〇唐天台山禪林寺廣脩傳，圓載於開成三年至天台山禪林寺廣脩法師處請法。其後住長安西明寺。皮日休送圓載上人歸日本國詩，首云「講殿談餘著賜衣，椰帆却返舊禪扉」，可證「辭迴本國，賜紫遺還」。

〔二三〕按：咸通十二年延慶節内殿講論及賜紫，參見卷中「左右街僧録」條及注。這裏所及數僧，未見他書，俟考。

〔二四〕舊五代史卷一三八外國列傳回鶻傳：「梁乾化元年十一月，遣都督周易言等入朝進貢，太祖御朝元殿引對，以易言爲右監門衛大將軍同正，以石壽兒、石論思並爲右千牛衛將軍同正，仍以左監門衛將軍楊沼充押領回鶻還蕃使，通事舍人仇玄通爲判官，厚賜繒帛，放令歸國，又賜其入朝僧凝盧、宜李思、宜延籛等紫衣。」

〔二五〕舊五代史卷六太祖紀第六：「（乾化元年）六月乙卯……（太祖）詔修天宫佛寺。又，湖南奏：『潭州僧法思、桂州僧歸真並乞賜紫衣。』從之。」

〔二六〕「崇聖寺主」，當即玄鑒。按：藏外佛教文獻第七輯護國司南抄，其題解曰：「護國司南抄，中國雲南僧人所編纂的漢傳佛教經典疏釋。纂集者爲雲南大長和國内供奉僧、崇聖寺主、義學教主、賜紫沙門玄鑒。」「玄鑒纂集該文獻的時間爲雲南大長和國安國六年。」

〔二七〕土：底本作「士」，據淺野本、松本本、金陵本改。

賜師號德號附

師號，謂賜某大師也。遠起梁武帝號婁約法師〔一〕、次隋煬帝號智顗禪師，並爲「智者」〔二〕，而無「大師」二字。唐中宗號萬迴爲「法雲公」〔三〕，加「公」一字。玄宗開元中，有慧日法師，中宗朝得度，師義浄游西域迴，進真容、梵夾，帝悦，賜號「慈敏」〔四〕，亦未行「大師」之字。穆宗朝，天平軍節度使劉總奏乞出家，賜紫衣，號「大覺師」〔五〕。止「師」一字。至懿宗咸通十一年十一月十四日延慶節，因談論，左街雲顥賜「三慧大師」，右街僧徹賜「浄光大師」，可孚「法智大師」，重謙「青蓮大師」〔六〕。賜師號，懿宗朝始也。分明言某大師，見五運圖。僖宗朝有僧録雲皓大師〔七〕，昭宗朝有圓明大師〔八〕。梁革唐命，賜靈武道寅尤等爲「證慧大師」〔九〕，賜吴越國徑山洪諲爲「法濟大師」〔一〇〕。至龍德元年，不許僧妄求師號、紫衣〔一一〕。後唐、晋、漢、周咸同。今大宋止行師號、紫衣，而大德號許僧録司簡署。先是開寶至太平興國四年以前，許四海僧入殿庭，乞比試三學，下開封府功德使差僧證經律論義，十條全通，賜紫衣，號爲手表僧，以其面手進表也。尋因功德使奏：天下一家，不須手表求選。敕依。自此每遇皇帝誕節，親王、宰輔、節度使至刺史，得上表薦所知僧道紫衣師號。唯兩街僧録、道録所薦，得入内，是日授門下牒，謂之簾前師號，給紫衣四事，號簾前紫衣，此最爲榮觀也。其外王侯薦者，間日方出，節制簾問，牧守轉降而賜也。

【校注】

〔一〕婁約法師：即慧約。法師俗姓婁，世稱婁約法師。續高僧傳卷六梁國師草堂寺智者釋慧約傳：「釋慧約，字德素，姓婁。東陽烏場人。」「以約德高人世，道被幽冥，允膺闍梨之尊，屬當『智者』之號。逡巡退讓，情在固執，殷勤勸請，辭不獲命，天監十一年，始敕引見。事協心期，道存目擊。自爾去來禁省，禮供優給。」

〔二〕按：隋開皇十一年，智顗受「智者」之號。見續高僧傳卷一七隋國師智者天台山國清寺釋智顗傳。

〔三〕宋高僧傳卷一八唐虢州閿鄉萬迴傳：「釋萬迴，俗姓張氏，虢州閿鄉人也。」「自高宗末天后時，常詔入內道場，賜錦繡衣裳，宮人供事。先爲兒時，於閿鄉興國寺累瓦石爲佛塔，入內之後，其塔遂放光明，因建大閣而覆之。然其施作，皆不可輒量，出言則必有其故，敕賜號爲『法雲公』。」

〔四〕宋高僧傳卷二九唐洛陽罔極寺慧日傳：「釋慧日，俗姓辛氏，東萊人也。中宗朝得度，及登具足，後遇義淨三藏，造一乘之極，躬詣竺乾，心恒羨慕。日遂誓遊西域。……計行七十餘國，總一十八年。開元七年，方達長安。進帝佛真容、梵夾等，開悟帝心，賜號曰『慈愍三藏』。」

〔五〕舊唐書卷一四三劉怦傳附劉總傳：「初，總弒逆後，每見父兄爲祟，甚慘懼，乃於官署後置數百僧，厚給衣食，令晝夜乞恩謝罪。每公退，則憩於道場，若入他室，則怭惕不敢寐。晚年恐悸尤甚，故請落髮爲僧，冀以脱禍，乃以判官張皋爲留後。總以落髮，上表歸朝，穆宗授天平軍節度使，既聞落髮，乃賜紫，號『大覺師』。」

〔六〕按：雲顥、可孚、重謙，均參與了迎接佛指舍利從法門寺到長安，又護送回法門寺的盛事，見僧澈撰大唐咸通啓送岐陽真身志文：「（咸通）十四年三月二十二日，詔供奉官李奉建、高品彭延魯、庫家齊詢敬、承旨萬魯文，與左右街僧録清瀾、彥楚，首座僧澈、惟應，大師重謙、雲顥、慧暉等，同嚴香火，虔請真身。」後「乃詔東頭高品孫克政、齊詢敬，庫家劉處宏，承旨劉繼同，西頭高品彭延魯，内養馮金璋，與左右僧録清瀾、彥楚，首座僧澈、惟應，大師清簡、雲顥、慧暉、可孚、懷敬、從建、文楚、文會，大德會真、志柔等，以十二月十九日自京都護送真身來本寺。」宋高僧傳卷六唐京兆大安國寺僧徹傳：「釋僧徹，不知何許人也。……初居法乾内寺，師資角立，聲彩風行，凡百官寮，無不奉仰率由。徹内外兼學，辭筆特高，唱予和汝，同氣相求。尋充左右街應制，每屬誕辰，升麟德殿法座講談，敕賜紫袈裟。懿宗皇帝留心釋氏，頗異前朝，遇八齋日，必内中飯僧，數盈萬計。帝因法集，躬爲讚唄，徹則升臺朗詠。寵錫繁博，敕造栴檀木講座以賜之。又敕兩街四寺行方等懺法，戒壇度僧各三七日。別宣僧尼大德二十人入咸泰殿置壇度内。福壽寺尼繕寫大藏經，每藏計五千四百六十一卷，雕造真檀像一千軀，皆委徹檢校焉。以十一月十四日延慶節，麟德殿召京城僧道赴内講論，爾日徹述皇猷，辭辯瀏亮，帝深稱許。而又恢張佛理，旁懾黄冠，可謂折衝異論者，當時號爲『法將』。帝悦，敕賜號曰『浄光大師』，咸通十一年也，續録兩街僧事。」

〔七〕雲皓：即雲顥，參上注。

〔八〕圓明大師：俟考。

〔九〕寅尤：俟考。

〔一〇〕宋高僧傳卷一二唐長沙石霜山慶諸傳附洪諲傳：「次餘杭徑山院釋洪諲，俗姓吳，吳興人也。……大中初，除滅法之律，乃復厥儀，還故鄉西峰院。至咸通六年，上徑山覲本師。明年，無上大師遷神，衆請諲嗣其法位。始唯百許僧，後盈千數。于時四衆共居，肅然無過。僖宗皇帝賜院額曰『乾符鎮國』。中和三年，仍賜紫袈裟。景福二年，吳越國王尚父錢氏奏舉登賜『法濟大師』。」

〔一一〕舊五代史卷一〇末帝紀下：「（龍德元年）三月丁亥朔，祠部員外郎李樞上言：『請禁天下私度僧尼，及不許妄求師號紫衣。如願出家受戒者，皆須赴闕比試藝業施行，願歸俗者一聽自便。』（末帝）詔曰：『兩都左右街賜紫衣及師號僧，委功德使具名聞奏。今後有闕，方得奏薦，仍須道行精至，夏臘高深，方得補填。每遇明聖節，兩街各許官壇度七人。諸道如要度僧，亦仰就京官壇，仍令祠部給牒。今後只兩街置僧録，道録、僧正並廢。』」

德號

德號之興，其來遠矣。魏晉之世，翻譯律本羯磨文中，皆曰「大德僧」。經云「爲大德天生」〔一〕，論云「諸大德有神通者」〔二〕，及諸傳紀私呼僧中賢彥，多云大德，非國朝所補也。

至唐代宗，内出香一合，送西明寺故上座大德道宣掌内，始見史傳〔三〕。又代宗大曆二年，安國寺律大德乘如奏亡僧物色，乞依律斷輕重，宜依〔四〕。觀此文，似敕補也。然或詔敕中云「長老僧某」，豈是補署邪？蓋一期〔五〕之推飾耳。大德道宣、律大德乘如，亦同此也。大曆六年辛亥歲四月五日，敕京城僧尼臨壇大德各置十人，以爲常式，有闕即填。此帶臨壇而有大德二字，乃官補德號之始也〔六〕。憲宗朝，端甫爲引駕大德〔七〕，此帶「引駕」爲目。宣宗大中四年六月降誕日，内殿禪大德辯、肇二人〔八〕，此帶禪學得名。又大中中，敕補聖壽寺臨壇大德賜紫慧靈爲總持寺上座，崇福寺講論大德賜紫叡川充寺主，福壽寺臨壇大德賜紫玄暢充都維那〔九〕。大中十年，玄暢遷上座，大德玄則爲寺主，大德堅信爲悦衆，並從敕補〔一〇〕。敕補號益分明矣。懿宗咸通六年，西涼府僧法信稟本道節度使張義朝表〔一一〕，進乘恩法師所撰百法論疏抄，兩街詳定，可以行用。敕宜依。其法信，賜紫衣，充本道大德〔一二〕。又昭宗文德初，生辰號嘉會節，詔兩街僧道講論至暮，各賜分物銀器。僧道賜師號者，右街兩人，紫衣各四人，德號各十人〔一三〕。朱梁、後唐、晋、漢、周，或行或不行。今大宋朝廷罕行德號。開寶中，左右街僧録凖舊敕得簡署三學雜科僧名題，或曰禪大德，或講經律論，表白聲讚，醫術諸科，宜與「大德」二字。近僧録道深〔一四〕，不循科目，多妄張懿美文字爲題。至于四字六字，唯納賂而後行。江南兩浙之地，至有十寺院中，無長行可以充僧役也。

【校注】

〔一〕鳩摩羅什譯妙法蓮華經卷三化城喻品：「我等諸宫殿，光明昔未有，此是何因緣，宜各共求之。爲大德天生，爲佛出世間，而此大光明，遍照於十方。」

〔二〕見跋陀羅譯善見律毗婆沙卷六。

〔三〕宋高僧傳卷一四唐京兆西明寺道宣傳：「釋道宣，姓錢氏，丹徒人也。一云長城人。」「爾後十旬安坐而化，則乾封二年十月三日也，春秋七十二，僧臘五十二。」「至代宗大曆二年敕此寺三綱：『如聞彼寺有大德道宣律師，傳授得釋迦佛牙及肉舍利，宜即詣右銀臺門進來，朕要觀禮。』至十一年十月，敕每年内中出香一合，送西明寺故道宣律師堂，爲國焚之禱祝。至懿宗咸通十年，左右街僧令霄、玄暢等上表乞追贈。其年十月，敕謚曰澄照，塔曰净光。先所居久在終南，故號南山律宗焉。」

〔四〕宋高僧傳卷一五唐京兆安國寺乘如傳：「釋乘如，未詳氏族。精研律部，頗善講宣，繩準緇徒，罔不循則。代宗朝翻經，如預其任。應左右街臨壇度人，弟子千數。先是五衆身亡，衣資什具，悉入官庫，然歷累朝，曷由釐革。如乃援引諸律，出家比丘生隨得利，死利歸僧，言其來往本無物也。比丘貪畜，自兹而婿者，職由於此。今若歸官，例同籍没。前世遺事，闕人舉揚。今屬文明，乞循律法，斷其輕重。大曆二年十一月二十七日敕下，今後僧亡，物隨入僧。仍班告中書門牒，天下宜依。如之律匠，非止訓二衆而已，抑亦奮内衆之遺事。立功不朽，如公是乎！終西明、安國二寺上座。有文集三卷，圓照鳩聚流布焉。」

〔五〕一期：一時，偶然。

〔六〕按：佛祖統紀卷四一：「（代宗永泰元年）敕大興善寺建方等戒壇，立臨壇大德十人。」則在大曆六年之前也。

〔七〕宋高僧傳卷六唐京師大安國寺端甫傳：「釋端甫，俗姓趙氏，天水人也。」「德宗皇帝聞其名，徵之，一見大悦。常出入禁中，與儒道議論，賜紫方袍。歲時錫施，異於他等。復詔侍皇太子於東朝。順宗皇帝深仰其風，親之若昆弟，相與卧起，恩禮特隆。憲宗皇帝數幸其寺，待之若賓友。常承顧問，注納偏厚。而甫符彩超邁，辭理響捷，迎合上旨，皆契真乘。雖造次應對，未嘗不以闡揚爲務，繇是天子益知佛爲大聖人，其教有大不思議事。……王公輿臺，皆以誠接。議者以爲成就常不輕行者，唯甫而已矣。夫將欲駕横海之大航，拯迷途於彼岸者，固必有奇功妙道歟？以開成元年六月一日西向右脅而滅。……會昌中，相國裴公休爲碑頌德焉。」碑銘即玄祕塔碑，全稱唐故左街僧録内供奉三教談論引駕大德安國寺上座賜紫大達法師玄祕塔碑銘並序，可見其「引駕大德」之稱也。

〔八〕按：辯，指辯章，參卷中「講經論首座」條注六。肇，俟考。

〔九〕參「賜僧紫衣」條注一九。
〔一〇〕宋高僧傳卷一七唐京兆福壽寺玄暢傳：「暢於大中中，凡遇誕辰，入内談論，即賜紫袈裟，充内外臨壇大德。……暢時充追福院首領，又充總持寺都維那，尋署上座。」玄則、堅信，俟考。按：初唐有釋玄則，爲西明寺高僧，撰有禪林妙記集序等，還參與譯經活動，見廣弘明集、開元釋教録等。和此玄則年代懸隔，當非一人。
〔一一〕表：底本作「差」，據校記及金陵本改。
〔一二〕參「賜僧紫衣」條注二〇。
〔一三〕舊唐書卷二三昭宗本紀：「（龍紀元年二月）中書奏請以二月二十二日爲嘉會節，從之。」佛祖統紀卷四二法運通塞志十七之九：「龍紀元年聖誕，敕兩街僧道入内殿談論。」
〔一四〕道深：曾爲左街僧録。見宋高僧傳卷七宋東京天清寺傳章傳：「大宋乾德二年，左街僧録道深薦（傳章）于太祖神德皇帝，賜師號曰義明。」

内供奉并引駕

内供奉授僧者，自唐肅宗聚兵靈武，至德元年，迴趨扶風，僧元皎受口敕，置藥師道場，令隨駕仗内赴，請公驗往鳳翔府開元寺御藥師道場，三七人六時行道。時道場内忽生一叢李樹，奉敕使驗實，李樹四十九莖，元皎表賀，批答：「瑞李繁滋，國興之兆。生伽藍之内，知佛日再興。感此殊祥，與師同慶。」又李讓國宣敕云：「敕内供奉僧元皎。」〔一〕。置此官者，元皎始也。次有子麟〔二〕者，泉州人也，繼受斯職。憲宗朝，端甫、皓月、栖白相次應命〔三〕。朱梁、後唐、晋、漢、周、我大宋無聞此職。爲引駕大德者，唯端甫稱之，此必敕補，儻自號私署，安可稱之？此命近亦不聞矣。然則車駕巡幸還京，僧道必具旛幢螺鈸遠迎。僧録、道録，騎馬引駕，而無敢自稱引駕者。太祖英武聖文神德皇帝敕兩街僧道各備威儀迎駕，今以爲常式矣。

【校注】

〔一〕宋高僧傳卷二四唐鳳翔府開元寺元皎傳：「釋元皎，靈武人也。有志操，與衆不群，以持明爲己務。天寶末，玄宗幸蜀，肅皇於靈武訓兵，計剋復京師，爲物議攸同，請帝即位，改元至德。及二年，返轅指扶風，帝素憑釋氏，擇清尚僧首途，若袚除然。北土西河所推，皎應其選，召入受敕旨，隨駕仗内赴京。尋敕令皎向前發，至于鳳翔，於開元寺置御藥師道場。更擇三七僧，六時行道，然燈歌唄，讃念持經，無敢言疲，精潔可量也。忽於法會内生一叢李樹，有四十九莖，具事奏聞，宣内使驗實。帝大驚喜，曰：『此大瑞應。』四月十八日，檢校御藥師道場念誦僧元皎等表賀，答敕曰：『瑞李繁滋，國之興兆。生在伽藍之内，足知覺樹之榮。感此殊祥，與師同慶。』皎之持誦，功能通感，率多此類。加署内供奉焉。」

〔二〕子麟：亦作「子璘」。佛祖統紀卷五三歷代會要志第十九之三「鄮山舍利」條：「肅宗内供奉子璘母亡，岳神令往鄮山禮塔，可免母罪。璘至寺，禮至四萬拜，母現身塔前，曰：吾承汝力，已生忉利。」

〔三〕端甫：參「德號」條注七。　皓月，宋高僧傳卷一一唐京兆華嚴寺智藏傳曰：「釋智藏，姓黄氏，豫章上高人也。父爲洪州掾，藏隨父入報國寺，見供奉皓月講涅槃經，微體經意，樂入佛門。」　栖白，敦煌遺書伯三八八六、斯四六五四卷鈔録其詩奉贈河西真法師，題署曰「京薦福寺内供奉大德棲白」，全唐詩卷八二三小傳云：「栖白，越中僧，前與姚合交，後與李洞、曹松相贈答。宣宗朝，嘗居薦福寺，内供奉，賜紫。詩一卷。今存十六首。」唐才子傳校箋卷三：「棲白，江南僧，後徙居長安薦福寺。李頻有題薦福寺僧棲白上人院詩（全唐詩卷五八九）。曾爲内供奉，賜紫。唐摭言卷一〇『海叙不遇』條云：『劉得仁，貴主之子，自開成至大中三朝，昆弟皆歷貴仕，而得仁苦於詩，出入舉場三十年，竟無所成。……既終，詩人争爲詩以弔之，唯供奉僧棲白擅名。』又按李洞叙事寄薦福棲白（全唐詩卷七二二）一詩有注云：『棲白有宣宗壽昌節詩。』據此可知，至遲在宣宗大中年間，棲白已爲内供奉。棲白以詩供奉曾歷數朝，杜寛哭棲白供奉（同上卷六〇六）詩云：『侍輦才難得，三朝有上人。琢詩方到骨，至死不離貧。』如棲白宣宗時始爲内供奉，歷三朝，則已至僖宗時，其卒或即在僖宗朝也。李洞叙舊游寄棲白（同上卷七二三）云：『吟詩五嶺尋無可，倏忽如今四十霜。』亦可證棲白享年頗長。」

封授官秩

夫出家之者，望五位以升階；得道之人，轉二依而就果。敢言其次，緣覺、應真以四果一生〔一〕而證成，經三生百劫而彰號，此聖賢之品秩也。宜修選業，可取殊科。其有震旦華風，縻賢好爵，因其所貴，而以貴之。昔後魏以趙郡沙門法果〔二〕爲沙門統，供施之不足，又官品之，遂授輔國、宜城子、忠信侯，尋進公爵曰「安城」。釋子封官，自法果始也。梁朝以慧超爲壽光殿學士〔三〕，又陸法和甚高官位〔四〕。後周選僧道中學問優贍者，充通道觀學士，仍改服色〔五〕。隋朝以彦琮爲翻經館學士〔六〕。唐中宗神龍二年，造聖善寺成，慧範、慧珍、法藏〔七〕、大行〔八〕、會寂、元璧、仁方、崇先、進國九人，加五品並朝散大夫縣公，房室器用料物，一如正員官給，以修大像之功也。尋加慧範正議〔九〕大夫、上庸郡公、聖善寺主，至銀青光禄大夫，俸料房閣，一事已上，同職官給。又安樂寺主僧萬歲加朝散大夫，封縣公，聖善寺都維那，俸禄亦同職官給，以營像成也。又沙門廓清充修功德使，檢校殿中監〔一〇〕。其次玄宗卜平内難，僧清潤封官三品。醫寧王疾愈，僧賜緋袍〔一一〕。代宗加不空三藏至開府儀同三司、肅國公〔一二〕。階爵之極，唯不空矣〔一三〕。

論曰：朝廷尚行於爵秩，釋子乃競於官階。官階匆盡期，貪愛無滿分，胡不養其妻子，跪拜君親？何異乎織女七襄，牽牛負軛者哉？有識達者，於此無取焉。不同陸法和、釋道平能施衛社之功，致有假官之目也。

【校注】

〔一〕生：底本作「坐」，金陵本作「座」，據底本校記改。

〔二〕參卷中「僧統」條。

〔三〕續高僧傳卷六梁楊都靈根寺釋惠超傳：「釋惠超，姓王，太原人。永嘉之亂，寓居襄陽。……又從智藏採習經論，藏曰：『此子秀發，當成美器。』藏之出處，多與同遊。備通諸部，名動京邑。後從慧集，餐聽毗尼，裁得數遍，集乃嘆曰：『不謂始學，已冰寒於水矣。』後還鄉定省，合境懷之，武帝敕還，爲壽光學士。」

〔四〕北齊書卷三二陸法和傳：「陸法和，不知何許人也。隱於江陵百里洲，衣食居處，一與苦行沙門同。」「梁元帝以法和爲都督、郢州刺史，封江乘縣公。」「天保六年春，清河王岳進軍臨江，法和舉州入齊。文宣以法和爲大都督十州諸軍事、太尉公、西南道大行臺。」

〔五〕集古今佛道論衡卷二周高祖登朝論屏佛法安法師上論事：「至建德三年歲在甲午五月十七日，遂普滅佛道二宗，別置通道觀，簡釋李有名者百二十員，並著衣冠，名爲通道觀學士。」

〔六〕續高僧傳卷二隋東都上林園翻經館沙門釋彦琮傳：「釋彦琮，俗緣李氏，趙郡柏人人也。……至于十歲，方許出家，改名道江。……及周武平齊，尋蒙延入，共談玄籍，深會帝心。敕預通道觀學士，時年二十有一。與宇文愷等周代朝賢，以大易、老、莊陪侍講論。江便外假俗衣，内持法服，更名彦琮。……至（開皇）十二年，敕召入京，復掌翻譯，住大興善，厚供頻仍。……大業二年，東都新治，與諸沙門詣闕朝賀，特被召入内禁，叙故累宵，談述治體，呈示文頌。其爲時主見知如此。因即下敕，於洛陽上林園立翻經館以處之。供給事隆，倍逾關輔。」

〔七〕宋高僧傳卷五周洛京佛授記寺法藏傳：「釋法藏，字賢首，姓康，康居人也。」

〔八〕宋高僧傳卷二四唐兗州泰嶽大行傳：「釋大行，齊州人也。……後時詔行入内宫，寢於御殿，敕賜號常精進菩薩，受開國公。」

〔九〕議：底本作「儀」，據淺野本、松本本改。

〔一〇〕佛祖統紀卷四〇法運通塞志第十七之七：「（中宗神龍）二月，敕造聖善寺，沙門慧範補正議大夫，封上庸郡公。法藏、慧珍九人，並朝大夫，封縣公。官給奉禄，一同正員。」「聖善寺成，敕上庸公慧範加銀青光禄大夫，充寺主。沙門萬歲加朝散大夫，封縣公，充都維那。沙門廣清檢校殿中監，充功德使。」

〔一一〕舊唐書卷九五諸王傳：「（開元）二十八年冬，憲寢疾，上令中使送醫藥及珍膳，相望於路，僧崇一療憲稍瘳，上大悦，特賜緋袍魚袋，以賞異崇一。」參「賜僧紫衣」條注六。

〔二〕宋高僧傳卷一唐京兆大興善寺不空傳：「釋不空，梵名阿目佉跋折羅，華言不空金剛，止行二字，略也，本北天竺婆羅門族。……俄而示疾，上表告辭，敕使勞問，賜醫藥，加開府儀同三司，封肅國公，食邑三千户，固讓不俞。」

〔三〕按：佛祖歷代通載卷二二亦曰：「望五位以升階，轉二依而就果者，上乘菩薩也。以四向一坐而證成，三生百劫而彰號者，緣覺聲聞也。聖賢品級，教有明文，唯妙悟自心，入佛知見者，千聖尚不爲，何階級之有？大教東被三百五十餘年，後魏以趙郡沙門法果爲沙門統，供施之不足，又官品之，遂授輔國、宜城子、忠信侯，尋進公爵曰『安城』。封官自果始也。梁以惠超爲壽光殿學士。後周選僧道中學問優贍者充通道觀學士，仍改服色。隋以彦琮爲翻經館學士。唐中宗神龍二年，造聖善寺成，惠範、惠珍、法藏、大行、會寂、元壁、仁方、崇先、進國九人加五品，並朝散大夫。蓋以營像修造之功也。尋加惠範正議大夫、上庸郡公、寺主，至銀青光禄大夫。俸料房閣已上，同職官給。玄宗卜平内難，僧清潤封官三品。醫寧王疾愈，僧賜緋袍。代宗加不空三藏至開府儀同三司、肅國公，食邑三千户。辭讓數四，不允。空曰：『吾以法濟世，不意垂死濫汚。』封爵故秩，唯空爲極矣。」當據僧史略此段文字，然亦有可與僧史略相互參看者，故摘録於此。

方等戒壇

此土之有戒壇〔一〕，起南朝求那跋摩三藏，爲宋國比丘於蔡州岸受戒而爲始也。自爾南北相次立壇，而無別名，後有南林戒壇〔二〕。高宗乾封二年，終南山道宣律師〔三〕建靈感戒壇於清官村精舍，天下名德，皆來重增戒品。築壇方成，有長眉僧壇前讚歎，即賓頭盧也。代宗永泰年三月二十八日，敕大興善寺方等戒壇〔四〕，所須一切官供。至四月，敕京城僧尼臨壇大德各置十人，永爲常式。所言方等戒壇者，蓋以壇法本出於諸律，律即小乘教也。小乘教中，須一一如法。片有乖違，則令受者不得戒，臨壇人犯罪，故謂之律教也。若大乘方等教，即不拘根缺緣差，並皆得受，但令發大心而領納之耳。方等者，即周遍義也。止觀論曰：「方等者，或言廣平。今謂方者，法也，如般若有四種方法，即四門入清涼池，故此方也。所契之理，即平等大慧，故云等也。」〔五〕稟順方等之文而立戒壇，故名方等壇也。既不細拘禁忌，廣大而平等，又可謂之廣平也。宣宗以會昌沙汰之後，僧尼再得出家，恐在俗中，寧無諸過。乃令先懺深罪，後增戒品。若非方等，豈容重入？取其周遍包容，故曰方等戒壇也。脱或一遵律範，無聞小過，入僧界法〔六〕，四種皆如，則不可稱爲方等也。然汎愛則人喜陵犯，嚴毅則物自肅然。末代住持，宜其嚴而少愛，則爲能也。

【校注】

〔一〕道宣關中創立戒壇圖經序：「比丘儀體，非戒不存，道必人弘，非戒不立。戒由作業而克，業必藉處而生，處曰『戒壇』。」

〔二〕高僧傳卷三求那跋摩傳：「求那跋摩，此云功德鎧，本剎利種。……奄然已終，春秋六十有五。……即於南林戒壇前依外國法闍毗之。」然未見有言其立壇者。此説見釋道宣撰關中創立戒壇圖經戒壇高下廣狹第四。

〔三〕見宋高僧傳卷一四唐京兆西明寺道宣傳。

〔四〕按：佛祖統紀卷五三歷代會要志第十九之三「立壇受戒」條：「唐高宗，宣律師於淨業寺建石戒壇。」「代宗，敕大興善寺建方等戒壇。」「穆宗，中書令王智興於泗州建方等戒壇，請遇聖誕度僧。」「敬宗，敕兩街建方等戒壇，左街安國寺，右街興福寺。」「宣宗，以會昌沙汰，敕上都、荆、揚、汴、益立方等戒壇，爲僧尼再度者重受戒法。」「懿宗，敕兩街四寺，各建戒壇度僧。」

〔五〕摩訶止觀卷二：「方等者，或言廣平。今言方者，法也。般若有四種方法，謂四門入清涼池，即方也；所契之理，平等大慧，即等也。」

〔六〕法華經文句輔正記卷一：「僧界法者，謂羯磨等法也。」

結社法集

晉宋間，有廬山慧遠法師，化行潯陽，高士逸人，輻湊于東林，皆願結香火。時雷次宗、宗炳、張詮、劉遺民、周續之等，共結白蓮華社，立彌陀像，求願往生安養國，謂之蓮社〔一〕。社之名，始於此也。齊竟陵文宣王募僧俗行浄住法〔二〕，亦浄住社也。梁僧祐曾撰法社建功德邑會文〔三〕。歷代以來，成就僧寺，爲法會社也。社之法，以衆輕成一重，濟事成功，莫近於社。今之結社，共作福因，條約嚴明，愈於公法。行人互相激勵，勤於修證，則社有生善之功大矣。近聞周鄭之地，邑社多結守庚申〔四〕會，初集鳴鐃鈸，唱佛歌讚，衆人念佛行道，或動絲竹，一夕不睡，以避三彭〔五〕奏上帝，免注罪奪算也。然此實道家之法，往往有無知釋子，入會圖謀小利，會不尋其根本。誤行邪法，深可痛哉！

【校注】

〔一〕釋氏要覽卷上「蓮社」條：「昔晉慧遠法師，唐宣宗謚大覺法師。雁門人，住廬山虎溪東林寺，招賢士劉遺民、宗炳、雷次宗、張野、張詮、周續之等爲會，修西方浄業。彼院多植白蓮。又彌陀佛國，以蓮華分九品，次第接人，故稱蓮社。有云嘉此社人不爲名利淤泥所污，喻如蓮華，故名之。有云遠公有弟子名法要，刻木爲十二葉蓮華，植於水中，用機關，凡拆一葉是一時，與刻漏無差，俾禮念不失正時，或因此名之。」

〔二〕浄住：即布薩。玄應撰一切經音義卷一四：「懺悔，此言訛略也。書無懺字，應言叉磨，此云忍，謂容恕我罪也。半月叉磨增長戒根。逋沙他，此云增長，戒名鉢羅帝提舍耶寐，此云我對説，謂相向説罪也。舊名布薩者，訛略也。譯爲浄住者，義翻也。」行浄住法，即舉行布薩法會。齊太宰竟陵文宣王法集録中，有述羊常弘廣齋、華嚴齋記、述放生東宫齋、八日禪靈寺齋並頌、龍華會並道林齋等，可知南齊竟陵王蕭子良常在其邸園開設齋會，舉行布薩。

〔三〕按：出三藏記集卷一三法苑雜緣原始集目録序第七著録有法社建功德邑記，注曰「出法社經」。疑即此法社建功德邑會文。

〔四〕守庚申：亦稱「守三尸」、「斬三尸」，指於庚申日通宵静坐不眠，以消滅「三尸」。段成式酉陽雜俎卷二：「庚申日，伏尸言人過，本命日，天曹計人行。三尸一日三朝，上尸青姑伐人眼，中尸白姑伐人五藏，下尸血姑伐人胃命。……七守庚申，三尸滅，三守庚申，三尸伏。」參下注。

〔五〕三彭：即三尸。「彭」爲三尸之姓。上尸名靈台，住腦海；中尸名靈爽，住絳宫；下尸名靈精，住腹下。

賜夏臘

天后朝，道士杜乂迴心，求願爲僧，敕許剃染，配佛授記寺，法名玄嶷，敕賜三十夏。

以其乍入法流，須居下位，苟賜虚臘，則頓爲老成也。賜夏臘起於此矣〔一〕。次長慶元年三月，天平軍節度使劉總，以幽州私第爲佛寺，詔以報恩爲名，仍遣中官焦仙晟以寺額賜之。總以幽〔二〕父之故，神情慌忽，故造佛寺。尋奏乞度爲僧，敕賜「大覺師」號〔三〕，仍加五十臘。此優異其人，欲令入法位高也。且律教許三人同引受戒，得法一時，尚推頭名爲大，豈分大族王門子弟邪？朝廷以劉氏久據幽州，美總創知順理，故加臘賜之，慰其意也。梁開平中，吴越王錢氏奏令季男出家，法名令因，敕賜紫衣，號法相大師〔四〕，加三十臘。自此止，今不聞行此也。所言臘者，經律中以七月十六日是比丘五分法身〔五〕生來之歲首，則七月十五日是臘除也。比丘出俗，不以俗年爲計，乃數夏臘耳。經律又謂十五日爲佛臘日〔六〕也。

【校注】

〔一〕宋高僧傳卷一七唐洛京佛授記寺玄嶷傳：「釋玄嶷，俗姓杜氏。幼入玄門，纔通經法，黄冠之侣，推其明哲，出類逸群，號杜乂鍊師。方登極籙，爲洛都大恒觀主。遊心七略，得理三玄，道術之流，推爲綱領。天后心崇大法，揚闡釋宗，乂悟其食蓼非甘，却行遠舍，願反初服，嚮佛而歸。遂懇求剃落，詔許度之，住佛授記寺，尋爲寺都焉。」佛祖統紀卷三九法運通塞志第十七之六：「（萬歲通天元年）洛陽弘道觀主杜義乞爲僧，賜名玄嶷，賜夏三十臘，敕住佛授記寺。嶷撰甄正論以尊佛教。述曰：佛制，受戒以先後爲次序。今玄嶷以新戒而居三十夏僧之上，雖曰國恩，實違佛制。厥後劉總賜五十夏，梁令因加三十臘，皆本於此日之非法也。」

〔二〕幽：金陵本作「憂」。

〔三〕參「賜師號」條注五。

〔四〕法相大師：佛祖統紀云「無相大師」。佛祖統紀卷五二法運通塞志十七之九：「（梁太祖開平四年）吳越王錢鏐幼子令因爲僧，敕賜紫衣無相大師，加同三十臘。」

〔五〕五分法身：竺佛念譯菩薩瓔珞經卷三識界品：「戒身、定身、慧身、解脱身、解脱知見身，是謂如來五分法身。」釋氏要覽卷中五身：「菩薩瓔珞經云：一、如如智法身，二、功德法身，三、自法身，四、變化法身，五、虛空法身。」

〔六〕楞嚴經集注卷一：「熏聞云：臘者，終歲祭祀之名也。夏曰嘉平，殷曰清祀，周曰大䄍，漢曰臘。臘，獵也，取禽獸祭先祖也。或云臘者，接也，新故交接也，故經律中謂七月十五日爲佛臘日，取此義。」

對王者稱謂

西域從始立名，至終不改，如阿難是佛成道夜生，號爲慶喜〔一〕。及受記結集，亦號阿難，諸皆效此。近見梵僧到，多名爲迦葉、文殊等，西土無嫌，亦如東夏相如、子貢之類也。案寄歸傳曰：西方受戒，以十夏前稱小師，十夏稱住位，通經論多者曰多聞、求寂，此皆通稱也。若單云僧，則四人以上方得稱之〔二〕。今謂分稱爲僧，理亦無爽，如萬二千五百人爲軍，或單己一人，亦稱軍也。僧亦同之。南山律師〔三〕云：沙門者，凡聖同稱也。西天異道，亦號沙門，故須釋字以別之。二種合稱，猶此方人稱爵里及姓氏也。然姓所同也，苟用單名，名所獨也，獨則簡濫焉。自魏晋以來，沙門多從師姓，如支道林姓關，從師姓支〔四〕；道安姓衛，從師佛圖澄姓帛。安獨悟曰：從師莫過於佛。佛本姓釋，遂通令比丘姓釋。東夏稱釋氏，自安始也。後阿含經梵本至，譯出，果有四河歸海，無復本名，四姓出家，咸稱釋氏之文，自相符合也〔五〕。新翻苾芻〔六〕者，由苾芻草有五德，因號之。比丘者，訛梵語也〔七〕。又舊曰除饉者，康僧會注法鏡經曰：凡夫於六情境，如餓夫夢食。出家人除去六情，名爲除饉也〔八〕。又習鑿齒呼道安爲道士〔九〕，西域人多稱我，卑於尊所，稱亦無嫌，故阿難云「如是我聞」也〔一〇〕。若此方對王者，漢、魏、兩晋或稱名，或云我，或云貧道。故法曠上書於晋簡文，稱貧道〔一一〕。支遁上書乞歸剡，亦稱貧道〔一二〕。道安諫符堅，自稱貧道，呼堅爲檀越〔一三〕。于時未爲定式。又跋陀對宋孝武云：從陛下乞願〔一四〕。此見呼陛下也。至南齊時，法獻、玄暢二人分爲僧正，對帝言論，稱名而不坐。後因中興寺僧鍾啓答稱貧道，帝嫌之，問王儉曰：「先輩沙門與帝王共語，何稱？正殿還坐不？」儉對曰：「漢魏佛法未興，不見紀傳。自僞國稍盛，皆稱貧道，亦聞預坐。及晋初亦然。中代有庾冰、桓玄等，皆欲使沙門盡禮，朝議紛紜，事皆休寢。宋之中朝，亦令致禮，尋且不行。自爾迄今，多預坐而稱貧道。」帝曰：「暢、獻二僧道業如此，尚自稱名，況復餘者？令揖拜則太甚，稱名亦無嫌。」由是沙門皆稱名於帝王，獻、暢爲始也〔一五〕。近朝今代，道薄人乖，稱謂表章，稱臣頓首。夫頓首者，拜也。稱臣，卑之極也。尋其所起，不出唐時。隋大興善寺翻經沙門法經等進衆經目録，猶未稱臣，止云衆沙門法經等謹白皇帝大檀越〔一六〕。後周釋曇積諫沙汰表，亦唯稱名，白皇帝大檀越，後稱貧道〔一七〕。若後周釋任道林對武帝詔曰又稱臣，詳其時，林形服已變〔一八〕，猶佛圖澄法孫王明廣〔一九〕同也，如作僧道林，必不稱臣也。唐西明寺沙門玄則上禪林妙記，後序中但稱「僧等」二字。故序云：遂以匠〔二〇〕物之餘，親迂睿旨，正名之末，特繕嘉題。僧等荷鎔施之恩，緘紹隆之澤云〔二一〕。唐三藏請御製經序表，稱沙門玄奘，答詔云「敕奘尚」而不名也〔二二〕。貞觀中，詔僧尼居道下，京邑沙門智實上表論班位，亦唯稱名〔二三〕。高宗勒僧道二教拜君親，時司戎議狀曰：不孝莫過於絶嗣，何不制以婚姻？不忠莫大於不臣，何不令稱臣妾〔二四〕？由是知之，唐之三葉，猶未稱臣也。肅宗上元元年三月八日，降御札，遣中使劉楚江請曹谿六祖所傳衣鉢入内，并詔弟子令韜。韜表辭年老，遣弟子明象上表稱臣，見于史傳〔二五〕。自此始也。或曰：法琳上表論道居僧上，云：「臣年迫桑〔二六〕榆，始遇太平之世；貌侵蒲柳，方值聖明之君。」〔二七〕若然者，法琳已自稱臣，何以高宗朝司戎議云「不忠莫大於不臣，何不令稱臣妾？」苟或琳公已稱，司戎必無此句。答曰：宣律、威秀〔二八〕等皆不稱臣，恐法琳危迫情切，乍稱之耳。朝廷未著于令式，衆不同稱，故司戎云「何不令稱臣妾」，其次又疑傳寫者錯誤耳。據此説，則法琳稱臣，又在初也。肅宗至德二年，隨駕檢校藥師道場，内供奉僧元皎奏道場内生李樹四十九莖，表中云：臣等忝爲臣子〔二九〕。至上元元年九月八日敕，今後僧尼朝會，並不須稱臣及禮拜〔三〇〕。斯乃因開元中令僧道拜時皆稱臣，至是方免也。大曆八年，又放元日、冬至，朝賀陪位。蓋以代宗之世，君臣表裏，偕重空門，此亦久汚則隆，既否終泰也〔三一〕。

【校注】

〔一〕翻譯名義集卷一十大弟子篇：「阿難，大論：『秦言歡喜。』佛成道時，斛飯王家使來白淨飯王言：『貴弟生男。』王心歡喜，言：『今日大吉。』語來使言：『是男當字爲阿難。』舉國欣慶，又名慶喜。亦翻無染，雖殘思未盡，隨佛入天人龍宮，見女心無染著故。玄云持三藏教。」

〔二〕南海寄歸内法傳卷三受戒軌則：「然西方行法，受近圓已去，名鐸曷攞，譯爲小師。滿十夏，名悉他薛攞，譯爲住位。得離依止而住，又得爲鄔波馱耶。凡有書疏往還，題云求寂某乙、小苾芻某乙、住位苾芻某乙。若學通内外，德行高著者，便云多聞苾芻某乙，不可云僧某乙。僧是僧伽，目乎大衆，寧容一己，輒道四人，西方無此法也。」

〔三〕南山律師：釋道宣。一生大部分時間居終南山，故世稱南山律師、南山大師，撰四分律删繁補闕行事鈔，解釋戒律，簡稱南山鈔、行事鈔。

〔四〕高僧傳卷四支遁傳：「支遁，字道林，本姓關氏，陳留人。或云河東林慮人。」其所師何人，史無明載。

〔五〕高僧傳卷五釋道安傳：「釋道安，姓衛氏，常山扶柳人也。……後爲受具戒，恣其遊學，至鄴入中寺，遇佛圖澄。澄見而嗟歎，與語終日。衆見形貌不稱，咸共輕怪，澄曰：『此人遠識，非爾儔也。』因事澄爲師。……初，魏晉沙門依師爲姓，故姓各不同。安以爲大師之本，莫尊釋迦，乃以釋命氏。後獲增一阿含，果稱四河入海，無復河名。四姓爲沙門，皆稱釋種。既懸與經符，遂爲永式。」

〔六〕慧琳撰一切經音義卷二：「苾蒭，上毗逸反，下測虞，梵語草名也。僧肇法師義苾蒭有四勝德：一名浄乞食，二名破煩惱，三名能持戒，四名能怖魔。梵文巧妙，一言具含四義，故存梵言也。」又，翻譯名義集卷三：「苾芻，古師云含五義：一、體性柔軟，喻出家人能折伏身語麤獷故；二、引蔓旁布，喻出家人傳法度人，連延不絶故；三、馨香遠聞，喻出家人戒德芬馥，爲衆所聞；四、能療疼痛，喻出家人能斷煩惱毒害故；五、不背日光，喻出家人常向佛日故。」

〔七〕一切經音義卷二七音妙法蓮花經序品：「比丘，梵云苾蒭，此具五義：一、怖魔，二、乞士，三、淨命，四、淨戒，五、破惡。」

〔八〕一切經音義卷三玄應撰明度無極經音義：「除饉，渠鎮反，舊經中或作除士、除女，或言薰士、薰女，今言比丘、比丘尼是也。分別功德論云：世人飢饉於色欲，比丘除此愛饉之飢想，故名除饉。又案梵言比丘，此云乞士，即與除饉義同。又康僧會注法鏡經云：凡夫貪染六塵，猶餓夫夢飯，不知猒足。人斷去貪染，除六情飢，故號出家者爲除饉也。」

〔九〕高僧傳卷五釋道安傳：「習鑿齒與謝安書云：『來此見釋道安，故是遠勝，非常道士。』」按：早期僧徒，多稱道士。如高僧傳卷二鳩摩羅什傳：「什拒而不受，辭甚苦到。光曰：『道士之操，不踰先父，何可固辭？』」此道士，即指鳩摩羅什。又如卷三求那跋摩傳：「初，未至一日，闍婆王母夜夢見一道士飛舶入國，明旦，果是跋摩來至。」

〔一〇〕按：佛經多有以「如是我聞」開頭者。

〔一一〕高僧傳卷五竺法曠傳：「竺法曠，姓睾，下邳人。……晉簡文皇帝遣堂邑太守曲安遠詔問起居，并諮以妖星，請曠爲力。曠答詔曰：『昔宋景修福，妖星移次，陛下光輔以來，政刑允輯，天下任重，萬機事殷，失之毫釐，差以千里。唯當勤修德政，以賽天譴，貧道必當盡誠上答，正恐有心無力耳。」」

〔一二〕高僧傳卷四支遁傳：「遁淹留京師，涉將三載，乃還東山，上書告辭。」其中有云：「貧道野逸東山，與世異榮。」「既而收迹剡山，畢命林澤。」

〔一三〕出三藏記集卷一五道安法師傳：「（苻堅）俄而顧謂安公曰：『朕將與公南遊吳越，整六師而巡狩，陟會稽而觀滄海，不亦樂乎？』安對曰：『檀越應天御世，有八州之富，居中土而制四海，宜棲神無爲，與堯舜比隆。今欲以百萬之衆，求厥田下下之土。且東南地卑氣厲，昔舜禹遊而不反，秦皇適而弗歸。以貧道觀之，非愚心所同也。平陽公懿戚，石越重臣，並謂不可，猶尚見拒，貧道輕淺，言必不允。既荷厚遇，敢不盡誠耳？』」

〔一四〕願：底本作「順」，據餘諸本改。高僧傳卷三求那跋陀羅傳：「求那跋陀羅，此云功德賢，中天竺人。……世祖明其純謹，益加禮遇。後因閑談，聊戲問曰：『念丞相不？』答曰：『受供十年，何可忘德？今從陛下乞願，願爲丞相三年燒香。』」

〔一五〕高僧傳卷一三法獻傳：「獻以永明之中，被敕與長干玄暢同爲僧主，分任南北兩岸。暢本秦州人，亦律禁清白，文惠太子奉爲戒師。獻後被敕三吴，使妙簡二衆。暢亦東行，重申受戒之法。時暢與獻二僧皆少習律檢，不競當世，與武帝共語，每稱名而不坐。後中興僧鍾，於乾和殿見帝。帝問鍾所宜，鍾答：『貧道比苦氣。』帝嫌之，乃問尚書王儉：『先輩沙門與帝王共語，何所稱？正殿坐不？』儉答：『漢魏佛法未興，不見其記傳。自僞國稍盛，皆稱貧道，亦預坐，及晋初亦然。中代有庾冰、桓玄等，皆欲使沙門盡敬，朝議紛紜，事皆休寢。宋之中朝，亦頗令致禮，而尋竟不行。自爾迄今，多預坐而稱貧道。』帝曰：『暢、獻二僧道業如此，尚自稱名，況復餘者？ 挹拜則太甚，稱名亦無嫌。』自爾沙門皆稱名於帝王，自暢、獻始也。」

〔一六〕法經等撰衆經總録卷七：「大興善寺翻經衆沙門法經等敬白皇帝大檀越：去五月十日，太常卿牛弘奉敕須撰衆經目録，經等謹即修撰。總計衆經合有二千二百五十七部，五千三百一十卷，凡爲七卷，別録六卷，總録一卷，繕寫始竟，謹用進呈。」

〔一七〕按：廣弘明集卷一七釋曇積諫周祖沙汰僧表，起始曰：「僧曇積白：皇帝大檀越，德握乾坤，心懸白日。」結尾曰：「貧道餘年賤質，寄命關右，欽化承恩，得存道業。是以呻吟策杖，送此丹誠，忏忤之愆，伏增戰越。敬白。」

〔一八〕見廣弘明集卷一〇周高祖巡鄴除殄佛法有前僧任道林上表請開法事。

〔一九〕文見廣弘明集卷一〇周天元立有上事者對衛元嵩。序曰：「前僧王明廣，大象元年二月二十七日，王明廣答衛元嵩上破佛法事。鄴城故趙武帝白馬寺佛圖澄孫弟子王明廣，誠惶誠恐，死罪上書。」

〔二〇〕匠：底本、淺野本作「所」，據底本校記及松本本、金陵本改。

〔二一〕見廣弘明集卷二〇京師西明寺釋玄則禪林妙記後集序：「遂以匠物之餘，親迂睿旨。正名之末，特繕嘉題。僧等荷鎔施之恩，緘紹隆之澤，爰初肅召，載惕中襟。」

〔二二〕見廣弘明集卷二二請御制經序表、敕答玄奘法師前表。

〔二三〕參見廣弘明集卷二五令道士在僧前詔并表。

〔二四〕見廣弘明集卷二五今上制沙門等致拜君親敕及司戎議。

〔二五〕按：「令韜」、「明象」，曹溪大師别傳韶州曹溪山釋迦惠能辭疾表作「行滔」、「惠象」：「上元二年，廣州節度韋利見奏，僧行滔及傳袈裟入内。孝感皇帝依奏。敕書曰：『敕曹溪山六祖傳袈裟，及僧行滔并俗弟子韋利，見令水陸給公乘，隨中使劉楚江赴上都。上元二年十二月十七日下。』又乾元二年正月一日，滔和上有表辭老疾，遣上足僧惠象及家人永和送傳法袈裟入内，隨中使劉楚江赴上都，四月八日得對。」又惠象辭歸表曰：「沙門臣惠象言：臣偏方賤品，叨簉桑門，樂處山林，恭持聖教。其前件衣鉢自達磨大師已來，轉相傳授，皆當時海内欽崇，沙界歸依，天人瞻仰，俾令後學覩物思人。臣雖不才，濫承付囑，一昨奉恩命勒送天宫，親自保持，永無失墜。臣之感荷，悲不自勝。是知大法之衣，萬劫不朽。京城緇侶，頂戴而行。然臣師主行滔，久傳法印，保兹衣鉢，如護髻珠，數奉德音，不敢違命。一朝已歿，奄棄明朝。臣今欲歸，至彼啓告神靈，宣述聖情，陳進衣改寺之由，叙念舊恤。今之狀臣，死將萬足，不勝涕戀，懇款之至，供奉表辭以聞。沙門惠象，誠悲誠戀，頓首頓首。謹書。」僧史略與宋高僧傳卷八唐韶州今南華寺慧能傳同：「後肅宗下詔能弟子令韜，韜稱疾不赴，遣明象齎傳法衣鉢，進呈畢給還。」

〔二六〕桒：底本誤作「乘」，據金陵本改。

〔二七〕按：釋彥悰撰唐護法沙門法琳別傳卷中：「琳年迫桒榆，始逢太平之世；貌侵蒲柳，方值聖明之君。竊聞子見一善，必獻其父；臣見一善，必獻其主。臣子於君父，敢不盡心者焉！何者？父有諍子，身不陷於不義；士有諍友，身不離於令名。琳等雖預出家，仍在臣子之列，有犯無隱，敢不陳之！」

〔二八〕宣律：即道宣。威秀，宋高僧傳卷一七唐京師大莊嚴寺威秀傳：「釋威秀，不知何許人也。博達多能，講宣是務。志存負荷，勇而有儀。其於筆語揆張，特推明敏。無何，天皇即位，龍朔二年四月十五日敕勒僧道咸施俗拜。時則僧徒惶惑，罔知所裁，秀嗟教道之中微，歎君王之慢法，乃上表稱沙門不合拜。」

〔二九〕參「內供奉并引駕」條注一。

〔三〇〕佛祖統紀卷四〇：「（上元元年）敕僧尼朝會，毋得稱臣。」

〔三一〕胡寅崇正辯卷三：「南齊法獻、玄暢二人爲僧正，對帝言論，稱名而不坐。後因中興寺僧鍾啓答稱『貧道』，帝嫌之，問王儉曰：『沙門與帝王共語何稱？正殿坐？』王儉對曰：『漢魏不見紀傳，自僞國皆稱貧道，與坐。晉初亦然。庾冰、桓玄等皆欲使沙門盡禮，尋亦休寢。』帝乃令稱名。近代道薄人乖，稱謂表章『臣頓首』。夫頓首者，拜也；稱臣，卑之極也。唐高宗勅僧道二教拜君親。時司戎議曰：『不孝莫過於絶嗣，何不制以婚姻？不忠莫大於不臣，何不令其臣妾？』上元元年九月，敕僧朝會，並不須稱臣、拜禮。乃因開元中令僧拜、稱臣，至是方免也。大曆八年，又放元日、冬至，朝賀陪位。蓋以代宗之世，君臣表裏，皆重空門，此亦久汙則隆，既否終泰也。」

臨壇法位〔一〕

壇上員位，準律，中國僧十人、尼二十人中受戒。邊方難得明毗尼師，則聽僧五人，尼十人中得戒〔二〕。比丘五人，尼五人也。此之聖言，可爲定量。近代尼但於本衆之中，十尼邊受，止得本法而已。此之戒月，方十二三，將圓未圓，必須二部僧中，乃得成就耳。案代宗永泰中，敕京城置僧尼臨壇大德各十人〔三〕。即依律中，中國二十人也，永爲通式，闕則填之，仍選明律德行優者充之。臨壇大德科目，自此始也。德宗貞元十二年，敕永泰寺置戒壇度僧，時歡喜和尚、保唐禪宗並敕令受戒〔四〕。至會昌、大中中，玄暢通明律教，充内外臨壇大德〔五〕。詳其内外之名，暢公之前已應有矣：昔薛道衡女德芳有才學，在太宗宫中，後願出家，帝爲造内鶴林寺，請十人大德入内受戒〔六〕。此即内臨壇也。及懿宗於咸泰殿築壇，度内福壽寺尼受大戒，兩街僧尼大德二十人入〔七〕。玄暢預兹法席，故補内臨壇。咸通三年壬午歲四月一日，敕兩街僧尼四寺各置方等戒壇，右街千福、延唐二寺度人各三七日，暢公復預此數，故云内外臨壇大德。今有未臨内壇而自稱内外臨壇，良可笑也。又聞于時或以僧録爲宗主，不然則律宗極高者號宗主，僧録則加臨壇選練之目也。追思晉、宋、北梁、後唐、晉、漢、周唯行十師法，餘有壇外員位，更五六人而止矣。追思晉、宋、北齊、北魏、周、隋、梁、陳、歷代帝王非不度僧，唯唐宣宗重洗懺方等壇，度僧不少。我大宋太平興國初年及七年，度僧一十七萬有餘〔八〕，古之莫比。緇徒孔熾，在于兹矣。

【校注】

〔一〕位：底本無，據金陵本補。

〔二〕四分律删繁補闕行事鈔卷一標宗顯德篇：「我滅度後，有五種法令久住：一、毗尼者是汝大師；二、下至五人，持律在世；三、若有中國十人，邊地五人，如法受戒；四、乃至有二十人，如法出罪；五、以律師持律故，佛法住世五千年。」卷三尼衆别行篇：「若依律本，比丘尼僧應將受戒者至大僧中，乃至文云二部僧具足滿，故知僧尼二十人也。」

〔三〕按：佛祖統紀卷四一：「（唐代宗永泰元年十月）敕大興善寺建方等戒壇，立臨壇大德十人。」

〔四〕宋高僧傳卷二九唐京兆歡喜傳：「釋歡喜，不知何許人也。性無羈束，慈忍寬和，人未嘗見其慍色，故號之焉。觀國之光，至于京輦，貴達下民延之，少見違拒。言語不常，事迹難測。德宗皇帝聞而重之。興元十二年，敕永泰寺置戒壇度僧。時喜與保唐禪宗別敕令受戒，緇伍榮之。」

〔五〕宋高僧傳卷一七唐京兆福壽寺玄暢傳：「暢於大中中，凡遇誕辰入内談論，即賜紫袈裟，充内外臨壇大德。」

〔六〕大唐大慈恩寺三藏法師傳卷八：「（顯慶元年）二月，有尼寶乘者，高祖太武皇帝之婕妤、隋襄州總管臨河公薛道衡之女也。德芬彤管，美擅椒闈。父既學業見稱，女亦不虧家訓。妙通經史，兼善文才。大帝幼時，從其受學，嗣位之後，以師傅舊恩，封河東郡夫人，禮敬甚重。夫人情慕出家，帝從其志，爲禁中別造鶴林寺而處之，并建碑述德。又度侍者數十人，並四事公給，將進具戒。至二月十日，敕迎法師并將大德九人，各一侍者，赴鶴林寺，爲河東郡夫人薛尼受戒。」

〔七〕宋高僧傳卷六唐京兆大安國寺僧徹傳：「懿宗皇帝留心釋氏，頗異前朝，遇八齋日，必内中飯僧，數盈萬計。帝因法集，躬爲讚唄。……又敕兩街四寺行方等懺法，戒壇度僧各三七日，別宣僧尼大德二十人，入咸泰殿置壇度内福壽寺尼。」

〔八〕按：弘贊在㣲編解惑篇卷上之上引國朝會要并統紀曰：「太平興國元年，敕普度天下童子。……（七年）詔普度天下童行爲僧，不限有司常制，自即位至八年，度一十七萬餘人。

敕天下諸路，皆立戒壇，凡九十七所。」

度僧規利

緬想前朝，度僧相繼，所開壇法，無不利他。俄有澆時，乃求利國，雖是權宜之制，終招負處之殃。今序少端，用遮後世。唐肅宗在靈武新立，百度惟艱，最闕軍須，因成詭計。時宰臣裴冕隨駕至扶風，奏下令賣官，鬻度僧尼道士，以軍儲爲務，人有不願，科令就之，其價益賤，事轉成弊〔一〕。鬻度僧道，自冕始也。後諸征鎮，尤而效焉。如徐州王智興奏置戒壇於臨淮佛寺，先納錢，後與度，至有輸賄後不受法者多矣。李德祐在潤州，具奏其事云：自唐末已來，諸侯角立，稍闕軍須，則召度僧尼道士。先納財謂之香水錢，後給公牒云〔二〕。念此爲弊事，復毁法門，吁哉！

【校注】

〔一〕舊唐書卷一一三裴冕傳：「（裴）冕性忠勤，悉心奉公，稍得人心。然不識大體，以聚人曰財，乃下令賣官鬻爵，度尼僧道士，以儲積爲務。人不願者，科令就之，其價益賤，事轉爲弊。」

〔二〕舊唐書卷一七上敬宗紀：「（長慶四年十二月）乙未，徐泗王智興請置僧尼戒壇，浙西觀察使李德裕奏狀論其奸幸。時自憲宗朝有敕禁私度戒壇，智興冒禁陳請，蓋緣久不興置，由是天下沙門奔走如不及。智興邀其厚利，由是致富，時議醜之。」舊唐書卷一七四李德裕傳：「元和已來，累敕天下州府，不得私度僧尼。徐州節度使王智興聚貨無厭，以敬宗誕月，請於泗州置僧壇，度人資福，以邀厚利。江、淮之民，皆群黨渡淮。德裕奏論曰：『王智興於所屬泗州置僧尼戒壇，自去冬於江、淮已南，所在懸榜招置。江、淮自元和二年後，不敢私度。自聞泗州有壇，户有三丁必令一丁落髮，意在規避王徭，影庇資産。自正月已來，落髮者無算。臣今於蒜山渡點其過者，一日一百餘人，勘問唯十四人是舊日沙彌，餘是蘇、常百姓，亦無本州文憑，尋已勒還本貫。訪聞泗州置壇次第，凡僧徒到者，人納二緡，給牒即回，别無法事。若不特行禁止，比到誕節，計江、淮已南，失却六十萬丁壯。此事非細，繫於朝廷法度。』狀奏，即日詔徐州罷之。」

賜謚號

僧循萬行，故有迹焉。善行則謚以嘉名，惡行則人皆不齒，是以六群比丘，終非杜多之號；六和勝士，方旌所易之名〔一〕。自漢、魏、晉、宋，無聞斯禮。後魏重高僧法果，生署之以官，死幸之而臨，去聲。乃追贈「胡靈公」〔二〕，此僧謚之始也。果爲沙門統，封公爵，追贈「胡靈」，謚也。原此，出於太常寺矣。後周、隋世、唐初，皆不行。至天后朝，有北宗神秀居荊州。神龍二年，詔賜謚大通禪師矣〔三〕。又有西域菩提留支，長壽二年至洛陽，止授記寺。神龍二年，隨駕西京，住崇福寺翻經。中宗、睿宗，曾親筆授。開元中，年一百五十六歲，敕賜鴻臚卿，卒謚一切遍知三藏〔四〕。又沙門一行卒，謚大慧禪師〔五〕。文宗朝，謚端甫爲大達法師〔六〕。宣宗謚廬山慧遠爲大覺法師〔七〕。懿宗謚南山道宣爲澄照大師〔八〕。此後諸道奏舉名僧逸士，朝廷加謚，累代有之。

【校注】

〔一〕六群比丘：佛世時聚集結黨、出入成群的六名比丘。常作非威儀之事，故佛制戒律，多緣之而起。薩婆多毗尼毗婆沙卷四三十事初結長衣戒因緣：「六群比丘者，一、難途，二、跋難陀，三、迦留陀夷，四、闡那，五、馬宿，六、滿宿。云二人得漏盡入無餘涅槃：一、迦留陀夷，二、闡那；二人生天上，又云二人犯重戒，又云不犯，若犯重者不得生天也：一、難途，二、跋難陀；二人墮惡道生龍中：一、馬宿，二、滿宿。二人善解算數陰陽變運：一、難途，二、跋難陀；二人深通射道：一、迦留陀夷，二、闡那；二人善於音樂、種種戲笑：一、馬宿，二、滿宿。二人善於説法論議：一、難途，二、跋難陀；二人深解阿毗曇：一、迦留陀夷，二、闡那；二人事事皆能，亦巧説法論議，亦解阿毗曇：一、馬宿，二、滿宿。又云此六人無往不通，通達三藏十二部經，内爲法之棟棟，外爲佛法大護。二人多欲：一、難途，

二、跋難陀；二人多瞋：一、馬宿，二、滿宿；二人多癡：一、迦留陀夷，二、闡那。又云三人多欲：一、難途，二、跋難陀，三、迦留陀夷；二人多瞋：一、馬宿，二、滿宿；一人多癡，闡那是也。五人是釋種子王種：難途、跋難陀、馬宿、滿宿、闡那；一是婆羅門種：迦留陀夷。六人俱是豪族，共相影響，相與爲友，宣通佛教。」按：其名號，諸經律所載不完全相同。　六和：亦稱六和敬，謂身和共住、口和無諍、意和同事、戒和同修、見和同解、利和同均。　勝士：對持浄戒者的尊稱。

〔二〕法果：參卷中「僧統」條。

〔三〕宋高僧傳卷八唐荆州當陽山度門寺神秀傳：「釋神秀，俗姓李氏，今東京尉氏人也。……秀以神龍二年卒，士庶皆來送葬，詔賜謚曰大通禪師。」

〔四〕見宋高僧傳卷三唐洛京長壽寺菩提流志傳。

〔五〕宋高僧傳卷五唐中嶽嵩陽寺一行傳：「釋一行，俗姓張，鉅鹿人也。……自終及葬，凡經二七日，爪甲不變，髭髮更長，形色怡悦，時衆驚異。帝覽奏悲愴，曰：『禪師捨朕，深用哀慕。』喪事官供，詔葬于銅人原，謚曰大慧禪師。御撰塔銘，天下釋子榮之。」

〔六〕宋高僧傳卷六唐京師大安國寺端甫傳：「釋端甫，俗姓趙氏，天水人也，世爲秦著姓焉。……以開成元年六月一日，西向右脅而滅。當暑而尊容若生，終夕而異香猶鬱。其年七月六日，遷於長樂之南原，遺命荼毗，得舍利三百餘粒，方熾而神光月皎，既燼而靈骨珠圓。賜謚曰大達，塔曰玄祕。」

〔七〕按：「大覺」疑誤，當爲「辯覺」。佛祖統紀卷二六蓮社七祖：「唐宣宗大中二年，追謚辯覺大師。昇元三年，追謚正覺。」廬山記卷一叙山北：「遠公初謚辯覺。昇元三年，謚正覺大師。興國三年，謚圓悟大師，仍名其墳曰凝寂之塔。」

〔八〕佛祖統紀卷四二法運通塞志十七之九：「（懿宗咸通十年）敕追謚南山道宣律師曰澄照。」

菩薩僧

昔漢、魏、晉朝，沙門名號，用捨不同，故有號竺法護爲燉煌菩薩〔一〕，及天竺菩薩竺佛朔、月支菩薩支讖等〔二〕。僞國不聞此説。後周太武皇帝廢釋道二教，建德三年，詔擇釋道有名德者，别立道觀，改形服爲學士。帝賜小道安牙笏，位以朝列，不就〔三〕。尋武帝崩，天元宣帝立，意欲漸興佛教，未便除先帝之制。大象元年敕曰：「太武皇帝爲嫌濁穢，廢而不立。朕簡耆舊學業僧二百二十人，勿翦髮毁形，於東西二京陟岵寺爲國行道，所資公給〔四〕。」時有高僧智藏，姓荀氏，建德二年，隱終南紫閣峰。至宣帝時出謁，敕令長髮，爲菩薩僧，作陟岵寺主。大象二年，隋文作相，藏謁之，因得落髮〔五〕。又，釋彦琮〔六〕不願爲通道觀學士，以其菩薩僧須戴花冠、衣瓔珞，像菩薩相，高僧惡作此形，非佛制也。初立通道觀，員置百二十人，選釋李門人有當代名行者，著衣冠笏履，爲通道觀學士。于時僧道混然，大較是令毀戒僧入道也。有前沙門樊普曠者，彭亨調笑，帝頗重之。抑入通道，退，常剪髮留鬚。帝問，對曰：「臣學陛下。二教雖除，猶存通道。鬚爲俗飾，故留；髮非俗教，故遺。」帝曰：「俗有留髮加冠，何言非教？」曠曰：「無髮之士，豈是無教耶？臣願加之冠，何損？」自爾常净髮著冠纓。人問，答曰：「我患熱也。」〔七〕又靈幹者，初簡入菩薩僧，後方剃髮矣〔八〕。究其心游佛理，行切苦空，證聖之深，登地以去，則無沙門之形也。佛法汚隆，王臣制作。遇其抑勒，知〔九〕復奈何！凡百學徒，觀此思事。

【校注】

〔一〕高僧傳卷一竺法護傳：「竺曇摩羅刹，此云法護，其先月支人，本姓支氏。」「護世居燉煌，而化道周給，時人咸謂燉煌菩薩也。」開元釋教録卷二：「護世居燉煌，而化道周洽，時人咸謂之燉煌菩薩也。衆録或云月支菩薩，亦云天竺菩薩者，斯皆重其德，稱美其號也。」

〔二〕按：高僧傳卷一支樓迦讖傳：「支樓迦讖，亦直云支讖，本月支人。」「時有天竺沙門竺佛朔，亦以漢靈之時，齎道行經來適雒陽。」出三藏記集卷七般舟三昧經記：「光和二年十月八日，天竺菩薩竺朔佛於洛陽出，菩薩法護（校注者按：此四字疑爲衍文）時傳言者月支菩薩支讖。」

〔三〕續高僧傳卷二三周京師大中興寺釋道安傳：「釋道安，俗姓姚，憑翊胡城人也。……至建德三年歲在甲午五月十七日，乃普滅佛道二宗，别置通道觀，簡釋、李有名者，並著衣冠，爲學士焉。事在别傳。安削迹潛聲，逃于林澤。帝下敕搜訪，執詣王庭，親致勞接，賜牙笏綵帛，并位以朝列。竟並不就。」

〔四〕廣弘明集卷一〇周祖巡鄴請開佛法事：「（周大象元年）四月二十八日，下詔曰：佛義幽深，神奇弘大，必廣開化儀，通其修行。崇奉之徒，依經自檢。遵道之人，勿須剪髮毁形，以乖大道。宜可存鬚髮嚴服，以進高趣。令選舊沙門中懿德貞潔、學業沖博、名實灼然、聲望可嘉者一百二十人，在陟岵寺爲國行道，擬欲供給資須，四事無乏。」

〔五〕按：僧傳中名曰智藏者多，然姓荀氏，且行迹與此智藏同者無。疑此「智藏」，或爲「法藏」之誤。續高僧傳卷一九唐終南山紫蓋沙門釋法藏傳：「釋法藏，姓荀氏，潁川潁陰人。……建德二年二月，刷心蕩志，挾鉢擎函，投於紫蓋山，山即終南之一峰也。乃獨立禪房高巖之下，衣以百納，飡以朮松，面青天而沃心，吸白雲而填臆。……惟藏山居，依道自隱。綿歷八載，常思開法。至宣帝大象元年九月，下山謁帝，意崇三寶。……下敕曰：朕欲爲菩薩治化。此僧既從紫蓋山來，正合朕意。宜令長髮，著菩薩衣冠，爲陟岵寺主。……大象二年五月二十五日，隋祖作相於虎門學。六月，藏又下山，與大丞相對論三寶經宿，即蒙剃落。」

〔六〕參「封授官秩」條注六。

〔七〕續高僧傳卷一一唐京師慈門寺釋普曠傳：「釋普曠，俗姓樊氏，扶風鄠人也。」「建德之年，將壞二教，關中五衆，騷擾不安。曠聞之，躬往帝庭，廣陳至理。不納其言，退而私業。于斯時也，寺塔湮廢，投命莫從。遠造則力竭難通，近從則心輕易徙，遂因其俗位，消息其中。武帝雖滅二教，意存李術，便更置通道觀學士三百人，並選佛道兩宗奇才俊邁者充之。曠理義精通，時共僉舉。任居學正，剖斷時秀，爲諸生先。不久廢觀，聽士隨才賦任。曠力怯躬耕，粇粒無委，寄禄登庸，復任岐山從事。奉遵舊約，不黷情染衣，故氈裝倨傲，臨官剃髮留鬚，頭戴紗帽，纓其咽領，用爲常軌。有事判約，筆斷如流。務涉繁擁者，便云我本道人，不閑俗綱。周國上下咸委其儀度也。顧曠通博，任其處世。隋氏將興，菩薩僧立，相如朝服，不同剃剪，員置百二十人，並括前法牙角不涅塵俗者。曠識悟聞達，當其一焉。」廣弘明集卷一〇周祖廢二教立通道觀詔：「于時員置百二十人監護，吏力各有差，並選釋李門人有名當世者，著衣冠笏履，名通道觀學士。有前沙門京兆樊普曠者，彭亨譎詭，調笑動人，帝頗重之。召入通道，雖被抑退，常翦髮留鬚。帝問何事去留，曠曰：『臣學陛下。二教雖除，猶存通道。鬚爲俗飾，故留。髮非俗教，故遣。』帝曰：『俗有留髮，上加以冠，何言非教？』曠曰：『無髮之士，豈是教乎？臣預除之，加冠何損？』帝笑之。自爾常浄剃髮著冠纓領，人有問者，曰『我患熱也』云云。」

〔八〕續高僧傳卷一二隋西京大禪定道場釋靈幹傳：「釋靈幹，姓李氏，金城狄道人。……冠年受具，專志毗尼，而立性翹仰，恭攝成節，三業護持，均持遮性。周武滅法，通廢仁祠。居家奉戒，儀體無失。隋開佛日，有敕簡入菩薩數中，官給衣鉢，少林置館。雖蒙厚供，而形同俗侶。開皇三年，於洛州浄土寺方得落髮。」

〔九〕行誠按：「『知』字，恐『無』字。」底本校記：「知＝無。」

得道證果尼附

問曰：竺乾化境，證果人多，何以法被中華，窈無蹤迹？答曰：我教以信解修證爲階，若信佛言，則解佛意。當修聖行，必登果證也。又以教理行果四種撿之，則時有正法像法，去聖如近，四種猶全，望聖纔遥，四種多缺矣。或曰：服食素治己病。病損連服，必至長生。長生不已，則白日上升。豈非目擊？何釋門罕聞此驗耶？答曰：譬猶下種，秋成各殊。彼以尸解〔一〕上升爲極，我則斷障出纏，由賢入聖，然後游戲神通而作佛事，爲化利有情之故。豈同其自了自遷而爲極事也？如其要知，略陳梗概：案漢法本内傳，摩騰角法既勝，踊身虚空説偈〔二〕等，此現通驗果證之始也。又安清度邾亭湖蛇，了三世殘業〔三〕。次則天台飛錫〔四〕，瓜步浮杯〔五〕，真諦敷坐具而涉江〔六〕，圖澄開腹腸而洗浄〔七〕，道開石子而充食〔八〕，乞僧羊酒而却存〔九〕，法進足離地而行〔一〇〕，跋摩蹈席華而潔〔一一〕，法雲公日行萬里〔一二〕，僧伽師身現泗濱〔一三〕，如此諸師，還得果不？我宗中重生，故名生論。一中本待生故，而獲大果也。他宗重往，故名生生身〔一四〕。乘剛躡桷，何爲究盡？無以白日上升少許修鍊，而比於無漏業資現神逞變之作也。何云罕見聞耶？自聵其耳，非雷霆之吝聲也。

【校注】

〔一〕尸解：道教謂得道後遺棄肉體而仙去，或不留遺體，只假託一物遺世而升天。

〔二〕歷代法寶記卷一：「永平十四年正月一日，五岳霍山、白鹿山道士褚善信、費齋才等六百九十人等表奏：『臣聞太上無形，虚無自然，上古同尊，百王不易。陛下棄本逐末，求教西域，化謂胡神，所説不參。華夏臣等多有聰惠，博涉經典，願陛下許臣等得與比校。若有勝者，願除虚詐。如其不如，任從重決。』帝曰：『依敕。』所司命辨供具，并五品已上文武内外官寮，至十五日平旦，集於白馬寺。道士在寺門外，置三壇，開二十四門。帝在寺門外，置舍利及佛經像，設七寶行殿。褚善信、費齋才等，以道經子書苻術等，置於壇上，以火驗之。悲淚咒曰：『胡神亂我華夏，願太上天尊，曉衆生得辨真僞。』道經子書苻術等，見火化爲灰燼。道士驚愕，先昇天者，昇天不得；先隱形者，隱形不得；先入水火者，不敢入；先禁咒者，唤策不能應。種種功能，並無一驗。褚善信、費齋才等自感而死。時佛舍利放五色光明，旋環如蓋，遍覆大衆，光蔽日輪。摩騰法師坐卧虚空，神化自在，天雨寶花及天音樂。竺法蘭梵音讚歎，摩騰法師説偈曰：『狐非師子類，燈非日月明。池無巨海納，丘無嵩岳榮。』明帝大悦，放五品已上公侯子女及陰夫人等出家。道士六百人，投佛出家。法蘭誦出家功德經及佛本生等經，明帝大喜，舉國歸依佛教。」

〔三〕高僧傳卷一安清傳：「安清，字世高，安息國王正后之太子也。……高遊化中國，宣經事畢，值靈帝之末，關雒擾亂，乃振錫江南，云：『我當過廬山度昔同學。』行達郱亭湖廟。此廟舊有靈威，商旅祈禱，乃分風上下，各無留滯。嘗有乞神竹者，未許輒取，舫即覆没，竹還本處。自是舟人敬憚，莫不懾影。高同旅三十餘船，奉牲請福，神乃降祝曰：『船有沙門，可便呼上。』客咸驚愕，請高入廟。神告高曰：『吾昔外國與子俱出家學道，好行布施，而性多瞋怒。今爲郱亭廟神，周迴千里，並吾所治。以布施故，珍玩甚豐。以瞋恚故，墮此神報。今見同學，悲欣可言。壽盡旦夕，而醜形長大。若於此捨命，穢污江湖，當度山西澤中。此身滅後，恐墮地獄。吾有絹千疋，并雜寶物，可爲立法營塔，使生善處也。』高曰：『故來相度，何不出形？』神曰：『形甚醜異，衆人必懼。』高曰：『但出，衆人不怪也。』神從牀後出頭，乃是大蟒，不知尾之長短。至高膝邊，高向之梵語數番，讚唄數契，蟒悲淚如雨，須臾還隱。高即取絹物，辭别而去。舟侣颺帆，蟒復出身，登山而望。衆人舉手，然後乃滅。倏忽之頃，便達豫章，即以廟物造東寺。高去後，神即命過。暮有一少年，上船長跪高前，受其咒願，忽然不見。高謂船人曰：『向之少年，即䢼亭廟神，得離惡形矣。』」

〔四〕天台九祖傳卷一：「時有異道，懷嫉密告陳主，誣師北僧，陰受齊券，掘斷嶽心。敕使至山，見兩虎咆憤，驚駭而退。數日，復進召師，師謂使曰：『尊使先行，貧道續來。』師飛錫而往至京，四門俱見師入。監使同時共奏，帝驚異引見，敕承靈應，乃迎下都，止栖玄寺，一無所問。」

〔五〕高僧傳卷一〇杯度傳：「杯度者，不知姓名，常乘木杯度水，因而爲目。」「後欲往瓜步江（校注者按：大正藏本作延步江），於江側就航人告度，不肯載之。復累足杯中，顧眄吟詠。杯自然流，直度北岸。」

〔六〕續高僧傳卷一陳南海郡西天竺沙門拘那羅陀傳：「拘那羅陀，陳言親依；或云波羅末陀，譯云真諦。並梵文之名字也。本西天竺優禪尼國人焉。」「嘗居別所，四絶水洲，紇往造之，嶺峻濤涌，未敢陵犯。諦乃鋪舒坐具在於水上，跏坐其内，如乘舟焉，浮波達岸。既登接對而坐具不濕，依常敷置。有時或以荷葉，蹋水乘之而度。如斯神異，其例甚衆。」

〔七〕高僧傳卷九佛圖澄傳：「竺佛圖澄者，西域人也，本姓帛氏。」「澄左乳傍先有一孔，圍四五寸，通徹腹内。有時腸從中出，或以絮塞孔。夜欲讀書，輒拔絮，則一室洞明。又齋日，輒至水邊，引腸洗之，還復内中。」

〔八〕高僧傳卷九單道開傳：「單道開，姓孟，燉煌人。少懷栖隱，誦經四十餘萬言，絶穀，餌柏實。柏實難得，復服松脂，後服細石子。一呑數枚，數日一服。或時多少噉薑椒，如此七年。」

〔九〕高僧傳卷四于法開傳：「于法開，不知何許人，事蘭公爲弟子。」「又祖述耆婆，妙通醫法。嘗乞食投主人家，値婦人在草危急，衆治不驗，舉家遑擾。開曰：『此易治耳。』主人正宰羊欲爲淫祀，開令先取少肉爲羹進竟，因氣針之。須臾，羊膜裹兒而出。」

〔一〇〕續高僧傳卷一八隋益州響應山道場釋法進傳：「釋法進，不知氏族，住益州綿竹縣響應山玉女寺。」「開皇中，蜀王秀臨益州，妃患心腹，諸治不損。……乃使長史張英等往山，請出爲妃治病。報曰：『吾在山住，向八十年，與木同性。』餘更苦邀，進答曰：『盡命於此，可自早還。』信返具報，王使六司官人犢車四乘，將從百人，重往迎請。進曰：『王雖貴勝，命有所屬。』執志如初。信還，王大怒，自入山，將手加罪。既至山寺，禮佛見進，不覺身戰汗流。王曰：『奉請禪師爲妃治病。禪師慈悲，願救此苦。』答曰：『殺羊食心，豈不苦痛？一切衆生，皆是佛子，何因於妃，偏生此愛？』王慚愧懺悔，仍請出。乃曰：『王命既重，不可不行。王自先行，貧道生不乘騎，當可後去。』王曰：『弟子步從，與師同行。』報曰：『出家人與俗異，但前行，應同到。』王行兩日方至，進一日便達。徑入妃堂，見進流汗，因爾除差。施絹五百段、納衣袈裟什物等，進令王妃以水盥手，執物咒願，總用迴入法聚寺基業，即辭還山，王與妃見進足離地可四五寸。以大業十三年正月八日終此山中，龍吟猿叫，諠寺三日矣。」

〔一一〕高僧傳卷三求那跋摩傳：「求那跋摩，此云功德鎧，本剎利種。」「其年夏，在定林下寺安居。時有信者採華布席，唯跋摩所坐，華彩更鮮。衆咸崇以聖禮。」

〔一二〕宋高僧傳卷一八唐虢州閿鄉萬迴傳：「釋萬迴，俗姓張氏，虢州閿鄉人也。……年始十歲，兄戍遼陽，一云安西，久無消息，母憂之甚，乃爲設齋祈福。迴倏白母曰：『兄安，極易知耳，奚用憂爲？』因裹齋餘，出門徑去，際晚而歸，執其兄書云：『平善。』問其所由，默而無對，去來萬里。後時兄歸云：『此日與迴言，適從家來，因授餅餌，其啗而返。』舉家驚喜。自爾人皆改觀，聲聞朝廷。」「然其施作，皆不可輒量，出言則必有其故。敕賜號爲法雲公。」「系曰：日行萬里，非人必矣。」

〔一三〕宋高僧傳卷一八唐泗州普光王寺僧伽傳：「釋僧伽者，葱嶺北何國人也，自言俗姓何氏，亦猶僧會本康居國人，便命爲康僧會也。然合有胡梵姓名，名既梵音，姓涉華語。詳其何國，在碎葉國東北，是碎葉附庸耳。伽在本土，少而出家。爲僧之後，誓志遊方。始至西涼府，次歷江淮，當龍朔初年也。登即隸名於山陽龍興寺，自此始露神異。」「咸通中，龐勛者本徐州戍卒，擅離桂管，沿路劫掠而攻泗州，圍逼其城。伽於塔頂現形，外寇皆睡，城中偶出擊之，驚竄而陷，宿州以事奏聞，仍錫號證聖大師也。」「洎乎周世宗有事于江南，先攻取泗上。伽寄夢於州民言：『不宜輕敵。』如是達于州牧，皆未之信。自爾家家夢同，告之，遂降，全一郡生民，賴伽之庇矣。」

〔四〕按：「我宗中重生，故名生論。一中本待生故，而獲大果也。他宗重往，故名生生身」句，行誡按：「一中，恐『一生』誤；待生，『無生』誤；重往，恐『重生』誤。」底本校記同。金陵本此句作：「我宗中重無生，故名無生論。一生本無生故，而獲大果也。他宗重生，故名生生身。」

尼

晉代有尼淨撿，此方女人得戒之上首也。一旦中庭有光，上屬于天，若虹霓狀，中有天女相，見欣然攜手，撿遂引弟子躡光而去〔一〕。又桓宣武窺尼入浴室，見其刲割可畏，出而無他。蓋以誡宣武，温由是滅其跋扈〔二〕。又隋尼智仙知文帝當爲天子，通變不測〔三〕。厥徒實繁，略舉尤者。尼女尚然，況丈夫釋子者乎！

【校注】

〔一〕比丘尼傳卷一晉竹林寺淨撿尼傳：「淨撿，本姓仲，名令儀，彭城人也。……到升平末，忽復聞前香，并見赤氣，有一女人，手把五色花自空而下，撿見欣然，因語衆曰：『好持後事，我今行矣。』執手辭别，騰空而上。所行之路，有似虹蜺，直屬于天。時年七十矣。」

〔二〕太平御覽卷三九五引幽明録：「桓温内懷無君之心，時比丘尼從遠來，夏五月，尼在別室浴，温竊窺之，見尼裸身，先以刀自破腹，出五藏，次斷兩足及斬頭手。有頃浴竟，温問：『向窺見，尼何得自殘毀如此？』尼云：『公作天子，亦當如是。』温憫悵不悅。」

〔三〕續高僧傳卷二六隋京師大興善寺釋道密傳：「有神尼者名曰智仙，河東蒲坂劉氏女也。少出家，有戒行，和上失之，恐其墮井，見在佛屋，儼然坐定，時年七歲，遂以禪觀爲業。及帝誕日，無因而至，語太祖曰：『兒天佛所祐，勿憂也。』尼遂名帝爲那羅延，言如金剛不可壞也。又曰：『此兒來處異倫，俗家穢雜，自爲養之。』太祖乃割宅爲寺，内通小門，以兒委尼，不敢名問。後皇妣來抱，忽見化而爲龍，驚遑墮地。尼曰：『何因妄觸我兒？遂令晚得天下。』及年七歲，告帝曰：『兒當大貴，從東國來。佛法當滅，由兒興之。』而尼沈静寡言，時道成敗吉凶，莫不符驗。初在寺養帝，年十三，方始還家。積三十餘歲，略不出門。及周滅二教，尼隱皇家，内著法衣，戒行不改。帝後果自山東入爲天子，重興佛法，皆如尼言。」

大秦末尼胡神也。官品令有祆正〔一〕。

火祆火煙切。教法〔二〕，本起大波斯國，號蘇魯支。有弟子名玄真，習師之法，居波斯國大總長如火山，後行化於中國。貞觀五年，有傳法穆護何禄，將祆教詣闕聞奏，敕令長安崇化坊立祆寺，號大秦寺，又名波斯寺。開元二十年八月十五日，敕：「末尼本是邪見，妄稱佛教，誑惑黎元，以西胡等既是師法，當身自行，不須科罰。」至天寶四年七月，敕：「波斯經教〔三〕，出自大秦，傳習而來，久行中國。爰初建寺，因以爲名，將欲示人，必循其本，其兩京波斯寺，宜改爲大秦寺，天下諸州郡有者準此。」大曆三年六月，敕迴紇置寺，宜賜額大雲光明之寺。六年正月，又敕荆、越、洪等州，各置大雲光明寺一所。武宗會昌三年，敕天下摩尼寺並廢入宫，京城女摩尼七十二人死，及在此國迴紇諸摩尼等配流諸道，死者大半。五年，再敕：「大秦穆護火祆等二千餘人，並勒還俗。」然而未盡根荄，時分蔓衍。梁貞明六年，陳州末尼黨類立母乙爲天子。發兵討之，生擒母乙，餘黨械送闕下，斬於都市。初，陳州里俗，喜習左道，依浮圖之教，自立一宗，號「上上乘」，不食葷茹，誘化庸民，糅雜淫穢，宵集晝散。因刺史惠王友能動多不法，由是妖賊嘯聚，累討未平。及貞明中，誅斬方盡〔四〕。後唐、石晋時，復潛興，推一人爲主，百事禀從。或畫一魔王踞座，佛爲其洗足，云：佛止大乘，此乃上上乘也〔五〕。蓋影傍佛教，所謂相似道也。或有比丘，爲飢凍故，往往隨之效利。有識者當〔六〕遠離之，此法誘人直到地獄，慎之哉！

【校注】

〔一〕按：松本本無此小字注。廣韻卷二先第一：「祆，胡神，官品令有祆正。」通典卷四〇職官二二〕：「視正五品：薩寶。視從七品：薩寶府祆正。」姚寬西溪叢語卷上：「又嘗見官品令，有祆正。祆法初來，以鴻臚寺爲禮遠令邸，後世因用以僧尼隸焉。設官來歷如此。祆之有正，想在唐室。」

〔二〕火祆教：全稱末尼火祆教，又稱火教等。末尼即寶珠，火祆言其光明，即彼教之神體太陽。佛祖統紀卷三九：「（唐太宗貞觀五年）初，波斯國蘇魯支，立末尼火祆教，祆，火煙反，胡神，即外道梵志也。敕于京師立大秦寺。」

〔三〕按：「敕波斯經教」，底本作「波斯敕經教」，據文意及西溪叢語改。

〔四〕母乙，或作「毋乙」。舊五代史卷一〇末帝紀下：「（貞明六年）冬十月，陳州妖賊毋乙、董乙伏誅。陳州里俗之人，喜習左道，依浮屠氏之教，自立一宗，號曰『上乘』。不食葷茹，誘化庸民，揉雜淫穢，宵聚晝散。州縣因循，遂致滋蔓。時刺史惠王友能恃戚籓之寵，動多不法，故奸慝之徒，望風影附。毋乙數輩，漸及千人，攻掠鄉社，長吏不能詰。是歲秋，其衆益盛，南通淮夷，朝廷累發州兵討捕，反爲賊所敗。陳、潁、蔡三州，大被其毒。群賊乃立毋乙爲天子，其餘豪首，各有樹置。至是，發禁軍及數郡兵合勢追擊，賊潰，生擒毋乙等首領八十餘人，械送闕下，並斬於都市。」又，新五代史卷一三梁家人傳：「友能爲宋、滑二州留後，陳州刺史，所至爲不法，奸人多依倚之。而陳俗好淫祠左道，其學佛者，自立一法，號曰『上乘』，晝夜伏聚，男女雜亂。妖人母乙、董乙聚衆稱天子，建置官屬，友能初縱之，乙等攻劫州縣，末帝發兵擊滅之。」

〔五〕按：佛祖統紀卷五四事魔邪黨：「末尼火祆火烟反。者，初，波斯國有蘇魯支，行火祆教，弟子來化中國。唐正觀五年，其徒穆護何禄詣闕進祆教，敕京師建大秦寺。○武后延載元年，波斯國拂多誕持二宗經僞教來朝。○玄宗開元二十年，敕末尼本是邪見，妄稱佛教，既爲西胡師法，其徒自行，不須科罰。○天寶四年，敕兩京諸郡有波斯寺者，並改名大秦。○大曆三年，敕回紇及荆、揚等州奉末尼，各建大雲光明寺。六年，回紇請荆、揚、洪、越等州置摩邪寺，其徒白衣白冠。○會昌三年，敕天下末尼寺並廢，京城女末尼七十二人皆死。在回紇者，流之諸道。五年，敕大秦穆護火祆等二千人並勒還俗。○梁貞明六年，陳州末尼反，立母乙爲天子。朝廷發兵禽斬之。其徒以不茹葷飲酒，夜聚婬穢，畫魔王踞坐，佛爲洗足，云『佛止大乘，我乃上上乘』。」

〔六〕當：底本作「尚」，據松本本改。

駕頭牀子

盛經七寶案也。其制度以雜瑰珍間填成之。款其足，高其緣，所置之經，即仁王護國也〔一〕。所覆之巾，即上深紅羅也。使中宫謹愿者馬上平持，舒徐而啓行，望乘輿可百步，以爲前導〔二〕也。此之儀制，未知始端。如秦譯經云：作七寶案，以經置上，若王行時，常於其前足滿百步，令千里内七難不起。若王住時，作七寶帳，置經供養，如事父母，如事帝釋〔三〕。唐譯本云：置經寶案，若王行時，常導其前。所在住處，作七寶帳〔四〕。餘文大同。今疑行此，爲後秦邪？爲唐世邪？輿服志無文，諸朝史闕載，然則既亡明據，可以理求。蓋唐代宗永泰中，不空三藏重譯後置也。不空嘗誦此經中咒，感天王子領神兵解安西城羌胡之圍，又祈晴雨多驗，于時可以請依經置案，以象其前驅〔五〕。祕其事故，史氏莫知也。唐紀云：永泰中，羌胡寇邊，京城戒嚴。又因星變，内出仁王經兩卷，與〔六〕付資聖、西明〔七〕二佛寺，開百座仁王道場〔八〕。檢此，知永泰爲始也。又或百座法筵時，帝親臨御壇，儀中合用寶案，置經引駕，因而不廢也。有云玄宗累置百座道場，莫起開元中邪？今謂明皇薄於釋氏，難行斯法也。然雖薄於釋氏，而且厚於好奇，兩説之中，與其代宗可矣。又未知經是何本，若是舊譯，則玄宗以前。如用新經，則代宗爲始也。自後諸帝，或設而不作，則説案上無經；或置而勿論，則云儀注合用。此蓋弗知而不加鄭重矣。今大宋法物克全，用之引導群下，迎望見此，知駕近百步矣。語其功也，與辟惡之車〔九〕殊形而共致焉。

【校注】

〔一〕仁王護國：即仁王護國經，又稱仁王護國般若波羅蜜多經、仁王經等，先後有四譯：一爲晉竺法護譯，一爲姚秦鳩摩羅什譯，一爲梁真諦譯，一爲唐不空譯。現存鳩摩羅什譯和不空譯。

〔二〕導：底本作「道」，據淺野本、松本本、金陵本改。

〔三〕姚秦鳩摩羅什譯佛説仁王般若波羅蜜經卷下受持品：「應作九色幡，長九丈；九色華，高二丈；千支燈，高五丈；九玉箱，九玉巾，亦作七寶案，以經置上。若王行時，常於其前足一百步，是經常放千光明，令千里内，七難不起，罪過不生。若王住時，作七寶帳，帳中七寶高座，以經卷置上，日日供養，散華燒香，如事父母，如事帝釋。」

〔四〕唐不空譯仁王護國般若波羅蜜多經卷下奉持品：「寶函盛經，置於寶案。若欲行時，常導其前。所在住處，作七寶帳。衆寶爲座，置經於上。種種供養，如事父母，亦如諸天，奉事帝釋。」

〔五〕宋高僧傳卷一唐京兆大興善寺不空傳：「代宗即位，恩渥彌厚。譯密嚴、仁王二經畢，帝爲序焉。頒行之日，慶雲俄現，舉朝表賀。永泰元年十一月一日，制授特進，試鴻臚卿，加號大廣智三藏。大曆三年，於興善寺立道場，敕賜錦繡褥十二領、繡羅幡三十二首，又賜道場僧二七日齋糧，敕近侍大臣諸禁軍使並入灌頂。四年冬，空奏天下食堂中置文殊菩薩爲上座。制許之。此蓋慊憍陳如是小乘教中始度故也。五年夏有詔，請空往五臺山修功德，于時彗星出焉，法事告終，星亦隨没。秋，空至自五臺，帝以師子驄并御鞍轡，遣中使出城迎入，賜沿道供帳。六年十月二日帝誕節，進所譯之經，表云：『爰自幼年承事先師三藏，十有四載，禀受瑜伽法門。復遊五印度，求所未授者，并諸經論，計五百餘部。天寶五載，却至上都，上皇詔入内立灌頂道場，所齎梵經，盡許翻度。肅宗於内立護摩及灌頂法。累奉二聖，令鳩聚先代外國梵文，或絛索脱落者修，未譯者譯。陛下恭遵遺旨，再使翻傳，利濟群品。起于天寶，迄今大曆六年，凡一百二十餘卷，七十七部，并目録及筆受等僧俗名字，兼略出念誦儀軌。寫畢遇誕節，謹具進上。』敕付中外並編入一切經目録中。李憲誠宣敕，賜空錦綵絹八百匹。同翻經十大德，各賜三十匹。沙門潛真表謝。僧俗弟子，賜物有差。又以京師春夏不雨，詔空祈請。如三日内雨，是和尚法力。三日已往而霈然者，非法力也。空受敕立壇，至第二日，大雨云足。帝賜紫羅衣并雜綵百匹，弟子衣七副，設千僧齋，以報功也。」

〔六〕與：底本校記、金陵本作「輿」。

〔七〕明：底本作「湖」，據松本本改。參下注。

〔八〕三寶感應要略録卷二唐代宗皇帝講仁王般若降雨感應出唐記：「代宗皇帝永泰元年秋，天下無雨枯渴。代宗以八月二十三日，詔於資聖、西明兩寺，請百法師講新翻仁王般若經，以三藏法師不空爲都講。至于九月一日，黑雲聳空，甘露雨降，天下得潤雨澤。枯死草木，頓成榮茂，仁王般若威神不可思議。又羌胡寇邊，京城又因星變，内出仁王經二卷，開百座仁王道場。皆有感應矣。」

〔九〕崔豹古今注卷上輿服：「辟惡車，秦制也。桃弓葦矢，所以祓除不祥也。」

城閣天王

凡城門置天王者，爲護世也。唐天寶元年壬子歲，西蕃大石、康居五國來寇安西。其年二月十一日，奏請兵解援。玄宗詔發師，計一萬餘里，累月方到。時近臣言：「且可詔問不空三藏。」帝依奏，詔入内持念，請天王爲救。帝秉香鑪，不空誦仁王護國經陀羅尼二七遍，帝忽見神人，可五百員，帶甲荷戈在殿前。帝驚疑問，不空對曰：「此毗沙門〔一〕第二子獨健領兵，是必副陛下意，往救安西，故來辭耳，請設食發遣。」其年四月，安西奏云：「去二月十一日巳後，城東北三十里，雲霧晦冥，中有人衆，可長丈餘，皆被金甲，至酉時，鼓角大鳴，聲振三百里，地動山傾。經二日，大石、康居等五國，當時奔潰。諸帳幕間有金毛鼠，齧斷弓弩弦及器仗，悉不堪用。斯須，城樓上有光明天王現形，無不見者。謹圖天王樣，隨表進呈。」帝因敕諸道節度，所在州府，於城西北隅，各置天王形像，部從供養。至於佛寺，亦敕别院安置。迄今朔日，州府上香華食饌動歌舞，謂之樂天王也。所號毗沙門者，由此天王與于闐國最有因緣〔二〕，偏多應現于闐國，是毗沙部，故號毗沙門天王，如言于闐國天王也。亦猶觀音菩薩所在現形，而偏曰寶陀落山〔三〕觀音同也。

【校注】

〔一〕一切經音義卷二五大般涅槃經音義卷上：「毗沙門王，此云多聞，即北方天王也。」

〔二〕一切經音義卷一一：「于闐，田練反。大唐西域記譯云：瞿薩旦那國，唐言地乳，諸胡謂之豁旦，印度謂之屈丹，舊曰于闐，皆訛也。案此國今即貫屬安西四鎮之城，此其一鎮也。於彼城中，有毗沙門天神廟，七層木樓，神居樓上，甚有靈驗。其國界有牛頭山，天神時來，棲宅此山。山有玉河，河中往往漂流美玉。彼國王常採，遠來貢獻。東去長安一萬二千餘里。」

〔三〕寶陀落山：多作「補陀洛山」，是觀音宮殿所在。

上元放燈

案漢法本内傳云：佛教初來，與道士角試，燒經像，無損而發光。又西域十二月三十日，是此方正月十五日，謂之大神變月。漢明敕令燒燈，表佛法大明也〔一〕。一云：此由漢武祭五時神祠，通夜設燎，蓋取周禮司爟氏燒燎照祭祀，後率爲故事矣〔二〕。然則本乎司爟舉火供祭祀職，至東漢用之，表佛法大明也。加以累朝沿革，必匪常規。唐先天二年，西域僧沙陀請以正月十五日然燈〔三〕。開元二十八年正月十四日，敕常以二月望日燒燈〔四〕。天寶六年六月十八日，詔曰：「重門夜開，以達陽氣。群司朝宴，樂在時和。屬于上元，當修齋籙。其於賞會，必備葷羶。比來因循，稍將非便。自今以後，每至正月，宜取十七日、十九日夜開坊市，以爲永式。」〔五〕尋又重依十五夜放燈。德宗貞元三年，敕正月十五日然燈，是漢明帝因佛法初來，與道士角法，敕令燭燈，表破昏闇云。唐僖宗幸蜀，迴中原多事，至昭、哀皆廢。梁開平二年，詔曰：「近年以風俗未泰，兵革且繁，正月然燈，廢停已久。今後三夜，開〔六〕坊市門，公私然燈祈福。」〔七〕莊宗入洛，其事復興。後歷諸朝，或然或不。我大宋太平興國六年，敕下元亦放燈三夜，爲軍民祈福，供養天地辰象〔八〕佛道。三元俱然燈放夜，自此爲始，著于格令焉。

【校注】

〔一〕漢法本内傳：已佚。見前注。佛祖統紀卷三五：「（漢明帝永平）十四年正月十一日，五嶽八山道士褚善信六百九十人上表，請與西域佛道角試優劣。敕尚書令宋庠，以十五日大集白馬寺。帝設行殿於寺，南門立三壇，道士於東壇置經子符籙，摩騰於道西置壇安經像舍利，中壇奉饌食奠祀百神。道士遶壇泣曰：『主上信邪，玄風失緒，敢延經義於壇，以火取驗。』即縱火焚經，悉成灰燼，道士相顧愧赧。所試咒術入火履水，皆不得行。及焚佛經，光明五色上徹天表。烈火既息，經像儼然。摩騰踊身飛空，現諸神變。法蘭出大梵音，宣明佛法。天雨寶華，大衆欣説。」

〔二〕周禮秋官司烜氏：「司烜氏掌以夫遂取明火於日。」宋書卷一四禮一：「臣案魏司空王朗奏事曰：『故事，正月朔，賀。殿下設兩百華鐙，對於二階之間。端門設庭燎火炬，端門外設五尺、三尺鐙。月照星明，雖夜猶晝也。』」

〔三〕舊唐書卷七睿宗紀：「（先天二年春正月）上元日夜，上皇御安福門觀燈，出内人連袂踏歌，縱百僚觀之，一夜方罷。……初，有僧婆陀請夜開門燃燈百千炬，三日三夜。皇帝御延喜門觀燈縱樂，凡三日夜。左拾遺嚴挺之上疏諫之，乃止。」

〔四〕舊唐書卷九玄宗紀下：「（開元二十八年春正月）壬寅，以望日御勤政樓宴群臣，連夜燒燈，會大雪而罷，因命自今常以二月望日夜爲之。」

〔五〕全唐文卷三三一令正月夜開坊市門詔：「重門夜開，以達陽氣。群司朝晏，樂在時和。屬此上元，當修齋籙。其於賞會，必備葷膻。比來因循，稍將非便。自今已後，每至正月，改取十七、十八、十九日夜開坊市門。仍永爲常式。」唐會要卷四九燃燈：「先天二年二月，胡僧婆陀請夜開城門，燃燈百千炬，三日三夜。皇帝御延喜門，觀燈縱樂，凡三日夜。……開元二十八年，以正月望日御勤政樓，讌群臣，連夜燃燈，會大雪而罷。因命自今常以二月望日夜爲之。天寶三載十一月敕，每載依舊正月十四、十五、十六日開坊市燃燈，永爲常式。」

〔六〕開：底本作「門」，據松本本改。

〔七〕舊五代史卷四太祖紀四：「（開平三年正月）己卯，備法駕、六軍儀仗入西都。是日，御文明殿受朝賀。詔曰：『近年以來，風俗未泰，兵革且繁，正月燃燈，廢停已久。今屬創開鴻業，初建洛陽，方在上春，務達陽氣，宜以正月十四、十五、十六日夜，開坊市門，一任公私燃燈祈福。』」

〔八〕宋史卷一一三：「三元觀燈，本起于方外之説。自唐以後，常於正月望夜，開坊市門然燈。宋因之，上元前後各一日，城中張燈，大内正門結彩爲山樓影燈，起露臺，教坊陳百戲。天子先幸寺觀行香，遂御樓，或御東華門及東西角樓，飲從臣。……其夕，開舊城門達旦，縱士民觀。後增至十七、十八夜。太祖建隆二年上元節，御明德門樓觀燈，召宰相、樞密、宣徽、三司使、端明、翰林、樞密直學士、兩省五品以上官、見任前任節度觀察使飲宴，江南、吴越朝貢使預焉。四夷蕃客列坐樓下，賜酒食勞之，夜分而罷。三年正月十三夜然燈，罷内前排場戲樂，以昭憲皇太后喪制故也。太平興國二年七月中元節，御東角樓觀燈，賜從官宴飲。五年十月下元節，依中元例，張燈三夜。雍熙五年上元節，不觀燈，躬耕籍田故也。後凡遇用兵及災變、諸臣之喪，皆罷。真宗景德元年正月十四日，賜大食、三佛齊、蒲端諸國進奉使緡錢，令觀燈宴飲。大中祥符元年十一月二十五日，詔天慶節聽京城然燈一晝夜。六年四月十六日，先天降聖節亦如之。大聖二年六月，罷降聖節然燈。」

總論

問曰：「略僧史，求事端，其故何也？」答曰：「欲中興佛道，令正法久住也。」曰：「方今天子重佛道，崇玄門，行儒術，致太平，已中興矣。一介比丘，力輪何轉，而言中興佛道耶？」答曰：「更欲助其中興耳。苟釋氏子不知法，不修行，不勤學科，不明本起，豈能副帝王之興之乎？」或曰：「子有何力，令正法久住乎？」答曰：「佛言：知法知摩夷，護持攝受，可令法不斷也。」又曰：「諸師已廣著述，何待子之爲邪？」答曰：「古人著述，用則闕如。曾不知三教循環，終而復始。一人在上，高而不危。有一人故，奉三教之興；有三教故，助一人之理。且夫儒也者，三王以降，則宜用而合宜；道也者，五帝之前，則冥符於不宰。昔者馬史躋道在九流之上，班書拔儒冠藝文之初。子長欲反其朴而還其淳，尚帝道也；孟堅思本其仁而祖其義，行王道焉。自夏、商、周至于今，凡幾百千齡矣，若用黃老而治，則急病服其緩藥矣。由此仁義薄，禮刑生，越其禮而逾其刑，則儒氏拱手矣。釋氏之門，周其施用，以慈悲變暴惡，以喜捨變慳貪，以平等變冤親，以忍辱變瞋害，知人死而神明不滅，知趣到而受業還生。賞之以天堂，罰之以地獄。如範脱土，若模鑄金。邪範漏模寫物，定成其寢陋；好模嘉範傳形，必告其端嚴。事匪口談，人皆目擊，是以帝王奉信，群下歸心。草上之風，翕然而偃。而能旁憑老氏，兼假儒家，成智猶待於三愚，爲邦合遵於衆聖，成天下之亹亹，復終日之乾乾。之於御物也，如臂使手，如手運指，或擒或縱，何往不臧耶？夫如是，則三教是一家之物，萬乘是一家之君，視家不宜偏愛，偏愛則競生，競生則損教。已在其内，自然不安。及已不安，則悔損其教。不欲損教，則莫若無偏。三教既和，故法得久住也。且如秦始焚坑儒術，事出李斯〔一〕。後魏誅戮沙門，職由寇謙之、崔浩〔二〕。周武廢佛道二教，矜衒己之聰明，蓋朝無正人〔三〕。唐武宗毀除寺像，道士趙歸真率劉玄靖同力謗誣〔四〕，李朱崖影助〔五〕。此四君、諸公之報驗，何太速乎！奉勸吾曹，相警互防，勿罹愆失。帝王不容，法從何立？况道流守寶，不爲天下先。沙門何妨饒禮以和之？當合佛言，一切恭信。信于老君，先聖也；信于孔子，先師也。非此二聖，曷能顯揚釋教，相與齊行，致君於犧黄之上乎？苟咈斯言，譬無賴子弟無端鬭競，累其父母，破産遭刑。然則損三教之大猷，乃一時之小失。日月食過，何損於明？君不見秦焚百家之書，聖人預已藏諸屋壁；坑之令勦絶，揚、馬、二戴相次而生，何曾無噍類耶？梁武捨道，後魏勃興；拓跋誅僧，子孫重振；後周毁二教，隋室復之；武宗陷釋門，去未旋踵，宣宗十倍興之。側掌豈能截河漢之流？張拳不可防暴虎之猛！况爲僧莫若道安，安與習鑿齒交游〔六〕，崇儒也；爲僧莫若慧遠，遠送陸脩静過虎溪〔七〕，重道也。余慕二高僧，好儒重道，釋子猶或非之。我既重他，他豈輕我？請信安、遠行事，其可法也。詩曰：『伐柯伐柯，其則不遠。』〔八〕孟子曰：『天時不如地利，地利不如人和。』〔九〕斯之謂歟？」

大宋僧史略卷下終

【校注】

〔一〕史記卷六秦始皇本紀：「博士齊人淳于越進曰：『臣聞殷周之王千餘歲，封子弟功臣，自爲枝輔。今陛下有海内，而子弟爲匹夫，卒有田常、六卿之臣，無輔拂，何以相救哉？事不師古而能長久者，非所聞也。今青臣又面諛以重陛下之過，非忠臣。』始皇下其議。丞相李斯曰：『五帝不相復，三代不相襲，各以治，非其相反，時變異也。今陛下創大業，建萬世之功，固非愚儒所知。且越言乃三代之事，何足法也？異時諸侯並争，厚招遊學。今天下已定，法令出一，百姓當家則力農工，士則學習法令辟禁。今諸生不師今而學古，以非當世，惑亂黔首。丞相臣斯昧死言：古者天下散亂，莫之能一，是以諸侯並作，語皆道古以害今，飾虚言以亂實，人善其所私學，以非上之所建立。今皇帝並有天下，别黑白而定一尊。私學而相與非法教，人聞令下，則各以其學議之，入則心非，出則巷議，誇主以爲名，異取以爲高，率群下以造謗。如此弗禁，則主勢降乎上，黨與成乎下。禁之便。臣請史官非秦記皆燒之。非博士官所職，天下敢有藏詩、書、百家語者，悉詣守、尉雜燒之。有敢偶語詩、書者棄市。以古非今者族。吏見知不舉者與同罪。令下三十日不燒，黥爲城旦。所不去者，醫藥卜筮種樹之書。若欲有學法令，以吏爲師。』制曰：『可。』」

〔二〕魏書卷一一四釋老志：「世祖即位，富於春秋。既而鋭志武功，每以平定禍亂爲先。雖歸宗佛法，敬重沙門，而未存覽經教，深求緣報之意。及得寇謙之道，帝以清淨無爲，有仙化之證，遂信行其術。時司徒崔浩，博學多聞，帝每訪以大事。浩奉謙之道，尤不信佛，與帝言，數加非毀，常謂虛誕，爲世費害。帝以其辯博，頗信之。會蓋吴反杏城，關中騷動，帝乃西伐，至於長安。先是，長安沙門種麥寺内，御騶牧馬於麥中，帝入觀馬。沙門飲從官酒，從官入其便室，見大有弓矢矛盾，出以奏聞。帝怒曰：『此非沙門所用，當與蓋吴通謀，規害人耳！』命有司案誅一寺，閲其財産，大得釀酒具及州郡牧守富人所寄藏物，蓋以萬計。又爲屈室，與貴室女私行淫亂。帝既忿沙門非法，浩時從行，因進其説。詔誅長安沙門，焚破佛像，敕留臺下四方，令一依長安行事。又詔曰：『彼沙門者，假西戎虛誕，妄生妖孽，非所以一齊政化，布淳德於天下也。自王公已下，有私養沙門者，皆送官曹，不得隱匿。限今年二月十五日，過期不出，沙門身死，容止者誅一門。』」

〔三〕北史卷一〇周本紀下：「（建德三年五月）丙子，初斷佛、道二教，經像悉毁，罷沙門、道士，並令還俗。」

〔四〕舊唐書卷一八上武宗紀：「（會昌四年三月）以道士趙歸真爲左右街道門教授先生。時帝志學神仙，師歸真。歸真乘寵，每對，排毀釋氏，言非中國之教，蠹耗生靈，盡宜除去，帝頗信之。」「（會昌）五年春正月己酉朔，敕造望僊臺於南郊壇。……歸真自以涉物論，遂舉羅浮道士鄧元起有長年之術，帝遣中使迎之。由是與衡山道士劉玄靖及歸真膠固，排毀釋氏，而拆寺之請行焉。」

〔五〕崖：底本誤作「崔」，據文意及緇門警訓卷三改。李朱崖，即李德裕。李曾被貶爲崖州司户，故有此稱。

〔六〕高僧傳卷五釋道安傳：「時襄陽習鑿齒，鋒辯天逸，籠罩當時。其先聞安高名，早已致書通好曰：『承應真履正，明白内融。慈訓兼照，道俗齊蔭。自大教東流四百餘年，雖蕃王居士時有奉者，而真丹宿訓，先行上世，道運時遷，俗未僉悟。自頃道業之隆，咸無以匹，所謂月光將出，靈鉢應降。法師任當洪範，化洽幽深。此方諸僧，咸有思慕，若慶雲東徂，摩尼迴曜，一蹋七寶之座，暫現明哲之燈，雨甘露於豐草，植栴檀於江湄。則如來之教，復崇於今日。玄波溢漾，重盪於一代矣。』文多，不悉載。及聞安至止，即往修造。既坐，稱言：『四海習鑿齒。』安曰：『彌天釋道安。』時人以爲名答。齒後餉梨十枚，正值衆食，便手自剖分，梨盡人遍，無參差者。……習鑿齒與謝安書云：『來此見釋道安，故是遠勝，非常道士。師徒數百，齋講不倦。無變化伎術可以惑常人之耳目，無重威大勢可以整群小之參差，而師徒肅肅，自相尊敬。洋洋濟濟，乃是吾由來所未見。其人理懷簡衷，多所博涉，内外群書，略皆遍覩。陰陽算數，亦皆能通。佛經妙義，故所游刃。作義乃似法蘭、法道。恨足下不同日而見。其亦每言，思得一叙。』其爲時賢所重，類皆然也。」

〔七〕廬山記卷一叙山北第二：「流泉臣寺下入虎溪。昔遠師送客過此，虎輒號鳴，故名焉。時陶元亮居栗里山南，陸脩静亦有道之士，遠師嘗送此二人，與語道合，不覺過之，因相與大笑。」

〔八〕出詩豳風伐柯。

〔九〕出孟子公孫丑下。

紹興朝旨改正僧道班列文字一集

法道等伏覩大宋僧史略載僧道班次：每當朝集，僧先道後；並立殿庭，僧東道西；凡遇郊天，道左僧右。久爲定制，蓋出本朝祖宗成憲，以爲萬世不刊之規。昨緣崇觀之後，道士叨視資品，如王資息、林靈素、王沖道輩，視兩府者甚衆，因此起請，例押僧班，乘勢毀壞祖宗所定福基，事體非一。據釋教所載，近年災變，至於社稷中微，生靈塗炭，蓋亦因此。誤國罔上，莫兹爲甚。伏見昭靖康、建炎以來，所有道士視官已行追毀，既無官蔭，其於班列，自合遵依祖宗舊制。今來天下道士，每遇國忌行香，洎凡入寺院、看謁聚會，不悛故態，傲然争風，一切占上，全乖賓主禮法，頗有害於風教，深爲未便。伏望朝廷明降指揮，特賜改正，應今後行香立班、諸處聚會，並乞遵依祖宗成法，仍乞頒行天下，以正風俗，庶得稍循禮法，不害風教。

右謹具呈，伏取鈞旨。

二月日 江州廬山東林太平興龍禪寺住持傳西天法特賜寶覺圓通法濟大師法道劄子

臨安府僧正慧通無礙大師梵安等

右梵安等，伏爲先與廬山東林太平興龍禪寺住持寶覺圓通法濟大師法道同呈劄子，乞依祖宗法，改正國忌行香僧道班次。累蒙省部并太常寺取會，照使文字供報前去，具申朝廷，並已圓備，至今未蒙頒行改正等。伏見三朝訓鑒，車駕祈求，先入僧寺。及紹興敕條，已作僧道呼。仰詳前項，國朝訓敕正與大宋僧史略同。然今道士冒占日久，習已成風，全不遵依祖宗成憲。竊見釋教藏經所載，近年災變，毫髮不差，蓋緣道士乘勢起請，蠹壞祖宗所定福基，殘害佛法，事體非一，致得天垂災變，禍亂縱横。誤國至此，猶未悛革。謹具狀披告參政相公、參政相公、僕射相公，伏乞鈞慈，特賜敷奏，早行改正，庶得誡諭道徒，遵依舊制，仰迴天意，俯順民心，爲國禳災，又安天下。未敢專擅，伏候鈞旨。

紹興三年九月日臨安府僧正慧通無礙大師梵安等狀

行在尚書祠部，准都省批送臨安府僧正慧通無礙大師梵安等狀，爲整會國忌行香僧道立班等事，後送禮部勘當，申尚書省撿會。先承批送下江州廬山東林太平興龍禪寺住持傳西天法特賜寶覺圓通法濟大師法道等劄子，勘會上件事理。後批送禮部勘當，申尚書省。本部尋撿會下項條并所到太常寺狀，稱今看詳僧史略内，稱每當朝集，僧先道後。並立殿庭，僧東道西，間雜副職。并太常寺因革禮，宣德門肆赦故事，道左僧右，其前件事，各有文據該載，並合遵依。所有僧道，每遇國忌行香，尋撿照嘉祐編敕并紹興新書條內，並載僧道寺觀，立文爲次。今來僧法道理會行香立位，本寺今勘當，欲比附嘉祐、紹興條法，以僧在左，更合取自朝廷指揮。申部本部今參照嘉祐編敕，並載僧道，其政和海行，唯稱道僧，及有道士序位在僧之上正條，緣今來紹興新書內，却依舊法，以僧道立，文并刪去，道士序位在僧之上，正條不行。本部今勘當，欲依。太常寺勘當到事理施行，更合取自朝廷指揮。已於今年四月四日，繳連元狀并僧史略一册，具申都省，未蒙指揮。今又承批下僧梵安等狀，整會上件事，具申都省。去後蒙朝旨批下，十一月十四日送禮部，依條施行，須至符下。僧史略：今大宋每當朝集，僧先道後；並立殿庭，僧東道西，間雜副職；若遇郊天，道左僧右，未知始起也。太常因革禮：乾德六年，宣德門肆赦故事，道左僧右。嘉祐編敕條內，並該載僧道寺觀，立文爲次。政和海行條內，並該載道僧觀寺，立文爲次，并有正條，諸道士序位在僧之上，女冠在尼之上等。紹興海行條內，並該載僧道寺觀立文爲次，其道士序位在僧之上等，前條已刪去不行。

右差親事官鄭彦告示梵安、法道等逐僧知委，已奉朝旨批降，依條改正，以僧在左，并符太常寺、臨安府、江州去訖，仍具知委，文狀連申，不得住滯。

紹興三年十一月二十一日下

法道伏爲先與臨安府僧正梵安等同呈劄子理會，乞依祖宗法，改正國忌行香僧道班位事，伏蒙尚書祠部告示，已奉朝旨批降，依條改正，以僧在左，告示施行，并已符太常寺、江州、臨安府去訖。法道伏見省部撿坐定前後敕條，及已删去政和法内，道士序位在僧之上、女冠在尼之上等，前條不行。内一項，太常因革禮：乾德六年，宣德門肆赦故事，係道左僧右，法道仰詳上件太常禮法，并前後敕條參照得正，與大宋僧史略同。每當朝集，僧先道後。並立殿庭，僧東道西。若遇郊天，道左僧右。蓋是自來遇郊祀禮畢，車駕自郊迴，即御宣德門，肆赦班位係是一事。餘時立班，並是僧左。僧史略内，意已包括。伏乞行下太常寺照會，外所有諸處州縣，欲乞符送逐路轉運司，遍行天下，應于國忌行香去處，貴得文軌遍同，事成言順。天下僧道，安分修行，永福中興恢復之祚。癸丑十一月二十四日呈訖，當月二十八日遍行天下。

行在尚書祠部。紹興十三年冬，因景靈宮立班，爾行告示省符。臨安府管内掌文籍道士劉若謙等，紹興十三年十月初五日，尚書省陳狀，乞道士序位在僧之上。當月十二日，詣景靈宮，奉安祖宗神御，道士自擅争占序班在東，詐稱别得朝廷指揮矣。其時前都正普澄、真浄、慧濟大師善達、僧正戒月等，遂具陳列。當月二十一日，朝旨批降，依先定祖宗舊法嘉祐編敕、紹興新書，以僧在左。行下，准在尚書祠部。准都省批送下本部狀，准都省批送下臨安府都道正劉若謙等狀，爲理會今來肆赦僧道立班序位事。後批十月十五日送禮部，限五日看詳，申尚書省本部，尋行下太常寺，看詳去後。今據本寺申撿，准紹興三年十一月十四日都省批狀指揮，承都省批送下禮部，伏准都省批送下臨安府僧正惠通、無礙大師梵安等狀，爲整會國忌行香僧道立班等事。後批送禮部勘當，申尚書省撿會。先准都省批送下江州廬山東林太平興龍禪寺住持傳西天法特賜寶覺圓通法濟大師法道等劄子，整會上件事理，後批送禮部勘當。申尚書省本部尋撿會下項：僧史略：今大宋每當朝集，僧先道後；並立殿庭，僧東道西，間雜副職；如過郊天，道左僧右，未知始起也。太常因革禮：乾德元年，宣德門肆赦故事，道左僧右。嘉祐編敕條内，並該載僧道寺觀，立文爲次。政和海行條内，並該載道僧觀寺，立文爲次，并有正條，諸道士序位在僧之上，女冠子在尼之上。紹興海行條内，並該載僧道寺觀，立文爲次。其道士序在僧之上，女冠子在尼之上，勘會前條，已删去不行。并取到太常寺狀，稱今看詳僧史略内，稱每當朝集，僧先道後；並立殿庭，僧東道西，間雜副職。并太常因革禮，宣德門肆赦故事，道左僧右。其前件事，各有文據該載，並合遵依。外所有僧道，每遇國忌行香，尋撿准嘉祐編敕并紹興新書條内，並該載僧道寺觀，立文爲次。今來法道理會行香立班，本寺今勘當，欲比附嘉祐編敕、紹興條内，以僧在左，更合取自朝廷指揮。申部今參照嘉祐編敕並載僧道，其政和海行即稱道僧，及有道士序位在僧之上正條，緣今來紹興新書内却依舊法，以僧道立，文并删去道士序位在僧之上，正條不行。本部令勘當，欲依太常寺勘當到事理施行，更合取自朝廷指揮。已於今年四月初四日，繳連先狀并僧史略一策，具申都省，未奉指揮。今又承批一僧梵安等狀，整會上件事理，今勘當，欲依本部已勘當事理施行，更合取自朝廷指揮。申尚書省，後批十四日送禮部，依條施行。本寺今看詳臨安府都正劉若謙等叙陳僧道立位，合依上件，已降批狀，指揮施行。所有肆赦立班，合依太常因革禮宣德門肆赦故事，道在左，僧在右，更合取自朝廷指揮，伏乞省部更賜詳指揮施行。申部本部今看詳欲依太常寺申到事理施行，更合取自朝廷指揮。申都省後批十月二十一日送禮部，依看詳到事理施行，須至指揮。

右差人鄭彦，仰告示道正劉若謙等，詳此知委，仍取知委文狀連申。紹興十三年十月日。仍符軍府，行下僧司，除宣德門肆赦外，餘時立班，並僧在左訖。

佛者號天人師，稱慈悲父。聖中至聖，道超千聖之前；天中之天，德邁諸天之上。所以天尊仰奉，釋梵將迎，一佛化境之中三千界内，莫不尊奉於佛者也。如天子巡幸於諸侯之國，豈有列士之官不朝於萬乘者也？正要分其先後，理當辨白尊卑，苟知凡聖道殊，貴免金鉛同價。道術不逾於萬里，佛心廣化塵沙，當取則於達士通人，勿固執於屋愚管見。

而况佛先道後，具載於群籍；佛聖道凡，今古之共悉也！汝宜息妄歸真，捨邪投正，迴心學佛，真正修行，消除幻妄之緣，解脱輪迴之苦。佛會中常爲善伴，菩提路共結真修。高超世表而出凡，契證真如而入聖。無以我慢自高，僻執邪妄，而虚生浪死，曠劫昇沈，不能自救也。悲哉！

紹興朝旨改正僧道班列文字一集終

附録　釋贊寧相關文獻資料

宋徐鉉徐公文集卷二二

送贊寧道人歸浙中

故里夫差國，高名惠遠師。君恩從野逸，歸棹逐凌澌。舊訪雖無念，牽懷亦有詩。因行過秦望，爲致李斯碑。

（據四部叢刊本）

宋王禹偁小畜集卷七

贈贊寧大師

詔修僧史浙江濱，萬卷書中老一身。赴闕尚留支遁馬，援毫應待仲尼麟。溟濛雪影松窗曉，狼籍苔花竹院春。還許幽齋暫相訪，却慙陶令滿衣塵。

寄贊寧上人時上人進新修高僧傳有詔赴闕

支公兼有董狐才，史傳修成乙夜開。天子遠酬丹詔去，高僧不出白雲來。眉毫久別應垂雪，心印休傳本似灰。若念重瞳欲相見，未妨西上一浮杯。

又，卷二〇

左街僧録通惠大師文集序

釋子謂佛書爲内典，謂儒書爲外學。工詩則衆，工文則鮮。并是四者，其惟大師。大師世姓高氏，法名贊寧，其先渤海人，隋末徙居吴興郡之德清縣。祖𤨟、考審，皆隱德不仕。母周氏，以唐天祐十六年歲在己卯某月某日生大師于金鵝山别墅，時梁貞明七年也。武肅王錢某專制江浙。後唐天成中出家，清泰初，入天台山，受具足戒，習四分律，通南山律。長興三年，武肅薨，文穆王諱嗣位，大師聲望日隆，文學益茂。時錢氏公族有若忠懿王諱、宣德節度俱、奉國節度使億、越州刺史儀、金州觀察使儼、故工部侍郎昱與大師以文義切磋。時浙中士大夫有若衛尉卿崔仁冀、工部侍郎慎知禮、内侍致仕楊惲與大師以詩什唱和。又得文格于光文大師彙征，授詩訣于前進士龔霖，由是大爲流輩所服。時錢塘名僧有若契凝者，通名數一支，謂之論虎；常從義者，文章俊捷，謂之文虎；大師多毗尼著述，謂之律虎。故時稱四虎焉。署本國監壇，又爲兩浙僧統，歷數十年。像法修明，緇徒整戢。太平興國三年，忠懿王擕版圖歸國，大師奉真身舍利塔入朝，太宗素聞其名，召對滋福殿，延問彌日，别賜紫方袍，尋改師號曰「通惠」。故相盧朱崖深加禮重。參知政事李穆，儒學之外，善談名理，事大師尤爲恭謹。八年，詔修大宋高僧傳，聽歸杭州舊寺，成三十卷。進御之日，璽書褒美。居無何，徵歸京師，住天壽寺。參知政事蘇易簡奉詔撰三教聖賢事迹，奏大師與太一宫道士韓德純分領其事。大師著鷲嶺聖賢録，又集聖賢事迹凡一百卷，制署左街講經首座。至道元年，知西京教門事。今上咸平元年，詔充右街僧録。先是，故相文貞公懸車之明年，年七十一，思繼白少傅九老之會，得舊相吏部尚書宋琪，年七十九；左諫議大夫楊徽之，年七十五；郢州刺史判金吾街仗事魏丕，年七十六；太常少卿致仕李運，年八十；水部郎中直祕閣朱昂，年七十一；盧州節度副使武允成，年七十九；太子中允致仕張好問，年八十五；大師，時年七十八。凡九人焉。文貞公將讌于家園，形于繪事，以聲詩流詠，播于無窮。會蜀寇作亂，朝廷出師不果而罷。今九老之中，李、宋、楊、魏、張已先逝矣。大師年八十二，視聽不衰，于本國歷武肅、文穆、廢王、忠懿凡四世，于朝歷梁兩帝，後唐莊宗、應順、清泰，晋高祖、少帝，漢高祖、隱帝，周太祖、世宗、梁王，我太祖英武聖文神德皇帝、我太宗神功聖德文武皇帝通今上凡十五朝，而能受洪範嚮用之福，處浮圖具瞻之地，豈所謂必得其壽，必得其位者乎？大師以述作頗多，叙引未立，猥蒙見託，不克固辭。總其篇題，具如别録，凡内典集一百五十二卷，外學集四十

九卷。覽其文，知其道矣。因徵其世家行事，備而書之，使後之傳高僧銘塔廟者，于兹取信云。（據四部叢刊本）

宋江少虞新雕皇朝類苑卷一五

太祖皇帝初幸相國寺，至佛像前燒香，問當拜與不拜，僧録贊寧奏曰：「不拜。」問其何故，對曰：「見在佛不拜過去佛。」贊寧者，頗知書，有口辯，其語雖類俳優，然適會上意，故微笑而頷之，遂以爲定制。至今行幸焚香，皆不拜也，議者以爲得禮。廬陵歸田録。

又，卷四五

太宗欲知古高僧事，贊寧撰僧史略十卷進呈，充史館編修，壽八十四。天監王處訥推其命孤薄不佳，如三命、星禽、略禄、壬遁俱無壽貴之處，謂寧曰：「師生時所異者，止得天貴星臨門，必有列土侯王在户否？」寧曰：「母氏長謂某曰：汝生時，方卧草，錢文穆王元瓘往臨安縣拜塋至門，雨作，避於茅簷甚久。始浣浴襁籍，徘徊方去。」見湘山野録。

又，卷六五

吴僧贊寧，國初爲僧録，辭辯縱横，人莫能屈。時有安鴻漸者，文詞雋敏，尤好嘲詠。嘗街行，遇贊寧與數僧相隨。鴻漸指而嘲曰：「鄭都官不愛之徒，時時作隊。」贊寧應聲

曰：「秦始皇未坑之輩，往往成群。」皆善捷對。（據日本元和七年活字印本）

宋歐陽修六一詩話

吴僧贊寧，國初爲僧録，頗讀儒書，博覽强記，亦自能撰述，而辭辯縱横，人莫能屈。時有安鴻漸者，文詞雋敏，尤好嘲詠。嘗街行，遇贊寧與數僧相隨，鴻漸指而嘲曰：「鄭都官不愛之徒，時時作隊。」贊寧應聲答曰：「秦始皇未坑之輩，往往成群。」時皆善其捷對。鴻漸所道，乃鄭谷詩云「愛僧不愛紫衣僧」也。（據中華書局歐陽修全集本）

宋祖無擇龍學文集卷一四家集

僧贊寧者，頗有學問，近代罕有其比。著僧史，言今之車駕前中使乘馬擁袍，以繡帕覆之者，俗指爲駕頭，贊寧乃云其中有人王經一部，蓋不知而妄作也。此乃大朝會時殿中御座爾，其形如杌子。（據清文淵閣四庫全書本）

宋釋文瑩湘山野録卷下

僧録贊寧有大學，洞古博物，著書數百卷。王元之禹偁、徐騎省鉉疑則就而質焉，一公皆拜之。柳仲塗開因曰：「余頃守維揚，郡堂後菜圃纔陰雨則青燄夕起，觸近則散，何邪？」寧曰：「此燐力振切。火也。兵戰血或牛馬血著土，則凝結爲此氣，雖千載不散。」柳遽拜之曰：「掘之，皆斷鎗折鏃，乃古戰地也。」因贈以詩，中有「空門今日見張華」之句。太宗欲知古高僧事，撰僧史略十卷進呈。充史館編修，壽八十四。司天監王處訥推其命孤薄不佳，三命、星禽、晷禄、壬遁俱無壽貴之處，謂寧曰：「師生時所異者，正得天貴星臨門，必有裂土侯王在户否？」寧曰：「母氏長謂某曰：『汝生時卧草，錢文穆王元瓘往臨安縣拜塋，至門雨作，避於茆檐甚久。殆浣浴襁籍畢，徘徊方去。』」

（據明津逮秘書本）

宋潛説友咸淳臨安志卷七〇人物一一

贊寧，受業于祥符寺，學南山律，兼通六籍、史書、莊老百氏之學。太平興國三年十月，贊寧奉阿育王塔舍歸，朝見太宗皇帝于滋福殿，一日七召對，賜號「通慧大師」。八年秋，詔撰大宋高僧傳三十卷。淳化二年，預史館，集新書。五年，真宗召對賜坐，以爲右街僧録。三年，遷左街。崇寧三年，賜號「通慧圓明大師」。王内翰元之與詩，有「詔修僧史浙江濱，萬卷書中老一身」之句。

（據清文淵閣四庫全書本）

元念常佛祖歷代通載卷一八

沙門贊寧隨錢王歸明。姓高氏，其先渤海人。唐天祐中，生於吳興之德清金鵝别墅，出家杭之祥符，習南山律，著述毗尼，時人謂之「律虎」。文學日茂，聲望日隆，武肅諸王公族咸慕重之，署爲兩浙僧統，賜號「明義宗文」。興國三年，太宗聞其名，召對滋福殿，延問彌日，改賜「通惠」，詔修大宋高僧傳三十卷及詔撰三教聖賢事迹一百卷。初補左街講經首座，知西京教門事。咸平初，加右街僧録，又著内典集一百五十卷，外學集四十九卷。内翰王禹稱作文集序，極其贊美云。至道二年示寂，葬龍井塢焉。

（據大正藏本）

元覺岸釋氏稽古略卷四

（戊寅太平興國三年，遼乾亨五年）沙門贊寧隨吳越王入朝，帝賜號「通慧大師」，敕住左街天壽寺，命修僧史。明年詔寧乘驛，進明州阿育王山釋迦文佛真身舍利入禁中供養。得舍利一顆，因之以開寶寺西北闕地造浮圖十一級，下作天宫以葬之。皇朝事苑。太平興國七年十月，敕寧編修大宋高僧傳，聽歸浙東秉筆。初，梁武帝天監十八年，嘉祥寺沙門慧皎作高僧傳，始後漢明帝永平十年，至天監，成十四卷。唐太宗貞觀十九年，終南山西明寺道宣律師作續高僧傳，始天監之來，迄貞觀，成三十卷。寧作始自唐貞觀二十年，至此端拱元年，成三十卷。用梁、唐義例，開十科：一、譯經科，二、慧解科，三、禪定科，四、戒律科，五、護法科，六、感通科，七、遺身科，八、讀誦科，九、興福科，十、雜科聲德。正傳者五百三十三人，附見者一百三十人。端拱元年冬十月，遣弟子顯忠、智輪詣闕上表以進。璽書賜帛奬諭，敕入大藏流通。十一月，詔寧赴闕。淳化元年，奉旨著鷲嶺聖賢録一百卷。淳化二年，詔寧充史館編修。帝王年運詮要。至道二年，詔除寧掌洛京教門事。宋僧傳後序。戊戌，真宗咸平元年，詔擢寧汴京右街僧録，主管教門公事。次年進左街。己亥，咸平二年春二月，東京左街僧録史館編修主管教門公事通慧大師贊寧歸寂，壽八十二。三月，葬全身於天壽寺。己巳，仁宗天聖七年，寧曾孫宗盛啓塔荼毗之，收遺骸舍利，歸葬錢塘故里。寧生杭州臨安縣，後唐明宗天成中出家杭州祥符寺。潞王清泰初，入天台，具探律部，博通三藏。吴越忠懿王補寧兩街僧統，號「明義宗文大師」。所作僧史、僧傳，並行於世。錢塘塔記。

又

庚寅淳化元年，遼統和八年，詔參知政事蘇易簡撰三教聖賢事迹。易簡奏天壽寺通慧大師贊寧，太乙宫道士韓德純分領其事。通慧贊寧著鷲嶺聖賢録一百卷。（據大正藏本）

明田汝成西湖遊覽志卷四

贊寧，高氏，德清人，出家杭州祥符寺。著述毗尼，時人謂之「律虎」，錢武肅王禮重之。宋興國初，召對滋福殿，詔修高僧傳三十卷。卒謚「圓明」，葬龍井。

（據上海古籍出版社一九八〇年版）

又，西湖遊覽志餘卷一四

贊寧者，德清人，出家靈隱寺。讀書强記，辭辯縱横，人莫能屈。宋初，徵入汴京，爲僧録。太祖行香至相國寺，問曰：「朕見佛，拜是不拜是？」對曰：「現在佛不拜過去佛。」太祖大喜，遂爲定禮。時有安鴻漸者，好嘲詠，嘗街行，遇贊寧偕數僧，鴻漸指嘲曰：「鄭都官不愛之徒，時時作隊。」贊寧應聲曰：「秦始皇未坑之輩，往往成群。」時皆善其捷對。然鄭谷非不愛僧，但不愛僧官耳，故其詩曰「愛僧不愛紫衣僧」。而蘇子瞻之贈慧勤罷僧職也，亦云：「軒軒青田鶴，鬱鬱在樊籠。既爲物所縻，遂與吾輩同。今來始謝去，萬事一笑空。」則僧以官名，誠非出世法也。

（據上海古籍出版社一九八〇年版）

明張昶吴中人物志卷一二

贊寧，吴僧。博物稱于時，柳如京、徐騎省與之游，或就質問難事。楊文公、歐陽公亦皆知名。嘗采經傳物類相感者，爲書十卷。又撰筍譜一卷。時有安鴻漸，好嘲謔，遇贊寧與數僧偕行，指而言曰：「鄭都官不愛之徒，時時作隊。」贊寧即應聲曰：「秦始皇未坑之輩，往往成群。」其敏捷如此。

（據明隆慶四年張鳳翼、張燕翼刻本）

明王圻續文獻通考卷二五四仙釋考

贊寧，姓高氏，有文學，洞古博物，著書數百卷，武肅諸王公族咸重之，署爲兩浙僧統，賜號「明義宗文」。後隨俶歸朝，王元之輩嘗就質疑，柳仲塗守維揚，嘗贈以詩，有「空門今日見張華」之句，太宗朝嘗召入對，改號「通慧」。

（據明萬曆三十年松江府刻本）

明徐象梅兩浙名賢録外録卷六空空「贊寧」條

贊寧，德清人，姓高氏，出家祥符寺。習南山律宗，著述毗尼，時人謂之「律虎」。宋初，徵入汴京爲僧録。太祖行香，至相國寺，問曰：「朕見佛拜是不拜是？」對曰：「現在佛不拜過去佛。」太祖大喜，遂爲定禮。太平興國三年，太宗召對滋福殿，詔修高僧傳三十卷。又著內典集一百五十卷，外學集四十九卷。至道二年示寂，歸骨龍井塢，謚曰「圓明大師」。

（據明天啓刻本）

明吴之鯨武林梵志卷一〇

宋僧統贊寧法師，姓高氏，其先世渤海人，天祐中，師生於吴興郡之德清金鵝别墅，出家杭之祥符。習南山律宗，著述毗尼，時人謂之「律虎」。文學日茂，聲望日隆，武肅諸王公族咸慕重之，署爲兩浙僧統，賜號「明義宗文」。興國三年，太宗聞其名，詔對滋福殿，延問彌日，改賜「通慧」，詔修大宋高僧傳三十卷，又詔撰三教聖賢事一百卷。初，補左街講經首座，知西京教門事，咸平初，加右街僧録。師又著内典集一百五十卷，外學集四十九卷。内翰王禹偁作文集序，極其贊美。又有書稱其文辭，末云「所謂時雨降矣，日月出矣，灌溉爝火，復何爲哉？」至道二年示寂，葬龍井塢。崇寧四年，加謚「圓明」。

（據清文淵閣四庫全書本）

明董斯張等吴興藝文補卷一三王禹偁與釋贊寧書

累日前蒙惠顧謏才，辱借通論，日殆三復，未詳指歸，徒觀其滌繁露之瑕，剷論衡之玷，眼瞭獨斷之瞽，鍼砭正俗之疹。折子玄之邪説，泯朱顥之巧言，逐光庭若摧枯，排孫郃似圖蔓。使聖人之道，無傷於明夷；儒家者流，不至於迷復。然則師胡爲而來哉？得非天祚素王，而假手於我師者歟？

（據明崇禎六年刻本）

清潘永因宋稗類鈔卷一九博識第三十二

僧録贊寧，洞古博物，著書數百卷，王元之禹偁、徐騎省鉉有疑則就而質焉，二公皆拜之。柳仲塗開因曰：「余頃守維揚，郡堂後菜圃纔陰雨則青燄夕起，觸近則散，何也？」寧曰：「此燐火也。兵戰血或牛馬血著土，則凝結爲此氣，雖千載不散。」柳遽拜之，曰：「掘之，皆斷鎗折鏃，乃古戰地也。」因贈以詩，中有「空門今日見張華」之句。

又，卷二四詆毁第四十一

吴僧贊寧，頗讀儒書，博覽强記，而辭辨縱横，人莫能屈。時有安鴻漸者，文辭雋敏，尤好嘲咏。嘗街行，遇贊寧與數僧相隨。鴻漸指而嘲曰：「鄭都官不愛之徒，時時作隊。」贊寧應聲答曰：「秦始皇未坑之輩，往往成群。」時皆善其捷對。鴻漸所道，乃鄭谷詩云「愛僧不愛紫衣僧」也。

（據清文淵閣四庫全書本）

清吴任臣十國春秋卷八九吴越十三僧贊寧

僧贊寧，本姓高氏，其先渤海人，隋末徙居德清縣。祖瑁、父審，皆隱德不仕。寶正中，捨身杭州靈隱寺爲僧。一云出家祥符寺。已而入天台山受具足戒，習四分律，通南山律，著述毗尼，時人謂之「律虎」。王禹偁通慧大師文集序云：文穆王時，大師聲望日隆，文學益茂。時錢氏公族有若忠懿王俶、宣德節度使偡、奉國節度使億、越州刺史儀、令州觀察使儼、故工部侍郎昱與大師以文義切磋。時浙中士大夫有若衛尉卿崔仁冀、工部侍郎愼知禮、内侍致仕楊惲與大師以詩什倡和。又得文格於光文大師彙征，受詩訣於前進士龔霖，由是大爲流輩所推。時錢塘名僧有若契凝者，通名數一支，謂之「論虎」；常從義者，文章俊健，謂之「文虎」；大師多毗尼著述，謂之「律虎」，故時稱四虎焉。遂署監壇。又爲兩浙僧統。是時江潮或溢出石塘，贊寧與延壽建塔於江干鎮之，小麥嶺有贊寧塔。潮由是復循故道。

太平興國三年，忠懿王入宋，贊寧奉舍利真身塔以朝。太宗聞其名，召對滋福殿，賜紫方袍，尋賜號曰「通慧」。時宋帝常幸相國寺，問贊寧曰：「朕見佛當拜乎？」對曰：「現在佛不拜過去佛。」宋帝大喜，遂爲定禮。命充翰林史館編修，纂高僧傳三十卷，内典集一百五十卷，外學集四十九卷，聽歸杭州舊寺。居無何，徵入汴京，住天壽寺。參知政事蘇易簡奉詔撰三教事迹，奏贊寧與太乙宫道士韓德純分領其事，制署左街講經首座。至道元年，知西京教門事。咸平元年，充右街僧録。年八十餘卒，謚曰「圓明大師」，葬龍井。

贊寧博物多識，辨説縱横。徐鉉仕江南日，常襆被入直澄心堂，至飛虹橋，馬輒不進，裂鞍斷轡，掣韁却立。鉉遣信諮贊寧，贊寧曰：「下有海馬骨，水火俱不能毁，惟漚以腐糟隨毁者是也。」斸土，果得巨獸骨若段柱然。積薪焚，三日不動。以腐糟漚之，遂爛焉。徐知謂得繪牛一軸，晝則嚙草欄外，夜則歸卧欄中。持以獻江南後主，後主馳驛貢宋太宗。

群臣無能辨其理者，贊寧曰：「南倭海水或減，則灘磧微露，倭人拾方諸蚌，腊中有餘淚，和色著物，則晝隱而夜顯。沃焦山或風撓飄擊，有石落海岸，得之滴水磨色染物，則晝明而夜晦。此二形，殆二物所繪也。」群臣以爲無稽，贊寧曰：「事載張騫海水異物記，公等特未見耳。」後杜鎬撿三館書目，果於六朝舊本得之。贊寧又著通論，有駁董仲舒、難王充、斥顔師古、證蔡邕、非史通等説，及筍譜、物類相感志諸書，王禹偁深歎服之。年七十八，與至道九老會。王處訥常推其禄命，曰：「師病孤貧，法無貴壽，喜生時正得天貴臨門。」寧曰：「母謂我生時，武肅王往衣錦軍拜塋，過門雨作，駐於茅簷甚久，此其應也。」按王禹偁序云：「母周氏以梁貞明七年己卯生師於金鵝山別墅。」

（據清文淵閣四庫全書本）

清彭元瑞宋四六話卷七啓 出儒林公議

吴處厚曰：近世釋子，多務於吟詠。惟國初贊寧，獨以著書立言，尊崇儒術爲事，極爲王禹偁所激賞，與之書曰：使聖人之道，無傷於明夷，儒家者流，不至於迷復。

（據清海山仙館叢書本）